Mahlzeit miteinander

Serviertablett mit Malerei auf gekacheltem Grund.
Schwäbisch, um 1880.

Süddeutsche Verlagsgesellschaft Ulm

Gertrud Beck
Mitarbeit Walter Allinger
Erich Schwaderer

Mahlzeit miteinander

Speis und Trank
– einst und jetzt –
Rund um eine Donaustadt

1. Auflage 1987

Verlag	© Süddeutsche Verlagsgesellschaft Ulm
Gestaltung	Herbert H. Maeser
Zeichnungen	Erich Schwaderer
Fotos	Bernd Kegler, Stadtarchiv/Adler
Gesamtherstellung	Süddeutsche Verlagsgesellschaft Ulm
ISBN	3-88 294-110-3

Inhalts-
verzeichnis

Vorwort

Um der Geschichte von Speis und Trank in der Stadt Ulm und ihres weiten Umlandes nachzugehen, dazu bedurfte es vieler Jahre des Zusammentragens. Dies geschah zuerst unter dem Sammelbegriff »Schwäbische Frauen«.

Darunter befand sich die Verfasserin des ersten schwäbischen Kochbuches, das im Lauf der Zeit riesige Auflagenzahlen erzielt hatte. »Die Löfflerin« war sozusagen der Schiller in der Küchenschublade und so zitierfähig wie dieser. Schlagt ruhig nach bei ihr, denn dort gibt es eine ganze Menge feinster Gerichte. Die Rezepte rund um die Mehltruhe sind in der Minderzahl. Sie tun heute jedoch so, als ob sie allesamt die schwäbische Küche darstellten, weil sie inzwischen in der Jahrmarkt- und Vereinsgastronomie nach oben gerückt sind. Ihre Zutaten sind billig und garantieren guten Gewinn für einen guten Zweck. Das trägt nur wenig zum Ruhm der schwäbischen Kochkunst bei, selbst wenn ihre Namen lieb und herzig, derb und aussagestark sind. Die erfindungsreiche Hausfrau und Köchin hat es zu allen Zeiten verstanden, aus den wenigen Zutaten, die ihr zur Verfügung standen und die das Land hervorbrachte, mit Lust und Liebe ein Leibgericht hervorzuzaubern. Beim Rückerinnern sind dies alles Speisen aus unserer Kindheit, die Wohlbehagen verströmten, weil sie in den engsten Familienkreis gehörten.

Inzwischen hat sich die Nostalgiewelle über schwäbische Leibspeisen ergossen, als Kontrast zur Fertigkost nun Hausmannskost nach altschwäbischer Art anzubieten. Doch diese Stadt Ulm im Schnittpunkt von Fernstraßen und an einem einst bedeutenden Wasserweg gelegen, verfügte zu allen Zeiten über Kräfte, die auch ihrer Gastronomie hohe Ansprüche auferlegte. Dies geht aus überlieferten Familienrezepten hervor, die ich für einen besonderen Anlaß vor 20 Jahren veröffentlichte.

Das kleine Buch war rasch vergriffen und seine Rezepte finden noch heute Zustimmung. Deswegen blieb ich beim Thema: Essensgewohnheiten, Festbräuche, Sparmethoden, Redensarten, Dialektbezeichnungen für Dinge, die nur noch den Älteren bekannt waren. Auf diese Weise entstand ein Vortragszyklus »Brauchtum«, der sehr gefragt ist, und der durch die anschließenden Diskussionen sich als sehr fruchtbar für meine Arbeit erwies und eine Art Spurensicherung mit dem Pulsschlag des Selbsterlebten bedeutet.

Mit dem Gedanken »Schwäbische Gerichte und ihre Geschichte« beschäftigte sich auch Walter Allinger, Küchenmeister und Kenner der Küche unseres Landes. So gab ein Wort das andere, bis der Funke zündete: »Sie schreiben und ich koche.« Er kenne einen, der witzig und locker zeichne. So kam Erich Schwaderer dazu und illustrierte den Text. Für den, der nur kochen möchte, gibt es Rezepte nach eigenem Register und anderer Schrifttype.

Zum Quellen- und Bildmaterial sowie in vielen Einzelfragen gaben mir das Stadtarchiv, die Stadtbibliothek und das Museum dieser Stadt wertvolle Anregungen und Hinweise. Ich bedanke mich dafür, denn es tat rundum wohl, dabei den Atem der Geschichte bei einem eher nebensächlich erscheinenden Thema wie Speis und Trank zu verspüren. Mein herzliches Dankeschön gilt den privaten Sammlern, die ungenannt bleiben wollen, und ebenso dem Deutschen Brotmuseum Ulm für Ratschläge und Überlassung von Bildmaterial.

Die Zusammenarbeit mit der Süddeutschen Verlagsgesellschaft Ulm, insbesondere mit Herrn Udo Vogt, gestaltete sich reibungslos, wie einige Jahre zuvor bei zwei anderen Projekten. Doch ohne die wissenschaftliche Hilfestellung durch den Leiter der volkskundlichen Abteilung des Badischen Landesmuseums Karlsruhe, Dr. Wolfram Metzger, wären einzelne Beiträge insgesamt dünner ausgefallen. Seine im Dezember 1986 eröffnete Ausstellung in den Prunkräumen des Bruchsaler Schlosses »Die Küche – Puppenwelt und Wirklichkeit«, die größten Zuspruch fand, gab meiner Arbeit die nötige Basis. Die Küche ist ja weit mehr als irgendein Arbeitsplatz im Hause. Sie ist der Ort, wo häufig die familären Probleme besprochen werden.

Möge dieses Buch, an dem viele Berater und Helfer im Hintergrund mitgewirkt haben, ein Ansatz sein für die Forschung auf einem Gebiet, das seither weniger Beachtung fand. Dieser Aspekt steht gleichgewichtig neben der Entdeckung von Tafelfreuden vergangener Jahrhunderte in der Stadt Ulm und ihrer Nachbarschaft, von Günzburg bis Mindelheim, von Laichingen bis Biberach. Es ist zu hoffen, daß dieses zarte Pflänzchen regionaler Kulturpflege nun sorgsam begossen und gehegt wird.

Die hier vorgestellte kultivierte Kochkunst ist dazu angetan, das landläufige Bild der schwäbischen Küche zurechtzurücken und ihr einen geziemenden Rang einzuräumen.

In diesem Sinne, Mahlzeit miteinander!

Ulm, im Juli 1987
Gertrud Beck

Zur Einführung

Zum Selbstbewußtsein einer Stadt gehört auch ein ungebrochenes Verhältnis zu ihrer Geschichte. Ein Blick in den Alltag vergangener Zeiten ist selten möglich — außer durch Tagebücher und persönliche Dokumente. Für gewöhnlich ist das eine versunkene Welt. Doch gerade diese kommt uns durch den Alltag menschlich nahe, den Alltag der großen und der ganz kleinen Leute. Das Leben früherer Jahrhunderte bietet sich vorwiegend im Festkleid und aus der Sicht der Oberschicht dar. Es fehlt uns auch eine Vorstellung davon, wieviel Mühe und Phantasie für die Zubereitung der Speisen aufgewendet wurde, wie umständlich und primitiv die Kochvorgänge waren.

Die Geschmackskultur einer breiten Bürgerschicht ist nur noch in Museen und privaten Sammlungen an den Gegenständen abzulesen, deren sie sich durch Jahrhunderte bedienten. Aus diesem Grunde wird ein volkskundlicher Teil vorangestellt und mit Abbildungen vorhandener alter Küchen, sowie Puppenküchen aus unserer Gegend, ergänzt. Diese Küchen geben jeweils für eine bestimmte Gesellschaftsschicht Zeugnis: Küche eines Albbauern, einer wohlhabenden Kaufmannsfamilie und schließlich die Küche eines Landschlößchens aus dem früheren ulmischen Patriziat. Da nur noch wenige originale Küchen überliefert sind, treten Puppenküchen aus verschiedenen Epochen in die Bresche.

Archivalische Quellen sind sehr wichtig und gerade wegen ihrer Vielfalt aussagekräftiger als das Kochbuch, wenn wir uns mit Essen und Trinken beschäftigen wollen. Hier spielt vor allem der Zufall bei überlieferten Quellen und ihre Vollständigkeit eine große Rolle. Da erfährt man aus der Rechnungsaufstellung eines schwäbischen Prälaten des 18. Jahrhunderts Preis und Menge an Genußmitteln, die gerade in Mode kamen und ihn veranlaßten, sofort ein Verbot gegen den Genuß von Kaffee, Tee oder Schokolade zu erlassen. Je nach seiner eigenen Abhängigkeit oder seiner Loyalität gegenüber dem Konvent reagierte ein anderer Klostervorsteher, indem er nur zur Mäßigung aufrief. In den Oberamtsbeschreibungen von Anfang des 19. Jahrhunderts, auch in Berichten der Landgerichtsbezirke (eine Art Landratsämter) finden wir Beiträge zum Thema, doch Leben und Farbe kommen erst hinein, wenn das gesamte Umfeld mitberücksichtigt wird. Da gibt es große Unterschiede zwischen Alltagskost und Festessen. Beim Alltag herrscht das Vorhandene vor. Es war in bester Qualität als Rohzutat greifbar, während bei Festessen es vieler Vorbereitungen bedurfte, um auch von auswärts begehrte Dinge heranzukarren.

Die Fruchtbarkeit der Alb und des sich anschließenden Oberlandes mit dem Bussen, der scherzhaft »Speckbuckel« wegen der dort betriebenen Schweinehaltung genannt wurde, wirkte sich direkt auf Speis und Trank aus. Der Viehhaltung und Viehzucht im Ulmer Gebiet mit dem Schwergewicht auf der Rinderhaltung entsprach der Fleischverzehr neben den vielen Mehlspeisen und der Hauptnahrung, dem Kraut. Auf einen Nenner gebracht: Kornkammer und Butterfaß gaben den Ton an. »An Fischen ist Ulm ausgezeichnet reich« bemerkt der fleißige Oberfinanzrat von Memminger in seiner Beschreibung des Oberamts Ulm von 1836. Es klingt wie ein Märchen, wenn wir die Aufstellung für ein Fastenessen nach Art und Zahl der Fische durcharbeiten. Obwohl seit dem Mittelalter die Abwässer direkt in den Fluß geleitet und viel Unrat hineingekippt wurde, hat sich das Wasser rasch regeneriert, und die Fische, Krebse und Schnecken fanden genügend Rückzuggebiete in den Flußauen. Nachdem der Salzhering aus dem hohen Norden problemlos über weite Strecken transportiert werden konnte und ziemlich preisstabil sich seit dem 15. Jahrhundert hielt, wurde er zum Armeleute-Essen und gerngesehenen Vesper im Bauernhaus, bis die Heringstonnen allmählich aus den kleinen Läden verschwanden.

8

Vieles, was die Ulmer gerne essen, ist nicht eigentlich typisch für sie. Man kennt das auch andernorts, meist unter anderem Namen. Weniger bekannt ist, daß viele Speisen durch einige Jahrhunderte gewandert sind. Aus dem frühmittelalterlichen Mues aus Getreide, Gemüse oder Trockenerbsen, Linsen usw. wurde das Müsli zum Frühstück.

Es wurden auch eingewanderte Speisen unter die Lupe genommen und in Vergleich gesetzt zu einzelnen schwäbischen. Manches Rezept fand Eingang in norddeutsche Kochbücher oder zog die Donau herauf oder hinab oder über den Ozean.

Zentraler Punkt des Rezeptteils sind zwei Kochbücher aus Ulm um 1763 und 1800. Diese sind handgeschrieben wie die Sammlung von Rezepten der Freiherrn von Ulm-Erbach auf Schloß Erbach aus demselben Zeitabschnitt. Damit waren zweihundert Jahre umfaßt.

In diesen häufen sich die Gedichte über das Essen, von dem bekannten »Spargele, Wargele, Spätzle und Salat« über Ludwig Uhlands Metzelsuppenlied bis zur Sauerkrautarie des König Herodes in der Geschichte der Heiligen Drei Könige von Carl Borromäus Weitzmann.

Bei den Quellen für das Ulmer Zuckerbrot mußte auf 300 Jahre zurückgegangen werden, und da lag auch der Aufenthalt des Generalissimus Wallenstein in Ulm sehr nahe. Friedrich Schiller schaute über die Schulter, bei den Namen Tertzky, Pappenheim. Es wird plötzlich Gegenwart beim Durchblättern des dicken Aktenbandes, was seither nur Geschichte und Dichtung war.

Die Neugierde war geweckt. Zu den beiden ulmischen Kochbüchern gesellte sich das Speisereglement des Ulmer Stadtarzts Dr. Johann Stockar für Herzog Eberhard von Württemberg, gedruckt 1538. Es enthält einige Rezepte und gibt sehr detaillierte Aufschlüsse über die Gerichte, ihre Zubereitungsart und deren Wirkung auf das Wohlbefinden eines hochgestellten Patienten. So bildet diese frühe Ernährungslehre den zentralen Punkt im Abschnitt Mittelalter bis Barockzeit. Er ist, im Gegensatz zum ersten Buchteil, nicht so reich mit Rezepten getrüffelt. Doch hier kommt der Bauer mit einer Speiseordnung aus der Herrschaft Justingen von 1592 für das Gesinde zu Wort. Aus derselben Zeit ist überliefert, was den »Kirchenleut«, also Organist, Lehrer, Frühmesser und Mesner sowie einem respektablen Gästekreis an bestimmten Tagen im Lauf des Kirchenjahres aufgetischt wurde. Die meist nur dem Wort nach bekannten »Spittelsuppen« finden ihren Niederschlag in der Speiseordnung des Heiliggeistspitals von Ulm aus dem Jahr 1753, die auf einer sehr viel älteren basiert. Dort gab es dank der Jahrtagsstiftungen des Patriziats an überraschend vielen Tagen besonderes Essen, besseren Wein, so daß der Tisch der »Dürftigen« dem des Durchschnittsbürgers gleichkam.

Essen und Trinken haben immer auch eine historische Dimension mit Querverbindungen zu Tradition und Brauchtum, Kultur und Sprache, Handel und Haushaltökonomie.

Dieses Buch ist handfest dort, wo sich Geschichtsabläufe vollziehen; und leutselig erzählend hier, wo noch vieles in der Erinnerung des einzelnen fest verankert ist. Damit es auch von Nichtschwaben verstanden wird, mußte der Dialekt etwas zurückstehen. Er schimmert trotzdem durch. Um den Geschmack der Speisen aus früherer Zeit nachzuvollziehen, wurden originale Rezepte ausgewählt. Dort wo Maßangaben unscharf und die Zubereitungskniffe nicht verraten sind, wird mit nachgekochten Rezepten geholfen. Es ist jeweils angegeben, woher sie stammen. Wo dies nicht der Fall ist, kommen sie von der »Löfflerin« als Vorbild für unsern Küchenmeister, oder von ihm selbst.

Redensarten laufen durch viele Jahrhunderte. Auch der Dialekt hielt sich am längsten in der Küchensprache, zum mindesten so lange die Gerichte, die sie benennen, noch gekocht werden. Dies ist eine Erkenntnis von ganz besonderem Reiz und Vergnüglichkeit, die einem, der ein Gespür dafür hat, das Wasser im Munde zusammenlaufen läßt wie bei einem guten Essen.

... der Sparherd ...

Mein Herd
mein Stolz

Dieser Spruch wurde gerne für die »Überhandtücher« in der Küche genommen. Das waren gestickte Schmucktücher, unter denen die schmutzigen Handtücher versteckt wurden.

Der Herd als Verkörperung von Wärme und Geborgenheit – der heimische Herd – stand früher in der Mitte einer Küchenwand oder in der Ecke, eben dort, wo der Anschluß an einen Kamin gegeben war. Bei Herrschafts- und Wirtschaftsküchen mußte er von allen Seiten zugänglich sein, damit zur selben Zeit mehrere Köche dort arbeiten konnten. Inzwischen gewann dieser Herdblock in modernen Küchen an Bedeutung, weil er etwas Großzügiges an sich hat, und damit auf Tafelfreuden besonderer Art schließen läßt.

Aus Steinen oder gebrannten Ziegeln aufgemauert und mit einer steinernen, später mit einer eisernen Platte versehen, bildete dieser Herd mit seiner offenen Feuerstelle eine stetige Gefahrenquelle. Der Herdrauch zog durch den Kamin ab. Er staute sich bei ungünstiger Witterung und Nebel in der Küche, so daß sich der Ruß auf das gesamte Inventar niederschlug. Nach oben wurde das Herdfeuer abgeschirmt durch den mächtigen Rauchfang, im Schwäbischen »die Kutt« genannt. Dort hingen Würste, Schinken und Speckseiten, von denen das Fett heruntertroff. Deswegen wurde der Fettnapf daruntergestellt. Ein Unvorsichtiger konnte leicht »ins Fettnäpfchen treten«. Auf dem Rahmen des Rauchfangs standen die irdenen Milchhäfen, Meßbecher und das Salzfaß in Griffweite. Über der Feuerstelle hing der gezahnte verstellbare Kesselhaken, in den die Bügeltöpfe zum Kochen eingehängt wurden. Man kann heute noch solchen paukenförmigen Kupferkesseln mit gerundeten Böden auf den Jahrmärkten bei der Herstellung von gebrannten Mandeln begegnen.

Auf diesen offenen Herden wurden die Speisen gesotten oder am Spieß gebraten. Eine weitere Möglichkeit war durch das Verschließen der Pfannen mit einem schweren Deckel gegeben, auf den Holzkohlen geschichtet wurden.

Auf diese Art wurden Aufläufe und deren Verwandte, die Pasteten, auch Rohrnudeln gebacken, bis dann der Herd ein seitlich aufgemauertes Backrohr erhielt.

Eine Köchin mußte also mit dem Feuer umgehen können und eine Fertigkeit im Umgang mit Schürhaken und Glutschaufeln haben. »Verwahrt das Feuer und das Licht, daß dem Ort kein Unheil geschicht«, so mahnte der Nachtwächterruf.

Bei der Enge der mittelalterlichen Städte und der nahe zusammengebauten Dörfer, deren Häuser vorwiegend in Holzbauweise mit Stroh- oder Schindeldächern errichtet wurden, bestand die Brandgefahr auch durch das unvorsichtige Handhaben der Herd- und Ofenfeuerung. Aus der Erfahrung schwerer Stadtbrände in Schwäbisch Hall 1680/1728, Ehingen 1688/1749, Göppingen 1782, wurden die alten Feuerschutzverordnungen immer wieder verschärft und dem Bürger direkt eingebleut. Dabei spielte der Kaminfeger und die amtliche Feuerschau eine wichtige Rolle als Kontrollinstanz. Dieser Kaminfeger mußte, wie auch der Zimmermann, etwas vom Bauen und von Bauordnungen verstehen. Er hatte präsent zu sein, wenn hoher Besuch in Dorf oder Stadt angekündigt war, der verköstigt und beherbergt werden mußte. Aus diesem Grund waren ganze Scharen von Kaminfegern aus der nahen und weiteren Umgebung unterwegs, wenn ein Hofreisezug mit Gefolge nahte, oder ein Herzog zur Jagd auf die Schwäbische Alb fuhr. Während des sonntäglichen Hauptgottesdienstes mußte stets eine Person zu Hause bleiben, um Feuer und auch Kleinkinder zu hüten. Zwei dazu im Wechsel abgeordnete Bürger gingen währenddessen im Dorf herum und hielten Brandwache wie die Türmer in den Städten.

Jahrhundertelang änderte sich an den offenen Herden gar nichts, bis die eisernen Herdplatten aufkamen und andere Töpfe verlangten. In diesen Platten waren Feuerlöcher, die später mit Ringen abgedeckt werden konnten, und endlich wurde die große Feuergefahr durch das Ofenrohr mit Kaminanschluß abgemildert. Doch waren offene Herde bis 1850, ja bis 1920 vereinzelt im Gebrauch. Unsere Reverenz den Köchinnen dieses Buches! Sie arbeiteten mit offenem Feuer.

Zwischen den Jahren 1860 und 1880, einer Zeit, da die Puppenküchen sich steigender Beliebtheit erfreuten, kam der vom Hafner aufgemauerte Kachelherd mit Messingtrockenstange und kupfernem seitlichen Wasserschiff auf und hielt sich bis weit in das erste Drittel des 20. Jahrhunderts. Auf einer solchen Herd-Miniatur durfte nun auch die Puppenmutter auf einem Öl-, Kerzen- oder Spiritusflämmchen kochen. Vorher war dies nicht möglich gewesen, und Mädchen wie Buben waren trotzdem glückselig mit ihren Breien aus Haferflocken, Zucker und Kakao oder verbröseltem Weihnachtsgebäck mit Himbeersaft.

Auf der Hochfläche der Schwäbischen Alb, wo es bekanntlich neun Monate Winter und drei Monate kalt sein soll, gab es zusätzlich zum Küchenherd, der bei Seldnern, Hirten und Hauswebern im Küchenflur stand, den altdeutschen Stubenofen aus Wasseralfinger Eisenguß. Er wurde von der Küche aus mit Holz geheizt. Ein breites ausgemauertes Viereck, das »Raihrle« verband ihn mit der Küche. In diesem Raihrle fand der eiserne »Höllhafen«, mit Wasser gefüllt, Platz. Ins Raihrle wurde auch die Krautkachel oder der Kartoffelhafen geschoben. Daneben summte die zinnerne Bettflasche vor sich hin. Manche dieser Bettwärmer hatten eine oder zwei Vertiefungen, damit die Milch für den Säugling und die zinnerne Wochenbettschüssel mit Deckel für ein warmes Getränk der Wöchnerin genußfertig gehalten wurde. Was müssen in den Jahrhunderten der offenen Herde die Wickelkinder vor Hunger und Nässe gebrüllt haben, bis endlich ein Feuer angemacht und sie in der Herdwärme gewickelt werden konnten! Die »altdeutschen« Kochöfen hatten schöne Ofenplatten mit Darstellungen aus der Bibel, dem Bauern- und Jagdleben, oder einem Wappen. Damit wußte der Ofenbesitzer, welcher Herrschaft er zinspflichtig war.

Nun folgten die Neuerungen auf dem Ofensektor in kürzeren Abständen. Die »Kochmaschine« mit Backrohr wurde auf vier Füße gestellt und war transportabel. Gegen Ende des vorigen Jahrhunderts baute die Firma Daiber serienmäßig den »Ulmer Kochofen«. Auf der Stubenseite umlief ihn ein Viereck von Stangen, das »Ofagrähm« zum Trocknen der Joppen, Hosen und Kindswindeln.

Eine hochgepriesene Neuerung kam mit der Straßenbeleuchtung durch Gaslaternen auf. Damit waren Hausanschlüsse ermöglicht. Die Technisierung der Herde und Küchengeräte mit den Energieträgern Gas und Strom entwickelte sich rasant, bis dann Krieg und Zerstörungen von 1940 bis 1945 gewaltige Einschnitte brachten. Stromsparen; Leitungen demoliert und Menschen ausquartiert, ausgebombt. Am neuen Ort wurde über die Badewanne ein Brett gelegt und darauf abgewaschen, gekocht auf einem abenteuerlichen Elektrogerät »Feuriger Elias« ohne jede Sicherungssteuerung. Das pechschwarze Gespenst »Kohlenklau« ging um und wurde propagiert. Omas verrosteter Holzherdveteran kam zu hohen Ehren, weil er auch mit Tannenzapfen zufrieden war. Auf dem »Schwarzen Markt« wurde der »Sparherd« gehandelt. Mit zwei Scheitern Holz von ausmontierten Eisenbahnschwellen, die entsetzlich nach Teer stanken, wurde die Suppe gar und die »blaue« Magermilch warm. Er wurde gehätschelt und gelobt, selbst wenn sein Ofenrohr quer durch die Küche im zugenagelten Fenster endete. Ja, hätten wir ihm, dem allerbesten Freund, nicht doch ein Wohnrecht gewähren sollen – so dachten wir, wenn später einmal der Strom ausgefallen war.

Der Weiterentwicklung stand mit dem Wirtschaftswunder nichts mehr im Weg, man kann Herde wählen nach Herzenslust!

Die Kücheneinrichtung im Laufe der Jahrhunderte

»a Schüssele, a Häfele ist all mei Kuchegschirr«

So heißt es in einem alten Volkslied vom schönen, armen Mädchen. Die Töchter wohlhabender Familien prunkten dagegen mit perfekt den Haushaltungen ihres Standes entsprechenden »Dockenhäusern« mit Keller, Ställen, Wirtschaftskammer und Gesindeküche im Erdgeschoß. Im ersten Stock befanden sich die Wohnzimmer, welchen die Gästeküche mit einem Raum zum Aufbewahren und Ausstellen der Speiseservice, Platten und Schüsseln folgte. Kinderzimmer und Schlafkammern befanden sich im zweiten Stock, und die Dachräume waren dem Gesinde oder als Speicher und Trockenböden vorbehalten. Diese »Docken- oder Puppenhäuser gab es bereits vor vierhundert Jahren, als Herzog Albrecht V. von Bayern das von ihm bestellte Dockenhaus in die herzogliche Kunstkammer aufnahm. Es war ein Stück zum Anschauen und nicht zum Spielen. Zweihundert Jahre später waren die Dockenhäuser ein Erziehungsmittel, um die Töchter höherer Stände frühzeitig auf ihre zukünftige Rolle als Hausfrau vorzubereiten. Diese war mehr eine Hausherrin, die ihr Dienstpersonal zu beaufsichtigen hatte. Der Augsburger Historiker Paul von Stetten d. J. schreibt im Jahr 1767 darüber »Bei der Erziehung der Mädchen muß ich der Spielsachen gedenken, mit welchen manche spielten bis sie Bräute wurden, nämlich mit den sogenannten Dockenhäusern. Darin

war alles, was zu einem Hause und einer Haushaltung gehört, im Kleinen vorgestellt.«

In vornehmen Häusern des 17. und 18. Jahrhunderts, auch auf Schlössern und in den großen Männerklöstern gab es vielfach zwei Küchen; eine geräumige zum Arbeiten und zur Zubereitung der Mahlzeiten für die Dienerschaft, die zugleich der einzige warme Aufenthaltsraum für sie war. Daneben war eine Prunkküche vorhanden oder die Gastküche mit den Vorräten an Zinn-, Messing- und Kupfergeräten, den Fayence- und Porzellangeschirren für große Gastmähler. Das Ulmer Dockenhaus aus dem letzten Drittel des 18. Jahrhunderts bildet ein anschauliches Beispiel. In einer solchen Küche könnte die Verfasserin des Kochbuches von 1763, Susanna Stephanin, gewirtschaftet haben.

Hier wirft sich gleich die Frage auf, ob denn diese Dockenhäuser und -küchen als Haushalt im Kleinformat der Wirklichkeit entsprachen. Sicherlich geben sie uns einen Einblick in die Wohnverhältnisse einer bestimmten Bevölkerungsschicht, die sich das leisten konnte. Puppenküchen wurden auch gerne in Auftrag gegeben und dann verschenkt, wie dies bei der Puppenküche in vergoldeter Bronze mit Porzellanfiguren und der kostbaren Uhr eines berühmten Pariser Uhrmachers um das Jahr 1784 der Fall war. Königin Marie Antoinette von Frankreich, die alles andere als hausbacken oder haushälterisch war, schenkte diese Küche an die Gräfin Christiane Hoyos bei deren Aufenthalt in Paris. An diesem und vielen anderen Beispielen bis in unser Jahrhundert hinein ist das handwerkliche Geschick hervorzuheben, mit dem laut Zunftordnungen die Meister sowohl die Gebrauchsform als auch das Kleinformat herstellten. Auf diese Weise ziehen sich die Gebrauchs-Formen der Barockzeit noch in die Kleinformen der Puppenküchen der Siebzigerjahre des letzten Jahrhunderts, als die Puppenküche auch in Handwerkerhaushalte Eingang fand. Die Zinngießer, Hafner oder Kupferschmiede waren sicherlich sehr stolz auf Aufträge vornehmer Häuser und haben ihren eigenen Kindern dieselbe Qualität vergönnt und wohl darauf geachtet, daß jede Deckelkanne in verschiedenen Größen und die Gugelhopfformen so vielgestaltig waren, wie sie dies für Gebrauchsformen gewohnt waren. Hier stimmen groß und klein völlig überein. Nur das Verhältnis mit dem Meublement im Kleinformat stimmt nicht mehr, weil diese Puppengeschirre so groß sein mußten, daß ein spielendes und bienenfleißig kochendes Hausmütterlein auch daraus trinken konnte. Auf diese Weise könnte man der Puppenköchin eine Kaffeetasse als Hut ruhig aufsetzen oder diese ein Bad im Wasserschaff nehmen lassen.

Dieser blitzeblanke Reichtum an Küchengeschirr mußte auch vorzeigbar sein, und so standen sie auf Tellerborden und Wandbrettern der Puppenküchen, als längst sich die Küchenkredenzen- und -buffets in den Erwachsenenküchen durchgesetzt hatten. Der Puppenküche fehlt außerdem die Vorderseite, weshalb die übrigen drei Wände so üppig ausstaffiert wirken. Durch Generationen hat sich eine erstaunliche Vielfalt an Puppenküchen erhalten, da diese spätestens nach Dreikönig wieder weggeräumt wurden. Wenn die Kinder aus dem Spielalter herausgewachsen waren, ruhten die Spielsachen auf den Dachböden und kamen bei der nachfolgenden Generation wieder zu Ehren. Zerbrochene wurden durch neue ersetzt, und es war ganz natürlich, daß die Enkelin jedes Jahr auf Überraschungen in der alten Puppenküche hoffte und damit vor allem Geräte meinte, mit denen die Mutter umging. Auf diese Weise kommt ein Eisschrank in die Biedermeierküche, oder der unverhältnismäßig große Herd mit Rohr, auf dem gekocht werden durfte, in den Winzling von Küche aus den Gründerzeitjahren. Väter und Brüder tapezierten und strichen vor Weihnachten und taten sehr geheimnisvoll. Damit verschwanden die olivgrünen und braunen Wände, und die lichte Küche von 1910 mit ihren Steinplattenkaros erhielt neuen Glanz durch einen Rest Linoleum.

In den Küchen fehlt nie die Wasserbank mit hölzernen und kupfernen Bottichen, die mit Deckeln vor Ungeziefer und Ruß geschützt wurden.

Das Wasser mußte täglich vom Dorf- oder Stadtbrunnen herbeigeschleppt werden. Dazu trugen die Mädchen und Frauen die Krüge auf dem Kopf wie in südlichen Ländern. Unter das Gefäß oder den schweren Korb gehörte der »Baust« (Bausch) als festgepolsterte Unterlage auf den Kopf gestülpt. Er war Bestandteil einer Küche wie Blasbalg, Schürhaken, Aschenschaufel und Reisigbesen. Als dann die Wasserleitungen aufkamen, entfiel die Wasserbank, es gab den metallenen Ausguß, später die Spülbank aus Terazzo, beides abgrundtiefe Häßlichkeiten, aber ein Fortschritt! Dort wurde in großen gehenkelten Becken Geschirr gespült, Salat und Gemüse gewaschen und nebenher ab und zu genußvollere Tätigkeiten ausgeübt. Der Langenauer Lehrer und Heimatdichter Tobias Hafner schildert dies in seinem »Soldatenlied« vor hundert Jahren:

Stand bei Hitz' und Kälte
bei dir an der Gelte,
gab so manchen Kuß
dir am Wasserguß.

Muß jetzt von dir scheiden,
Muß dich lange meiden,
Wahr' im Herzen mir
Stets ein gut Quartier.

Liebchen hat's versprochen,
Liebchen hat's gebrochen –
Hans ist ausmarschiert,
Fritz wird einquartiert.

Die Köchin war in einem Stadthaushalt oft Mädchen für alles. Je nach Temperament wurde sie »Küchenfee« oder »Küchendragoner« scherzhaft genannt, meist war es Mina, Rosa oder unsere Marie. Sie hatte ganz schön robuste Arbeiten zu tun: Beim Butterstampfen oder -rühren konnte sie ihren Zorn auslassen, am Hackstotzen, der in keiner Küche fehlen durfte, konnte sie ihren Mut zeigen. In Ulm wurde das Geflügel auf dem Markt gerne lebendig gekauft und zu Hause gemästet. Dies war Vorratshaltung wie heute die Tiefkühltruhe. Dafür war das Gansgatter bestimmt, das in einer Küchenecke seinen angenehmen Duft verbreitete.

13

Alte Rezepte sind eine Fundgrube zur Erforschung der Zubereitungsweisen und der Küchengerätschaften. Die irdenen Milchhäfen und Bratkacheln mußten, wie die Schmalzpfännle zum Schmälzen des Morgenmuses, drei Füße – Stotzen – haben, damit sie über der Herdglut standen. Für die langstieligen Pfannen gab es den eisernen Feuerhund als Untergestell über der Flamme. Wenn dann die Muskachel auf den Tisch kam, wurde sie zum Schutz der Tischplatte auf den verstellbaren Pfannenknecht aus Eisen gesetzt. Weh dem Hirten- oder Lehrbuben, der seinen Platz beim Pfannenstiel hatte, denn er hatte es schwerer als die andern beim Zulangen in das gemeinsame Kochgefäß.

In Herdnähe diente das hölzerne Pfannenbrett zum Aufhängen der Kochgeräte, auch Siebe und Löffelhalter hatten dort ihren Platz. In den Küchen des 15. Jahrhunderts finden sich die Waffeleisen mit ihren schönen tief eingegrabenen Ornamenten und langen gekreuzten Stielen zum Wenden. Damit buk man die Eiserkuchen oder Gofferen (Kofferen, franz. gaufres-Waffeln). Wenn sie nach dem Bakken noch heiß über das Wellholz oder den Kochlöffel gebogen oder gerollt wurden, waren es Hohlhippen. Sie wurden gerne wie unsere Schillerlocken gefüllt, ob mit Schlagsahne, da sind die Augsburgerinnen zuständig. Bei ihnen gab es schon im 16. Jahrhundert »den Schnee von frischem Milchraum, wie man zu Augsburg im Sommer zur Abkühlung pflegt zu essen«. Der berühmte Wiener Kanzelredner, unser Landsmann Pater Abraham a Sancta Clara, der einige Zeit als Priester an der berühmten Wallfahrt Taxa bei Augsburg wirkte, wetterte später in Wien gegen die ausufernde Damenmode mit den großen Halskrausen »hat man Krausen gehabt wie lauter Hohlhippen aufeinander.« Die Hohlhippen sind beliebt vom Bodensee bis zur Waterkant, und Waffeln von den Niederlanden bis zum Cityfest und Weihnachtsmarkt.

In den Back- und Sulzenformen spiegelt sich auch das Brauchtum im Jahreslauf wider mit seinen dafür typischen Gebäcken: Fisch (Neujahr, Fastensulz); Herz als Liebeszeichen; Traube

(Ostern), auch das gebackene Lamm; Gugelhopf zu Hochzeit, Taufe, Kirchweih; Krebs als Fruchtbarkeitszeichen bei Taufen. In keiner schwäbischen Küche, ob groß oder klein, fehlen Muschelformen für Fischsulz oder klein als Bärentatzen bezeichnet für das Gebäck aus Eiern, Mandeln und Schokolade. Viele der salzigen Speisen in Formen hatten ihre Entsprechung bei süßen, bis zu den in Ulm so beliebten Minderfischen der Grundeln, die es auch für Ausstecherformen gab. Die Schneckenbleche mit ihren halbkugeligen Vertiefungen, in Kupfer, haben uralte Vorläufer in eisernen Gefäßen, womit ein Hefegebäck wie gebackene Dampfnudeln auf offenem Herd hergestellt wurde. Das war leicht mit der Hand zu verzehren, und vielleicht haben die Tonformen der »Pfitzauf« dort ihren Ursprung.

All diese heute sehr begehrten und teuren Herrlichkeiten haben während zweier Kriege starke Einbußen erlitten. Im ersten Weltkrieg mußte sämtliches Kupfer in den Haushalten als Metallreserve abgeliefert werden. Da hat manche Ortsbehörde ein Auge zugedrückt und manche Hausfrau mehrere Sünden zugleich begangen, indem sie die geerbten Model aus dem Gebrauch zog und versteckte. Wer nun was bei Auflösungen von Haushaltungen erhielt, und wer bereits altes auf dem Dachboden oder im Keller verstecktes Kupfer an sich genommen hatte, darüber entbrannten dann heftige Familienstreitigkeiten.

Wie umfangreich die kupfernen Model auch in sehr einfachen Haushalten waren, zeigte allsamstäglich die »Gänstormarie« in den dreißiger Jahren, deren winziges Häusle sich an den großen Turm anlehnte. Auf einem Tisch baute sie ihre Model auf und begann zu polieren und zu ratschen, sobald man draußen sitzen konnte.

Der letzte Ulmer Kupferschmied Bunz ist unvergessen mit seinen prächtigen Kannen, Deckelkrügen, Bettpfannen mit durchlöchertem Deckel, durch den die Hitze von Holzkohlen strömte und die Bettlade von außen anwärmte, da die meisten Schlafzimmer ungeheizt waren. Diese Glutpfannen erwartete auch der Reisende in seiner Herberge.

Aus Zinn waren Salzfässer, Meßbecher aller Größen, Schüsseln, Bettflaschen, Eßteller und -löffel, Zunftkannen, Bierbecher, Henkelkrüge und ebenso die Schraubflaschen für den Transport von Most oder Milch auf die Äcker während der Ernte. Alte Haushaltbücher raten zur Vorsicht bei Kupfergeschirr und warnen vor Vergiftungen. Sie legen den Hausfrauen nahe, diese vielbenutzten Küchengerätschaften alle Vierteljahr neu zu verzinnen. Eine Hausfrau, die Küchenfee oder Haustochter, wie sie ganz fein bei feinen Leuten bezeichnet wurde, hatte also einen sehr viel größeren Fundus als heute zu verwalten und sauberzuhalten. Eine Kleinmagd kannte kaum Freizeit, denn diese war ausgefüllt mit solchen Arbeiten, mit primitiven Putzmethoden. So wußte eine Albbäuerin ganz genau, ob ihre Magd auf Martini kündigen werde oder zu bleiben gedachte. Sie sah dies an den gesammelten Schachtelhalmen, die, getrocknet ein gutes, eigentlich das beste Putzmittel für das Zinn sind und dessen sanften Blauschimmer fördern. Diese »Katzenwedel« (Mundartausdruck dafür), brauchte man haufenweis für die Milchkannen. Blieben sie aus, dann blieb das Sammeln der Nachfolgerin überlassen »nach mir die Sintflut!«

Es gibt ein Wahrzeichen für die Ulmer Küche der früheren Jahrhunderte, das ist der Straubentrachter (Trichter). Im Jahr 1506 taucht in Lorch »ain klein blechen Trechterlein, dadurch man strauben becht« auf, ebenso in einem Ulmer Hochzeitsinventar von 1775. Dazu die Stephanin »fülle den Straubenlöffel, welcher drei Löcher haben muß, fahre geschwind im heißen Schmalz damit herum, biege sie alsdann über die Walzer«. Das gibt es auch mehrmals bei der Kindervatterin, manierlich mit »Zuckersträubel« aufgeführt, während sie bei den Dürftigen des Spitals echt ulmisch »Straubetze« heißen. Zusammen mit Glühwein oder Kaffee waren sie nicht nur zu Hause, sondern auch in den vielen Ausflugsgaststätten kulinarische Höhepunkte und erforderten keine große Vorratshaltung.

Die Küche hat nach 1880 sich laufend verändert. Das Bedürfnis nach Hygiene ließ nicht nur die Farben heller werden, sondern auch das Geschirr. Kupfer wurde zurückgedrängt, als himmelblaues, graues und dunkelblaues Emaillegeschirr, in dem die Speisen auch aufbewahrt werden konnten, auf den Markt kam. Die helle Küche war beliebt, mit weißen Möbeln, Gardinen, Ziertüchern. Anstelle der Tellerschanzen traten Kredenzen und Etageren zum Aufstellen der Gefäße – Zucker, Graupen, Kaffee – und in kleiner Form für Pfeffer, Muscat, Zimt, Allerlei, stand darauf geschrieben. Unsere heutigen Frauen finden sie irre schick trotz ihrer Gewürzdöschen, die aus dem ganzen Weltmarkt zusammengetragen sind.

Die Epoche der hellen Küche um 1900 befreite die Frauen vom Korsett. Sie waren hinfort nicht mehr die flottgeschnürten Oberwespen. Sie wurden zur Lilie, zur Welle, zur Botticelligestalt mit wogendem Lockenhaar und Schmachtaugen. Der andere Teil der Frauen war erdhaft und ohnegleichen hären angezogen.

»Reform! ertönt auch jetzo leider
in Anbetracht des Schnitts der Kleider
ein äußerst heftiges Geschrei!«...

Damit war die Reformküche geboren, praktisch sauberzuhalten, doch ohne Gemütstiefe. Drum sorgten die pausbackig gebliebenen Küchenfeen mit ihren adretten weißen Häubchen dafür und sangen »Sabinchen war ein Frauenzimmer, gar fromm und tugendhaft. Sie diente treu und redlich immer bei ihrer Dienstherrschaft...« Auf den Regalbrettern der Buffets waren gestickte Spruchbänder »Der Hausfrau Beruf, zu dem Gott sie schuf, ist in dem Hause still zu walten, mit Fleiß die Ordnung zu erhalten.«

Diese Tugendsprüche vor Augen rückten die Männer 1914 ins Feld, und Frauen traten aus ihren Küchen heraus in die seither von Männern besetzten Berufe. Sie bewährten sich als Ernährer ihrer Familien in diesem und im nächstfolgenden Krieg.

Welch ein Unterschied zu heute: Das Warenangebot der Supermärkte gibt sich verwöhnt und anspruchsvoll. In jeder kleinen Stadt riecht es nach Wurst-, Hähnchen- und Pommes-frites-Bratereien. Fertiggerichte verkürzen den Kochvorgang, die Maschine den Abwasch. Italien, Spanien, die Türkei und China sind nahegerückt durch Reisen, durch Restaurants. Der Mann ist gerngesehen in der Küche, weil er auch kocht. Früher war er vorwiegend als Hilfs-Tellerabtrockner oder Suppenwärmer erwünscht. Heut ist er selbstbewußter Hausmann, ist Hobbykoch und versteht phantastische Menüs zusammenstellen. Die Küchenmode hat sich seiner bemächtigt, er wurde zum Schürzenträger mit besonderer Note.

Das Titelblatt dieses Buches ist das Abbild eines Tabletts mit hundertjähriger Familientradition. Sein Spruch lautet

»Was ihrem Mann zur Lust ein minnig Weiblein brät gar wohl gerät«.

Das würden wir heute sicher anders ausdrücken.

17

Wer heute den Nachlaß einer Achtzigjährigen auflöst, der tut gut daran, auch einen Blick in die Schublade ihres Küchenbuffets zu werfen, denn dort findet er vielleicht noch das »Neue Stuttgarter Kochbuch« von Friederike Luise Löffler in der siebenundzwanzigsten oder noch höheren Auflage von 1911. Generationen von Schwäbinnen und auch die Eingeheirateten, schlugen zum Zwecke der Eingemeindung bei der »Löfflerin« nach. Die erste Auflage erschien 1791, in kurzen Abständen folgten weitere. Sie schreibt dazu: »Vielen Kochbüchern wird der Vorwurf der Ungenauigkeit und Unzuverlässigkeit gemacht, und oft mit Recht, denn die meisten sind ohne Prüfung und Urteil abgeschrieben und zusammengemacht: Mein Kochbuch gehört nicht zu diesen, denn ich habe mich bei dessen Abfassung nur an die eigene langjährige Ausübung, Überlegung und Erfahrung gehalten.«

Die Regensburgerinnen haben ihre Marie Schandri, Köchin im Gasthof »Zum Goldenen Kreuz«, welche 1869 einen Bestseller schrieb. Dieser unterscheidet sich gar nicht so sehr von der »Löfflerin«.

Ein Göppinger Kochbuch »von Fastenspeisen und allerley Backwerk für ein junges Frauenzimmer«, ist 1796 erschienen, und Johanna Christina Klesin aus Stuttgart versuchte bereits im selben Jahr wie die Göppingerin unsere gute Löfflerin zu übertrumpfen und gab diesem den Titel »Allerneuestes Schwäbisches Kochbuch«.

Berühmte Rezeptbücher kommen aus Nürnberg und Augsburg: Anna Wecker hat 1691 »bei denen Göttinnen Ceres, Diana und Pomona viel Jahre gedienet«, wie der Untertitel den Stil der Zeit genau trifft. Die berühmteste der schönen Augsburgerinnen, Philippine Welser, spätere Freiin von Zinnenburg und Gemahlin des habsburgischen Erzherzogs Ferdinand von Tirol, schrieb auf ihrem Schloß Ambras medizinische und Kochrezepte, die gesammelt herausgegeben wurden. Weite Verbreitung fand das Augsburgische Kochbuch der Pfarrfrau Sophie Juliana Weiler mit über einem Dutzend Auflagen.

Wer war nun unsere »Löfflerin«?

Friederike Luise, Tochter des Apothekers in Güglingen im Strohgäu, wurde dort im Jahre 1744 geboren. Von früher Jugend an war sie eine »Häfelesguckerin«, also gern beim Kochen dabei. Sie scheint das Rüstzeug für ihre spätere Laufbahn als Köchin beim Geheimen Rat von Hopfer im elterlichen Haushalt erhalten zu haben. Danach trat sie in die Dienste des Prinzen Friedrich Eugen von Württemberg. Dort lernte sie den Hofmusikus Löffler kennen und heiratete ihn. Ein Hofmusikus, und wohl gleichzeitig Kammerdiener, wie es damals an Adelshöfen üblich war, zählte zu den Domestiken, war also gering besoldet, so daß Friederike Luise sehr gerne die Berufung als »Landschaftsköchin« in Stuttgart angenommen hat. Es ist zu vermuten, daß der nachmalige Herzog Friedrich Eugen von Württemberg, der nach achtundzwanzig Jahren erstmals im Jahr 1791 die Landstände wieder einberief, den Anstoß zur Berufung seiner ehemaligen Vorsteherin der Ökonomie gegeben hat. Die Abgeordneten, genannt »die Landschaft« oder »die Landstände« des Herzogtums, speisten gemeinsam. Damit hatte diese angesehene Köchin eine Stellung erlangt und war die erste Köchin des Landes. In dieser Eigenschaft gab sie ihr Kochbuch heraus und verstarb während der Herausgabe der fünften Auflage. Ihre Tochter und Kochschülerin schrieb zu dieser Auflage »meiner seligen Mutter, Luise Löffler, die wohl eine der berühmtesten Köchinnen ihrer Zeit genannt zu werden verdient, ein ehrendes Denkmal zu setzen . . . gez. Henriette Löffler verehelichte Huttenlocher.« Die »Huttenlocherin« betrieb dann in Stuttgart eine Kochschule für die Töchter gehobener Kreise. Man kann dies bei der Dichterin Ottilie Wildermuth nachlesen. Die rasche Beliebtheit eines schwäbischen Kochbuches war zugleich die Anerkennung der erstmals im großen Umfang vorgestellten Küche dieses Landes mit Mehlspeisen und Backwerk, zu denen sich nach und nach Rezepte für Fleisch und Fisch aus Frankreich und England gesellten.

Puppenküche aus einer Ulmer Handwerkerfamilie mit Kupfergerät, Steingut- und Porzellangeschirr sowie Gänsestall, um 1880—90.

Puppenküche mit Wirtschaftsraum, Jugendstil um 1908 aus der näheren Umgebung Ulms mit Wasserbank, Spültisch, transportablem Herd, Etagere und Geräten aus blauer Emaille.

Puppenküche aus Ulm um 1890. Herd mit versenkten Feuerlöchern, Küchenkasten, Kupfer- und Messinggerät.

Heute wird der offene Feuerherd der »Löfflerin« nicht mehr mit Buchenscheitern oder Birkenholz beheizt, und das tiefe kupferne Wasserschiff am Herdrand rückte als Zierde inzwischen in Wohnzimmer und Dielen. Die Rezepte für Froschschenkel fielen in letzter Zeit der teilweisen Ächtung anheim, wie Lerchen und Wachteln. Doch wen gelüstete es, einen Auerhahn zu braten? Ihr guter Geschmack, der weder derb noch überfeinert ist, wurde bekannt in Bayern, am Rhein, der Schweiz, in Nordamerika und am Schwarzen Meer.

Die neue schwäbische Küche übernimmt viele Rezepte der »Löfflerin«. Sie werden nach heutigen Ernährungslehren entsprechend leichter gemacht. Anstelle von Mehl wird Butter, Sahne oder Joghurt empfohlen.

In der Auflage von 1823 finden wir 7 Stockfischrezepte plus Pasteten mit diesem Fisch, dann 12 Arten von Nudeln, einschließlich Dampfnudeln, 18 Arten Klöße, aber wenig »Grundbirnen«, wie die Kartoffeln damals hießen. Sie sind dann als Purrée mit Fleischbrühe anstelle der Milch, als Kartoffelpastete oder in einer Buttersauce als Gemüse angerichtet. Erstaunlich ist, daß Ackersalat und Brennessel im April als Gemüse erscheint, sowie siebenerlei Gerichte mit Spinat, mehrere Spinatkuchen, ja sogar unsere »Laubfrösche« (mit Hackfleisch gefüllte Spinatblätter).

Salate spielen eine mehr untergeordnete Rolle gegenüber der großen Zahl von Aufläufen, salzigen Puddings und Pasteten. Es gibt bei ihr Kräutersalate von Pimpernell, Kerbel, Sauerampfer, Wegwartenwurzeln, junge Brennesseln, Cichorien, Leber-Pfefferkraut, Gänseblumenblättern, Rapunzelkraut und Estragon. Nicht übel ein Krautsalat mit Trauben, Salat von Kalbskopf, Hering, Ochsenmaul – seit einhundertdreiundsechzig Jahren, doch beachtlich! Auch Preßkopf, Quittenbrot und Hägenmark, Salzgurken, Pfitzauf, Suppe von Fastenbrezeln, von Maulbeeren und dürren Weichseln. Der Zwiebelkuchen taucht bei ihr als »Speckkuchen« auf.

Uns läuft das Wasser im Munde zusammen, drum wollen wir mit Friederike Luise Löfflers großen Zeitgenossen Goethe nach Schwaben entfliehen, wo im »Reineke Fuchs« 16. Gesang die Gaumenfreuden dieses Landes besungen werden:

»Laßt uns nach Schwaben entfliehen! Hilf Himmel! Es findet süße Speise sich da und alles Guten die Fülle: Hühner, Gänse, Hasen, Kaninchen und Zucker und Datteln, Feigen, Rosinen und Vögel von allerlei Arten und Größen. Man bäckt im Lande das Brot mit Butter und Eiern. Rein und klar ist das Wasser, die Luft ist heiter und lieblich, Fische gibt es genug . . . Ja Weibchen, wollen wir endlich Frieden genießen, so müssen wir hin, ihr müßt mich begleiten.«

Biedermeierküche um 1830/40, die sich in einer alten Ulmer Familie der Schifferzunft weitervererbt hat mit Zinn- und Kupfergeschirr, Wasserbank, Geflügelstall. Der Herd fehlt.

Kochbuch der Susanna Stephanin

Zweihundertfünfundzwanzig Jahre ist es her, seit Susanna Stephanin ihre Kochrezepte in klarer Schrift niederschrieb und damit der heute noch üblichen Zettelwirtschaft ein Ende bereitete. In Leder gebunden, gibt dieses Kochbuch uns einen guckkastenartigen Blick in die ulmische gutbürgerliche Küche aus der Mitte des 18. Jahrhunderts.

Es kann nun nicht darum gehen, aus dieser zufällig überkommenen Quelle auf die allgemeinen Essensgewohnheiten in Ulm zu schließen, denn erfahrungsgemäß wird nicht alles gekocht, was in den Büchern steht. Doch weisen Abnutzungsspuren darauf hin, daß vom Blatt gekocht wurde. Ganz sicher ist nur die Vermittlung von Geschmackserlebnissen aus Lebensmitteln, die in Ulm gehandelt wurden oder aus der unmittelbaren Umgebung stammten, sowie die Art und Weise, wie die Köchin damit umgegangen ist. Doch bleibt die Zusammenstellung einer Speisenfolge der Phantasie überlassen. Das ist schließlich das Los aller frühen Rezeptsammlungen der einzelnen Haushalte.

Dieses Kochbuch ist in den Besitz des Ulmer Apothekers Dr. Gustav Leube gelangt. Er schenkte es dem Gewerbemuseum, dessen Vorstand er war. Die Familie Leube hat durch drei Generationen im Vereins- und gesellschaftlichen Leben eine große Rolle gespielt.

Seit dem Mittelalter hat der Apotheker seine Rezepturen niedergeschrieben, denn diesem, wie dem Arzt, war das körperliche Wohlbefinden der Patientenschaft anvertraut. So lag es nahe, daß der Apotheker oder dessen Frau auch Rezepte für Speisezubereitung erfaßten und sammelten. Umgekehrt haben manche alten Kochbücher in ihrem Anhang Rezepte für Arzneimittel, vor allem Vorbeugungsmittel in Zeiten der großen Seuchen.

In früheren Jahrhunderten sind also die Grenzen zwischen Koch- und Apothekerrezept unscharf, denn wo beginnt zum Beispiel die Latwerge des Apothekers und die des Kochs? Bei beiden handelt es sich um dick eingekochten Fruchtsaft. Oder ist Himbeersaft, den der Apotheker herstellte, nur ein Fiebermittel oder ein allgemein beliebtes Getränk?

Beim aufmerksamen Lesen der 214 Rezepte, die unsere Stephanin ohne systematische Gliederung, wie sie später die gedruckten Kochbücher aufweisen, niederschrieb, gewinnt man den Eindruck, daß es sich keineswegs um Alltagskost handelt. Es war selbstverständlich, daß eine Köchin diese beherrschte. Da gibt es Gerichte mit einem erstaunlichen Raffinement, das sich an die französische Küche, als zu dieser Zeit führende, anlehnt. Bei den vielen Süßspeisen läßt sich der österreichische, vor allem der Einfluß der Wiener Küche nicht verleugnen. Überraschend ist der Umfang und die Fülle der Fastengerichte, die zwar nicht als solche deklariert werden wie in Kochbüchern aus katholischen Gegenden, sondern als Speisegewohnheiten von dort übernommen wurden.

In dieser Stadt hielten sich viele Fremde auf, die an die Gastronomie Ansprüche stellten, um den strengen Fastengeboten der katholischen Kirche auch auf Reisen folgen zu können.

In der Reichsstadtzeit war Ulm Tagungsort des Schwäbischen Kreises, dessen Abgesandte sich alljährlich für einige Wochen hier versammelten. Es waren dies die Vertreter der geistlichen und weltlichen Macht mit neunzehn Reichsunmittelbaren Klöstern und vier Frauenklöstern, der Adelshäuser und der Reichsstädte von Memmingen bis Nördlingen, von Überlingen bis Reutlingen. Die gastgebende Stadt mußte ihren Gästen etwas bieten; Theater, Musik, standesgemäße Unterbringung und eine gepflegte Gastronomie. Wohl logierten die geistlichen Würdenträger in den Klosterhöfen ihrer Orden, die als Absteigequartiere ihrer Geistlichkeit repräsentative Bauten erforderten. Einige ehemaligen Klosterhöfe prägen auch heute noch das Stadtbild. Die weltlichen Fürsten, Adel und Vertreter der Reichsstädte wohnten in den ersten Gasthöfen. Diese waren auch für Hofsuiten und Begleitpersonal eingerichtet. Nicht zu vergessen die Häuser des Patriziats, der Handelsherren mit entsprechenden Gästetrakten und -zimmern.

Illustre Gäste lassen sich schon im 15. Jahrhundert in solchen Wohnungen des Patriziats, auch der berühmten und wohlhabenden Ulmer Stadtärzte, nachweisen. Der Gepflogenheit früherer Jahrhunderte folgend, brachte der eine oder andere hohe Gast seinen Leibkoch mit. Auf diese Weise fand dann ein Austausch von Erfahrungen in der Speisenzubereitung statt, wodurch die heimische Küche eine Bereicherung erfuhr. Die große Zahl erlesener Fastenspeisen, war für einen

... man mußte den Gästen etwas bieten ...

22

erwählten Gästekreis wichtig und des Aufschreibens wert, damit man darauf zurückgreifen konnte.

Durch die Schiffahrts- und Handelsbeziehungen mit den Anrainern aus den Donauländern bis hinab nach Wien und Budapest waren die ulmischen Schiffmeister, die entweder im Auftrag eines Handelshauses oder als selbständige Unternehmer mit Personen und Waren die Donau hinabfuhren, mit der Küche dieser Länder bekannt geworden. Auch sie brachten, wie aus ulmischen Familienkochbüchern zu entnehmen ist, von dort Rezepte mit nach Hause. Auf dem Rückweg nahmen sie den beliebten »Weaner Senf« mit, der beim Mittelstand die Rolle des Besonderen, des Festlichen spielte. Das liest sich dann so im Ulmer Intelligenzblatt vom 23. 11. 1832 »Bey Schiffmeister Christoph Glaser bey dem Kornhaus ist frisch angekommener Wiener Senf zu haben«. Wie ein roter Faden ziehen sich solche Anzeigen bis in die zwanziger Jahre unseres Jahrhunderts hin. Es gab diesen Weaner Senf dann am Heiligabend zu Wiener Würstchen mit Kartoffel- und gekochtem Selleriesalat, mit Majonaise angemacht.

Der Blick auf eine alte Herrschaftskarte besagt, daß auch Österreich nahe war. Nach Osten: Leipheim war Reichsstädtisch Ulmisches Gebiet; Günzburg mit der Markgrafschaft Burgau gehörte zu Österreich. Nach Westen: Ehingen war Vorderösterreichische Direktorialstadt. Ihr folgten als Vorderösterreichische Lande die fünf Donaustädte Munderkingen, Riedlingen, Mengen, Saulgau und Waldsee. Von dort wanderten die Gesellen bis Wien. Es gibt auch Gesellenbriefe von Ulmer Handwerksgesellen. Die schwäbischen Köchinnen waren in Wien so angesehen wie die bömischen. Der Adel der Umgebung war traditionell dem Hause Habsburg verbunden, und die Schwäbische Ritterschaft als »der Kaiserin (Maria Theresia) allertreueste Cavaliere« sandte ihre Söhne nach Innsbruck, Salzburg und Wien zum Studium, die Töchter in Damenstifte dieser und anderer Städte. So fand ein Austausch auf vielen Gebieten statt, und dazu zählten auch die Essensgewohnheiten und Speisenzubereitungen.

Und ist nicht auch ein sehr einfacher Grund einleuchtend? Die Ulmerinnen waren zu allen Zeiten neugierig, was es beim Nachbarn zu essen gibt und erbettelten sich Rezepte. »Sodale«, sprachen sie, »was gut ist muß ja nicht unbedingt zur Buße dienen. Die Katholischen verspüren bei diesen feinen Sachen, die ihnen die Kirche erlaubt, ja gar nicht, daß ihre Zunge Opfer bringen müßte. Daraufhin brachten sie die wonnigen Wiener Süßspeisen auf ihren Mittags- und Kaffeetisch. Der Basenkranz (ulmisch »Bäsakränzle«), eine ungemein wichtige Zusammenkunft in bestimmten Abständen, die auch als Nachrichtenbörse Bedeutung hat, entschied dann über das dabei servierte neue Gericht oder Backwerk. Der Rezeptaustausch florierte. Bis das zwanzigste Jahrhundert am Horizont aufgetaucht war, kannten die Ulmerinnen Vanillekipferl, Mandelstritzel, Husarenkrapfen, Mandelbögen, Wienerische Zungen, Gogelhopfen, Brot- und Germtorten aus dem Effeff. Der Wiener Semmelkoch als Resteverwertung und traditionelles Freitagsessen wurde zum Semmelpudding. Anstelle der wienerischen Marillensoße kam die heimische Hägenmarksoße zu Ehren. Diese warmen Puddinge, die in einer eigens dafür bestimmten Form mit stramm sitzendem Deckel im Wasserbad gesotten wurden, sind im Zeitalter des Kalorienzählens verschwunden. Ulmer Gerichte, vor allem Gebäckrezepte mit dem Ulmer Zuckerbrot an der Spitze, finden sich in Wiener Kochbüchern. Und seit unsere Stephanin die Linzer Torte in ihre Sammlung aufgenommen hat, fehlt sie in keinem schwäbischen Kochbuch.

Basenkranz

Die Stephanin beginnt mit verschiedenen Suppen aus Schnecken, Sardellen, Hecht, gebackenen Eiern, Zitronen, Erdbeeren, Äpfeln, Wein, Morcheln und einer »weißen Suppe«. Dabei hat sie verschiedene Zubereitungsarten. Zwei Drittel sind süße Suppen aus Dörrfrüchten wie Weichseln, Hutzeln, Zwetschgen, Apfelringen, meist mit Wein und winzigen Klößchen oder gebähten Brotschnitten ergänzt. Bei der Pistaziensuppe mit Hühnerbrühe setzt sie ganz unbekümmert »für den Fasttag« daneben. Zu ihren süßen Suppen gehört auch die Schokoladensuppe für zwölf Personen mit viel Eiern und Weißbrotschnitten. Dicker gehts nicht mehr! Schokolade war zu dieser Zeit noch teuer und rar. Ebenso nahrhaft ist ihre Wirsingsuppe mit Reis, Sardellen, Krebsschweiferl, Kalbfleisch und Rahm.

Darauf folgen eine Reihe von Aufläufen und »Budin«-Pudding, sogar ein englischer ist darunter. Weitere Süßspeisen: Semmel-, Krebs-, Wein- und Butterkoch, bachene Milch, Eiermus, Bittermandel-Pomeranzen- oder Zitronenmus. Sie bäckt im Schmalz: Spießkrapfel, Mandeln, Nußförmige Küchle, Apfelwürstel, Bauern- und Germkrapfen, Eisenküchel, Regenwürm (aus Teig) sowie die lieben alten Ulmer Zuckersträubel. Dann kommen die Strudel mit Zimt, Krebs, Milchrahm, die Krebsbächerl, Krebsenknödel, Hechtknödel,

24

Krebspasteten, Schnecken auf Austernart, Hecht-suppe mit Pistazien, Fischbratwürste von Karpfen, die, auf dem Rost gebraten, mit Senf verzehrt wurden. Ein solches Rezept hat sich in einer Ulmer Fischersfamilie erhalten, die diese Fischbratwürste vom Rost beim Münstermarkt während des Jubiläumsjahres von 1977 verkaufte. Der Aal wird in Salbei, ein zweiter in Salbei und Rosmarin gebraten. Der Hecht wird mit Sardellen gefüllt, ebenso der Stockfisch, und die gebackenen Grundeln werden in eine sehr aufwendige »Französische Suppe«

als ein Glanzpunkt ulmischer Tafelgenüsse getan.

In der gepflegten Fastenküche spielten die Pasteten eine große Rolle. Sie sehen so demütig nach Eintopf aus und verhüllen dezent etwaige Fleischzutaten. Daran haben sich schon die holländischen Maler des 16. und 17. Jahrhunderts delektiert und Pasteten neben gelüstige Weinpokale gesetzt.

Die andere Hälfte dieses Kochbuches beherrschen Fisch- und Fleischgerichte. Da gibt es Capauner mit Austernsoße, ein Ragout von Kalb-

Küche mit aufgemauertem offenem Herd aus dem »Dockenkasten« des Ulmer Museums, um 1780. Geräte aus verschiedenen Epochen.

fleisch mit Mauracher (Morcheln); »Schambion« (Champignon) und Nagerlschwammerl. Das kommt unserm eingemachten Kalbfleisch, auch dem Ragout fin sehr nahe; gedämpfte Enten oder Tauben; junge Hühner in der Sulz als Gästegericht, das in Ruhe am Tag vorher zubereitet werden konnte wie die Sulz aus Kälberfüßen mit Wein, Essig und Hausenblase als altes Geliermittel. Seit dem Mittelalter bediente man sich dieser Hausenblase von einer Störart. Nach Rezept wurde all dies in Zinnschüsseln angerichtet. Weitere Fleischspeisen sind Kalbsschlegel in Gelee, eine Rollate von Kalbfleisch, Rebhendel in Burgunderwein, und schließlich das Boef à la mode.

Eines wird von der Stephanin zurechtgerückt: Da wird behauptet, daß eine bayerische Köchin im Jahr 1783, die zu Schiff nach Wien reiste, dorthin die ersten Dampfnudeln brachte. In der Tagespost war zu lesen »wie traurig«! Die Entdeckung des Planeten Uranus vor vier Jahren und der Luftballon Montgolfiers vor drei Jahren haben die Wiener nicht so in Aufregung versetzt wie die bayerische Dampfnudel. O nein! Sie scheinen von Wien nach Ulm geflogen zu sein, nur unter anderem Namen. Bei der Stephanin gibt es »Wienerische Germkrapfen«, »runde Germküchel«, und die »Schönen Germkrapfen«. Sie entsprechen ganz genau den aufgezogenen Dampfnudeln mit ihren Goldkrusten am Boden des Dampfnudelkars. Wir sagen »Bachele« dazu.

Die Lebensumstände der Stephanin liegen im Dunkel, wie viele Mengenangaben in ihren Rezepten. Sie brauchte sie ja nur als Gedächtnisstütze, dann hatte sie als perfekte Köchin alles im Griff. Wer ihr also nachkochen will, muß einige Erfahrung einbringen oder besser die umgearbeiteten Rezepte nehmen.

Ihre Sprache hat österreichischen Tonfall, wenn nicht gar Wienerischen Charme, denn sie spricht von »Trächterl bei den Zuckersträubel«. Ulmisch gesprochen »Straubatrachter und Straubetze«. Das Eigelb ist bei ihr ein »Vögerl«; sie sagt zu den Quitten »Kitten«, macht davon Kittenlatwerg, also Quittenspeck. Ihr »Buttergebäck in S-Form liegt heute noch auf jedem Brötlesteller an Weihnachten. Sie nimmt dazu »den« Butter. Durch ihre präzisen Angaben, worin gesotten und gebraten wurde »in der dreifüßigen Reine«, die beim offenen Herd eben notwendig war, um den Bratentopf nicht direkt ins Feuer stellen zu müssen, trägt sie nebenbei zur Geschichte der Küchengeräte einiges bei. Dieses Kochbuch ist eine Fundgrube.

Rebhendel mit Burgunderwein,
von Susanna Stephanin, Ulm 1763

Wan die Rebhendel schön zurecht gemacht sind, so nimb 1 Pfund Kalbfleisch, 1 Pfund rohen Schinken, schneid es würflicht, lege die Rebhendel drein, thu 1 Lorbeerblat, gantze Zwifel, gantze Citronenschalen, gantze Musgaten Blum, decke sie mit Brod zu oben und untern Feuer, thu ein halb Seitel Burgunderwein dran, lasse sie weich dünsten, alldann thu sie in ein ander Geschirr, laß die Rebhendel darin gekocht seyn, angehen daß es schön braun wird, thu einen Löffel voll Mehl darzu, rühre es untereinander, fülle es auf mit Cheu oder Patice, laß das Mehl verkochen, treibe die Soß durch ein Haarsieb über die Rebhendel, thu von einer Citron von dem Saft darzu, so ist es fertig.

Rollate von Kalb Fleisch,
von Susanna Stephanin, Ulm 1763

Nimb einen Kalbs Schlägel, schneide breite Stucken und klopfe es breit, nimb ein Stück Kalb Fleisch, schneide es klein, thue etwas Nierenfett, Citron, Sardellen, Charlotten, Salz, Macis darzu, alsdann nimb eine Semmel, weiche sie in Milch ein, drück sie aus, schlage 4 gantze Eyer und etwas Butter darzu, rühre es ab wie Rühreyer und thu es zu dem Fleisch zusammen, binde es ein wenig zusammen. Nimb ein Geschirr, thu Fett untendrein, gantze Zwifel, gelbe Rüben, Petersilwurzel, laß es recht mürb werden, alsdann mache die Sos. Man nimbt ein wenig Butter, ein wenig Mehl und von einer halben Citronen den Saft, thu die Rollate heraus und das Fett alles davon weg, gieße die Brüh zu dem Mehl und Butter, rühre es wol ab und laß noch ein wenig sieden, seze die Rollate auf eine Schißel, gieße die Sos unten in die Schüssel, bestreue sie mit Citronenbizerl und giebs zu Tisch.

Eine französische Suppe
Kochbuch Susanna Stephanin, Ulm 1763

Man nehme gefüllte Hühner oder Tauben was man will, lasse die Bein besonders sieden, alsdann thue man gefüllten Kohl oder Krauth, Morgeln oder Mauracher, kleine Städtlein Endivien, Käßkohl, Spargel, kleine Fleisch oder Leberknödlein in einen Hafen oder Topf und lasse solches gleichfalls sieden. Dann nehme man ferner aus geschälte Kechern (Erbsen), Artischocken und Karfiolen, bache solche aus Schmalz heraus und röste zuletzt die kleinen Brüstlein von Vögelein darinnen. Von dieser letztbesagter Masse gesottener Sachen kann man die ab gegossene Brüh über zerstoßene Krebsschalen schütten, durchzwingen, ein Stücklein Bütter samt dem beliebigen Gewürz darein-werfen und also zusammen aufsieden lassen. Indessen pflegt man drei oder vier gebähde Semmelschnitten in die Schüssel zu legen und etwas von abgesottenen kleinen zerhackten Speisen darüber zu streuen, die gefüllte, oder auch nach Gefallen ungefüllte junge abgesottener Hühner oder Tauben in die Mitten, rings herum aber die obig gesottenen Sachen zu legen und Brüh siedend darüber zu richten. Die gebachenen Sachen aber, sonderlich gebachene Grundeln, kann man um den Rand der Schüssel auch wohl auf das Gesottene, so zierlich als es immer möglich, legen und mit Muscatenblüh bestreuen. So es gefällig, kann man kleine Bratwürst und Nierlein gleichfalls mit unter-mischen.

Eine Lintzer Torte zu machen
Kochbuch Susanna Stephanin, Ulm 1763

Nimb 1 Pfund Butter, 1 Pfund Mandel, 1 Pfund Zucker, 1 Pfund Mehl. Den Butter wohl abgetrieben, die Mandel schön klein gestoßen, solche in Butter gethan und mit demselben ebenfalls abgetrieben. Schlage 6–7 Ayerdotter daran, von 2 Citronen die Bizerl, dann thue das Mehl wohl geseyht auch darein, rühre solches wohl unter einander, schmiere das Tortenblech mit Butter und bestreiche von dem angemachten Teig das drittel darauf. Nimb eine Fülle von eingemachten Früchten was man nehmen will, doch darf sie nicht zu feucht sein. Von dem übrigen Teig mache ein Gütter darüber, dann mache sie in der runden mit einem Messer hübsch gleich, nimm einen blechernen Rist oder von Papier darum, beschmiere solchen auswendig mit einem schlechtern Teig, daß die Füll und der Teig nicht abrinnt, bache sodann sie eine Stund ungefähr langsam heraus. Wann sie fertig, besähe sie mit Zucker.

Linzer Torte von Susanna Stephanin
umgearbeitetes Rezept

250 Gramm Margarine
250 Gramm Zucker
3 Eier
250 Gramm Mandeln, gerieben
50 Gramm Schokolade, gerieben
½ Zitrone, Schale
1 Eßlöffel Kirsch
1 Messerspitze Zimt
1 Prise Nelkenpulver
1 Prise Salz
250 Gramm Mehl
250 Gramm Johannisbeer-Konfitüre

Margarine und Zucker schaumig rühren. Eier, Mandeln, Schokolade, Zitronenabrieb, Kirsch, Zimt, Nelkenpulver, Salz beigeben und gut verrühren. Mehl dazusieben, vermischen. Gut ¾ der Masse in gefettete Springform von 25–28 cm Durchmesser füllen, glattstreichen. Johannisbeer-Konfitüre über die Masse verteilen. Rand von 2 Zentimeter Breite freilassen. Restlicher Teig mit ca. 4 Eßlöffel Mehl vermischen, auswallen, in schmale Streifen rädeln und diese im Gitter über die Torte anordnen. Einen etwas breiteren und dickeren Streifen als Rand auflegen und etwas andrücken. Mit Ei bepinseln. Bei 250 Grad 45 Minuten backen.

Rahmstrudel von Susanna Stephanin
umgearbeitetes Rezept

Zutaten für Strudelteig:
250 Gramm glattes Mehl
  25 Gramm Öl
½ Teelöffel Salz
½ Eßlöffel Essig
ca. ⅛ Liter handwarmes Wasser

Zutaten für die Füllung:
125 Gramm Butter
  80 Gramm Zucker
4 Eier
½ Zitronenschale
¼ Liter saurer Rahm
120 Gramm Sultaninen
100 Gramm gehobelte Mandeln
250 Gramm passierten Quark

Alle Zutaten zu einem Strudelteig bereiten. Teig eine halbe Stunde zwischen Tellern ruhen lassen. Den Teig auf einem Tuch mit dem Handrücken zur Tischkante ausziehen. Wenn man durch den Teig eine Zeitung lesen kann, ist er dünn genug. Die Füllung aufstreichen und den Strudel mit einem Tuch einrollen.

Füllung: Die Butter wird leicht gerührt, Zucker, Eigelb und Zitronenschale, der saure Rahm, die Sultaninen und der Quark zugegeben, zuletzt der steife Eierschnee, die Masse auf den aufgezogenen Strudelteig gestrichen, mit Mandeln bestreut, wobei die Ränder freibleiben müssen. Nun hebt man das Tuch mit dem Teig mit beiden Händen hoch und rollt den Strudel auf diese Weise zusammen. Man legt ihn in eine Form oder gebuttertes Blech, drückt die Teigränder fest aufeinander, bestreicht den Strudel mit Butter oder verquirltem Eigelb und backt ihn 30 bis 40 Minuten im Ofen zu schöner Farbe.

Kochbuch
der Jungfer Anna Maria Kindervatterin

Beim Rad A. 147
Ulm um 1800

Dieses Kochbuch hat der Kaufmann und Stadtrat Friedrich Seeberger, Kronengasse 2, dem Verein für Kunst und Altertum in Ulm und Oberschwaben gestiftet. Es ist so herzerfrischend ulmisch, da es den Dialekt nicht verleugnet. Obwohl viele Süßspeisen und deliziöse Fischrezepte darin enthalten sind, wird keines speziell als Fastenspeise bezeichnet. Wahrscheinlich sind sie inzwischen eingebürgert und zum Allgemeingut der gepflegten Küche des Ulmer Bürgerhauses geworden. Es haben sich auch Bezeichnungen aus dem Katholizismus erhalten, nach denen eine bestimmte Zeit in Gebetsfolgen eingeteilt wurde. In früheren Jahrhunderten richtete sich der Tagesablauf nach der Kirchturmuhr und dem Glockenschlag. Deswegen mußten auch Zeitmaße für Viertelstunden und Minuten gefunden werden. Das waren die bei Katholiken bekanntesten Gebete wie zum Beispiel fünf »Ave Maria lang«. Die Kindervatterin hat eine solche Bezeichnung »ein Vaterunser lang kochen« wohl aus einem Rezept, das aus einer katholischen Gegend stammt, übernommen. Ihre mundartlichen Ausdrücke können wir heute nach einhundertsechsundachtzig Jahren in Ulm und Umgebung noch hören. Die Küchensprache ist ein gutes Konservierungsmittel für den Dialekt.

Die Liste der Logiergäste des »Goldenen Rads« macht deutlich, daß bei solchen Besuchen an die Küche große Anforderungen gestellt waren. Sie geht vom englischen Feldherrn Herzog Marlborough über die Gesandten der Benediktinerklöster Zwiefalten und Elchingen während der Ulmer Kreistage bis zum Bischof von Konstanz beziehungsweise

29

seiner Direktorialgesandtschaft. Der Radwirt pflegte auch gute Beziehungen zum Prämonstratenser-Reichsstift Marchtal, was sich aus den Rechnungsaufstellungen aus Anlaß des Brautzugs der Kaisertochter Marie Antoinette entnehmen läßt. Diese jüngste Tochter der Kaiserin Maria Theresia stieg am 1. Mai 1770 mit großem Gefolge im »Goldenen Rad« ab und empfing die Abordnung des Rats, worauf eine Erfrischung »so stehend genossen« serviert und das Gastgeschenk der Stadt, ein silber-vergoldetes Schokoladenservice, überreicht wurde. Fünfundzwanzig Jahre danach wechselten sich die Einquartierungen während der Revolutionskriege gegenseitig ab. Die Bürgerschaft wurde hart gefordert mit Quartier- und Kontributionslasten bis über die Jahrhundertwende hinaus. Ein angesehener Gasthof hatte wohl seinen Anteil daran. Dann tagte zum letztenmal der Schwäbische Kreis in Ulm. Damit war das Ende des Alten Reiches angebrochen, das die Gasthöfe um eine ihrer Haupteinnahmequellen brachte. Unsere Kindervatterin stand mittendrin, kochte im Küchendampf und Feuerschein für Freund und Feind. Wahrscheinlich war sie so beschäftigt, daß sie nicht mehr dazu kam, ihre Rezeptsammlung kontinuierlich weiterzuschreiben.

Die Familie Kindervatter war eine alte angesehene Kauf- und Handelsmannsfamilie, die ihre Angehörigen im Rat der Stadt hatte.

Sie sagt Peterling und Schnittling; ihr Teig ist geschlacht, ist ring, ist lind. Sie greift zum Brettle, zum härenen Sieb, zum Trachter, zum Kuchengätterle, wenn der Kuchen frisch aus dem Ofen oder vom Bäcker kommt, bei dem sie ihn hat backen – bachen – lassen. Sie bäht Brotschnitten sehr häufig, klagt, wenn etwas versotten und nichts rechts geworden ist. Gleich drei Bezeichnungen findet sie für Johannisbeeren: Zeitbeer, Sankt Johannisbeer und Träuble, aus denen sie Sulz (Gelee) macht. Da nimmt sie Pfund auf Pfund, wie sie am besten geraten. Ihre Erbsen haben Schelfen, auch die Zitronen; der Blumenkohl heißt wie in Österreich Karfiol; sie spricht von Bachschmalz, verklopften

Eiern, von Hagebutzen als Mittel gegen Griesschmerzen, und ballet Teig und Füllung für Pasteten mit den Händen zusammen. Schließlich trifft sie das Tüpfele auf dem »i« und sagt »der« Butter. Sie läßt ihn in einem kupfernen wohlverzinnten Kar zerschleichen. Bei dieser Bezeichnung für einen breiten Koch- und Brattopf treffen die Dialektgrenzen hart aufeinander. Kar ist augsburgisch, Reindl sagt man dafür in Dillingen, in Ulm und im Oberland gibt es die »Broteskachel«.

Die Familie Kindervatter: »Beim Rad«, damit ist der erste Gasthof der Stadt Ulm, das »Goldene Rad«, Sattlergasse 8 und 10, gemeint, das eine der noblen Fürstenherbergen zur Zeit der Kindervatterin war. Nach dem Häuserbuch von 1795 bis 1800 hatte diese weitläufige Gaststätte mit Saal die Nummer 151. Die Einteilung der alten Stadtbezirke nach Nummern wurde erst später durch Straßennamen geändert. Jungfer Kindervatterin dürfte in der Nähe dieses Gasthofes gewohnt haben.

Anna Magdalena Kindervatter ist im Taufbuch der Münsterkirchengemeinde am 21. August 1784 eingetragen. Sie ist das älteste Kind des Kauf- und Handelsmanns Christian Gottlieb Kindervatter und der Anna Magdalena Hollin, Witwe des gew. Rats-, Bau- und Holzherrn Holl. Ihre Gevattern waren Septimus Wagenhuber, Vorgesetzter der Kramerzunft und dessen Ehefrau. Paten spielten in früheren Jahrhunderten eine wichtige Rolle. Es wurden vorwiegend Personen aus demselben oder aus dem nächsthöheren Stand dazu gebeten. Auf diese Weise erhalten wir Einblick in den sozialen Status einer Familie. Der »Dot« oder das »Dötle« (auf der Ulmer Alb besonders treffend »Rockdötle« oder »Hosendötle«) bildete ein wichtiges Verbindungsglied zur Familie. Im Schoße des Herrn Vetter- und Frau Basentums spielte sich früher das Familienleben ab. Da vollzog sich manches, das wir heute mit »Vetterleswirtschaft« bezeichnen. Wer sich in die Urgründe der ulmischen Genealogie vertieft, der stellt mit Erstaunen ein feingesponnenes Netz von nahen und weitläufigen Familien- und Patenbeziehungen fest.

Herd im ehemaligen Harsdörfferschen Patrizierhaus, 1563 erbaut, 1603 umgebaut, mit Geräten aus dem 18. und 19. Jahrhundert. Späteres Haus der Kaufmannsfamilie Kindervatter, dann Kornhauskeller.

Der jüngsten Tochter dieser Paten, Anna Margaretha Wagenhuberin, können wir im Kiechelsaal des Ulmer Museums Grüßgott sagen. Ihr fein empfundenes Mädchenportrait mit dem dichten roten künstlichen Zopf um die Stirn gelegt, wird gerahmt von den Spitzen ihrer Bockelhaube. Ein zartes Spitzentuch über dem geschnürten Mieder mit weit über die Schürze reichendem spitzen Auslauf, den Fächer als modisches Attribut: so also war eine Ulmer Kaufmannstochter, die Tochter des Zunftvorgesetzten, bei Festen gekleidet, fünfzehn Jahre jung. Unsere Kindervatterin war sechzehn, als sie damit begonnen hatte, Rezepte aufzuschreiben, und so mag auch sie sich gekleidet haben.

Vermutlich ist Jungfer Anna Magdalena über ihre Verwandtschaft ins »Goldene Rad« gekommen, um dort kochen zu lernen. Das war guter Brauch bis ins zwanzigste Jahrhundert, denn es gab damals noch keine Haushalt- oder Kochschulen. Wahrscheinlich ist sie über diese Zeit hinaus dort verblieben. Das geht aus späteren Notizen hervor »vor Gäste gestiftet von der Kindervatterin«; »Man wünscht den Essenden dazu den besten Appetit«; »dise obige (Forellensoße) ist von A. M. Kindervatterin verbeßret worden 12. Junij 1804«; »Gewidmet und davon überzeugt A. M. Kindervatterin«. Da steht auch, wie es ein Pater Culinarius zu tun pflegte, probatum est, Kinderv.

Mit 36 Jahren verlor sie den Vater und war mit 48 noch unverheiratet. Das ist aus dem Ulmischen Intelligenzblatt ersichtlich, wo sie zusammen mit ihrer Mutter den Tod der in Frankreich verstorbenen Schwester Euphrosine, Witwe des Obersten von Bourchard, bekanntgab. Der Bruder starb mit 13 Jahren.

Fischbrüh von A. M. Hollin
aus dem Kochbuch der Anna Magdalena Kindervatterin, Ulm um 1800

Zu einer pfundigen Forellen rechnet man 4 Eier Dötter, 1 Löffel schön Mehl, welches mit Wein angemacht wird, dann die Eierdötter, 1 Löffel Weinessig, diesen auch daran geriert und ein wenig stehen lassen, dann ¼ Butter, ⅛ Maß Wein, ⅛ Maß Fleischbrüh, diese muß aber kalt sein, Rosmarin, 1 Lorbeerblättle, Zwiebele, Zitronenmark und -schelfen, Nägelein, Pfeffer-Nuß, Mode-Gewürz, Imber, Salz, jedes was man in zwei Finger fassen kann, dann stellt man das Brühle auf ein suptil Glüthle und rührts beständig bis es weiß Schäumle hat, und ein wenig dicklicht wird, dann ists fertig.

Der Fisch wird zu gleicher Zeit über das Feuer gethan, dann der Fisch wird mit dem Brühle fertig, wenn man den Fisch anricht, so läßt man das Brühle durch ein Schaumlöffel laufen.

Pomeranzen Salat
nach Anna Magdalena Kindervatterin, Ulm 1800

Schält von süßen Pomeranzen das Gelbe, schabt das Weiße herab, bis aufs gelbe Häudtlein, nehmt das Mark, das so schnitzlenweis in der Pomeranzen ist, legts in einer Schaal wie ein Rose herum schnitzlenweis eins ans andere, bis es voll ist. Dann nehmt die gelben Schälfen, thuts weiße ganz sauber davon, schneidets zu zarten länglichen Schnitzlen, je länger je schöner sind sie, legts in frisch Wasser, dann verwählts in Salzwasser, daß sie Bitterkeit verliehrt und legts wieder in frisch Wasser. Dann siedet die Schalen in Zucker und Rosenwasser bis wohl lind werden, macht einen Kranz um die Schnitzlen, besäts wohl mit Zucker, und auf die Schnitzlen schüttet den Saft auf den Schälfen herum und machts gut.

Wacholder Wein
nach Anna Magdalena Kindervatterin, Ulm 1800

Nehmt 12 Maß süßen Most, siedet ihn gemächlich ab, bis der dritte Theil eingesotten wird. Dann thut ihn vom Feuer, laßt ihn kalt werden, henkt ihn in ein Säcklein zerknirschte Wacholderbeer in ein Fäßle, thut den gesottenen Most und 12 Maß guten alten Wein drein, ein wenig Wacholderbeer und macht das Fäßlein zu, aber vor Martini nimmer auf. So wirds recht.

Braune Quitten Zucker Laub
nach Anna Magdalena Kindervatterin, Ulm um 1800

Erstlich nimmt man eine schöne geschlachte Boznerquitte, thut sie in ein ganz neu Häfelein, darin noch nichts gekocht worden, daß die Quitte blos dareingehe, füllets ganz voll mit Wasser, thut die Quitte ungeschält hinein, läßts dämpfen bis wohl lind werden, dann thut sie heraus, schälet sie sauber, treibt sie durch ein hären Sieb, wieget so viel Zucker als das Durchgetriebene wiegt, dran, ehe es wieder über das Feuer gethan wird, schneidet auch gewürfelte Zitronenschälfen oder Schnitzlen so klein als möglich wie bei den weißen, drucket auch wohl Zitronensaft daran, thuts dann wieder in ein sauber Messingpfännle über das Feuer, laßt es gemächlich sieden, bis es sich ein wenig von dem Pfännlein ablöst. Dann ist es genug. Dann werden sie heraus auf ein sauber Teller gethan, oder auf ein saubern Bogen Papier, laßts aber wohl erkalten, ehe man einen Zucker dranwählet, denn sonst schmelzt der Zucker. Wenns nun wohl erkaltet ist, so wählet den Zucker drein und macht ein Taiglein draus, daß recht ist, in die Mödel zu drücken; es müssen auch die Mödel wohl mit Zucker bestreut werden, daß sie nicht ankleben, thuts auf ein sauber Papier oder Brettlein gleich wie die Weißen, aber nicht gar nah zum Ofen, wenn sie dann trocken sind, können sie nach Belieben vergoldet werden.

Citronen Torten
nach Anna Magdalena Kindervatterin, Ulm 1800

Reibet von 8 Citronen die Schälfen ab, schneidet sie in Scheiben, legets in eine Seyhe, streut ½ Pfund gestoßenen Zucker darauf, stellt die Seyhe auf eine Schüssel, lasset sie über Nacht stehen, des andern Morgens kochet den herausgetropfneten Saft zu einem dicken Syrob, thut die Scheiben von den Citronen auch daran, laßets erkalten. Dann nehmet einen mürben Teig auf das Blech, bestreicht den Boden mit dem Gelben vom Ey, streuet klein gehackte Mandel, Citronat, Pomeranzen und die übrigen Citronenscheiben darauf, schüttet den Saft dazu. Dann bestreuet sie wieder wie unten, und machet Gitter oder ein Deckel darauf und laßts stehen.

Anis-Kranz
aus dem Kochbuch der Kindervatterin

Nehmet ½ Vierling Schönmehl, thut davon ein wenig in eine Schüssel und macht mit einem Löffel voll Bierhefe und von 1 dl Milch ein Höfel an. Wenn er beim warmen Ofen gegangen, rührt man wieder von 1 dl laue Milch und 3 wohlgeklopfte Eier darein, auch ½ Pfd. zart gestoßenen Zucker, 1 Lt. Anis, 2 Lt. Fenchel, 1 Lt. Coriander und 4 Lt. zerlassenen Butter, knedet es wohl untereinander, bis der Taig nicht mehr an der Hand klebt. Wenn das Mehl nachlassen sollte, kann man wohl noch ein wenig Mehl nachnehmen. Dann nimmt man den Taig auf das Brett, schneidet 6 gleichgroße Stücke draus, macht's zu langrunden Striezeln, flechtet von 3 einen Zopf und formiert ihn wie einen Kranz oder wie ein Herz. Legt ihn auf ein subtil mit Butter beschmiert Blech, laßt's bei dem warmen Ofen gehen, bis es groß ist, dann siedet man einen Zucker dick, bestreicht den Kranz damit, streut ein wenig Gesäum, gestoßnen Zucker und Zimmet drauf und bachet ihn schön hell.

Was wanderte hinaus an schwäbischen Rezepten?

Marie Schlandri aus Regensburg, Köchin des Gasthofs
zum »Goldenen Kreuz« in Regensburg

Wer zwischen Dillingen und Memmingen kochen lernte, dem
war Marie Schlandris Regensburger Kochbuch, das erstmals
1869 mit tausend Rezepten gedruckt wurde und im Anhang
einen »vielerfahrenen fürstlichen Mundkoch mit Rezepten
der feineren Küche zu Wort kommen ließ, bekannt. Die 51.
Auflage brachte 1909 die Enkelin Auguste Eser heraus.

Dieses Kochbuch wurde zu einer Art »Löfflerin« in Bayern mit einem deutlichen Gewicht auf der Fastenkost, weil
diese »das meiste Nachdenken und den meisten Aufwand von
Geschicklichkeit« verlange. Da gibt es Schnecken-Rouladen
von fünfzig Gebirgsschnecken, Frösche in Brandteig gebak-
ken, viel Gesulztes wie in früheren Jahrhunderten, auch Sulzfisch, Schmarren, Schmalzgebäck und eine Menge Weih-
nachtsgutsle, die dieser Bischofsstadt sehr gut anstehen:
Bischofsbrot, Kaiserbrot, Fürstenbrot, Prophetchen, Thomas-
laibchen, Magdalenenstritzeln. Da ist so manches von Wien
die Donau heraufgefahren. Sie war ein kulinarischer Verbin-
dungsweg in den letzten Jahrhunderten durch die Schiffahrt
geworden. So sind Süßspeisen, die wir von der Stephanin und
der Kindervatterin kennen, mit denselben Bezeichnungen
auch in Regensburg da: Hohlhippen, Butterblumen, Spani-
sche Wind, Markwandele und Gugelhupfen samt dem Hutzelbrot. Das Ulmerbrot wird bei der Schlandri mit Rosenwasser
und die Linzertorte mit Himbeermarmelade zubereitet. Auch
dort gibt es Morchelsuppe und ein Rezept der oberschwäbischen hochzeitlichen Weinsuppe, das so hinterhältig nette
kleine Räuschlein verursachte. Die im Bregenzerwald heimischen und im Oberland beliebten »Versoffenen Jugfern: ein
Schmalzgebäck mit viel Eiern, das nachher in süßen heißen
Wein versenkt wird, nennen sich dort manierlich »Trunkene
Jungfern«. Wir erfahren, daß die »Bayerrüben« für die feineren Leute wie Teltower Rüben schmeckten und die gebackenen Grundeln auch dort ein Fastenessen für jedermann

waren. Boef à la mode, Esterhazy-Rostbraten, geschmortes Rindfleisch auf Wiener Art, da kommt sie der Donaumetropole ganz nahe.

**Von Biskotten und Kolatschen
aus der Küche der Freiherrn von Ulm-Erbach,
18. bis 19. Jahrhundert**

Noch näher bei Wien und Innsbruck liegen die Kochbücher und Rezepte aus dem Familien- und Herrschaftsarchiv. Auf Schloß Erbach ist die große Küche noch im alten Zustand geblieben. Es war nicht für notwendig befunden worden, sie zu modernisieren, weil die Familie nur im Sommer und zur Jagdzeit dort wohnte. Durch vier Generationen dienten die Ulm-Erbach dem Kaiserhof in Wien. Sie waren Landvögte der Markgrafschaft Burgau oder in anderen hohen Verwaltungs- und Militärstellen der österreichischen Monarchie. So ist es kein Wunder, daß der Austausch von Rezepten florierte und sich die schwäbischen Gerichte etwas im Hintergrund halten. Da gibt es Kletzenbrot (Hutzelbrot); Aprikosenküchlein werden Marillenbiscotten geheißen; Kaiser Kugelhuph, Hofkolatschen und Kaiser-Stock mit Weinsoße, Milchrahmnockerl, Schneckenberg, doch auch Dampfnudeln, einbrennts Kraut, Preßwurst, Brotsuppe, Kümmelkuchen, Stockfisch mit Hering, gefüllte Kalbsbrust. Die Ulmer Torte mit viel Eiern, Rahm, Weinbeeren, Zitronat und Orangeat erinnert an den Gewürzhandel Ulms im Mittelalter. Alles, was als »Ulmer« bezeichnet wird, hat Gewürze und meistens auch kandierte Zitrusfrüchte und Weinbeeren.

Henriette Davidis Kochbuch von 1844

Sie wurde zu ihrer Zeit als Klassikerin der deutschen Küche bezeichnet und als eine »Meisterkomponistin gediegener und schmackhafter Hausmannskost« gelobt. Im selben Jahr, als die »Fliegenden Blätter« in München erschienen, lag ihr »Praktisches Kochbuch« vor. Es gehörte von nun an wie die Spitzendeckchen zum Plüschfauteuil in jeden gutbürger-

35

lichen Haushalt. Sie war eine Pfarrfrau und bemühte sich um
die Ausbildung von Mädchen ganz besonders. In ihr Kochbuch nahm sie auch süddeutsche oder schwäbische Rezepte
auf. Es waren zum größten Teil unsere Alltagssuppen:
gebrannte Mehlsuppe, Weck- und Zwiebelsuppe, Kartoffelsuppe und eine Suppe aus den Brühen, worin Teigwaren oder
Klöße abgekocht wurden. Einen höheren gastronomischen
Rang erhält unsere Küche bei ihr nur durch eine schwäbische
Pfauenpastete, doch immerhin glänzen unsere Anisbrötle
(Plätzchen) und Springerle um die Wette mit Thorner
Kathrinchen und Spekulatius.

Ihr Heimatort Wengern nahe bei Witten an der Ruhr
dachte sich eine besondere Ehrung aus. Die Kaminplatten
ihres Kochherdes wurden in einer Bahnunterführung, die
nahe am alten Wengerischen Pfarrhaus liegt, eingemauert.

Verwandtschafts-Kocherei,
ein Kochbuch aus NewUlm in Minnesota USA

Die Schwesterstadt NewUlm besitzt noch einige Gebäude,
die an die Zeit der Einwanderer von 1854 erinnern. Sie hat
einen »Turnverein«, ein »Polkafest« unter diesen Namen, und
ihr berühmtes Denkmal von Hermann dem Cherusker steht
auf einem Hügel dieser von dem deutschen Baumeister Christian Prignitz angelegten kleinen Stadt. Dort legen sie noch
großen Wert auf ihre Herkunft aus dem Schwäbischen. Das
zeigt sich auch in den Vornamen Elsa, Frieda, Lottie, Therese,
Kathrine und Alwine – in Erwin, Walter, Albert, Carl und
Theodor. 65 Verwandte taten sich zusammen, um ein gemein-
sames Kochbuch für die nachfolgenden Generationen heraus-
zubringen. Unsere Freundin Lois, Frau des früheren Bürger-
meisters und Arztes Ted Fritsche, brachte es es mit nach Ulm.
Es ist in englischer Sprache mit amerikanischen Maßangaben, und den deutschen Namen der über den Ozean gewan-
derten Rezepte geschrieben.

Zwei Blitzkuchen, ein Zimtkuchen, Apfelstrudel, Christ-
mas-Stollen tummeln sich zwischen Three Day Buns und
Pumpkin Bread. Der Sauerkrautsalat wird mit geriebenen
Karotten und rohem Sauerkraut mit Essig, Öl und Pfeffer
angemacht. Tante Theresa kommt mit Sauerbraten, Grace mit

Sultz, die sie mit Kalbsstotzen gelierfähig macht. Das Wiener Schnitzel fehlt ebenso wenig wie das Sauerkraut von Tom, zu dem es Kartoffel Klaese gibt, oder Nudeln, vielleicht gar Spaetzle, auch Kartoffelsalat mit Speck.

Wie könnte es auch anders sein: Das Weihnachtsgebäck schießt den Vogel ab: Springerle, Pfeffernüsse und Honey Leb Kuchen. Es fehlt auch nicht die Linzertorte. Ja, wir haben diese im letzten Krieg nicht vergessen und nahmen gemahlene Bucheckern und Zwetschgenmus dazu, weil es anderes nicht gab. Und die NewUlmer vergaßen ihre Landsleute aus den beiden Schwesterstädten Ulm und Neu-Ulm nicht. Sie sandten Carepakete nach Kriegsende.

Trunkene Jungfern
nach dem Regensburger Kochbuch der Marie Schlandri von 1890

Bedarf:

7 Eier
105 Gramm feingestoßener Zucker
4 Eßlöffel Mehl
Zitronen, Schmalz und Wein

Zubereitung:

7 Eidotter werden mit 105 Gramm feingestoßenem Zucker eine halbe Stunde schaumig gerührt, vier Eßlöffel voll Mehl, einer nach dem andern, daran gerührt, etwas Citronensaft, von sieben Eiklar der fest geschlagene Schnee leicht daruntergehoben.

In einer tiefen Pfanne läßt man dann Schmalz heiß werden, legt mit einem Blechlöffel kleine Häuflein in das Schmalz und backt sie auf beiden Seiten braun, indem man sie während des Backens fleißig mit Schmalz übergießt. Dann werden sie aus dem Schmalz genommen und noch warm mit Zucker, welcher mit Zimt vermischt ist, bestreut. Roter oder weißer Wein wird mit Zucker siedend gemacht und darübergegossen.

»Die versoffene Jungfrau«

Weinsuppe
nach dem Regensburger Kochbuch der Marie Schlandri von 1890

1½ Liter weißer Wein, mit Zucker und etwas Citronenschale, wird kochend gemacht, dann an acht bis zehn Eidottern, die vorher mit etwas Wasser gut verrührt sind, gegossen und über gebähtes Brot angerichtet.

Wer lang Supp' ißt, lebt lang

»In dem gesegneten Schwabenland besteht die löbliche Gewohnheit, daß man täglich fünfmal ißt, und zwar fünfmal Suppe und zweimal dazu Knöpfle oder Spätzle; daher denn die Leute in der Umgebung auch Suppen- oder Knöpflesschwaben genannt werden. Man sagt, daß sie zwei Mägen hätten, aber kein Herz.« So schreibt Ludwig Auerbach in seiner Legende »Abenteuer der sieben Schwaben«. Da überspannt er den Bogen, einmal mit dem fehlenden Herzen, das anderemal mit den zwei Mägen. Ein großer Teil seiner Landsleute hält inzwischen auf Taille. Sie leisten sich heute eine nahrhafte Suppe und dann was Kleineres, Leichtes, hintendrein.

Unsere Urgroßeltern auf dem Land brockten sich dreimal am Tag ihre Suppe ein. Sie ließen auch das »e« weg und sagten Supp. Die Großmütter und ihre fünfzig besten Freundinnen liebten ihre Kaffeesupp aus Malzkaffee und Zichorie, in die nur am Sonntag und bei Besuchen einige Kaffeebohnen neig'hopft sind. Das war ihr Frühstücksbuffet, ihr Mittags trost nach dem Küchenabwasch und ihr Sorgenbrecher erster Klasse. Mit den Suppenschnitten von Schwarz- oder Weißbrot war auch das Problem der vertrockneten harten Reste gelöst, denn diese Schnauzersüpple konnten sowohl die kleinen Kinder als auch alte Leute gut beißen. So gehörte zum Handwerkszeug der Arbeiter auf Wanderschaft, die von Haus zu Haus gingen, um Schuhe zu sohlen oder Körbe zu flicken, auch der Löffel. Diese Störleute waren bis ins hohe Alter darauf angewiesen, ihren Unterhalt zu verdienen, ob sie nun mit einem defekten Gebiß oder einem erbärmlichen Fußwerk geplagt waren. Sie erwarteten auf ihrer Arbeitsstelle dicke fette Suppen, nicht zu wenig Most und auch einen Obstler dazwischen. Die brennte Supp, die Riebelessupp aus Teigkrümeln gab es abends zu Kartoffeln in der Schale. Wenn mittags als Hauptgericht Knöpfle und Kraut oder zur Abwechslung Kraut und Knöpfle aufgetragen wurden, dann ergab das Abkochwasser dieser Knöpfle oder Spätzle eine neue Suppengrundlag. Eine Schwäbin alten Schlags ließ nichts verkommen. Sie würgte selbst die ausgepahlten zähen Erbsenschoten durch den Fleischwolf und veredelte sie mit einigen Gartenkräutern, manchmal »mit oim Oi meh« (mit

. . . wer lang Supp ißt, lebt lang!

Gruselsuppe

einem Ei mehr). Wer erinnert sich nicht mit leisem Schaudern an die Gruselsuppen unserer Kindheit, in denen sich allerlei Reste vom Vortag durch die Woche hinschlängelten! Dagegen ist eine herzhafte Kartoffelsupp mit Kracherle (geröstete Weißbrotwürfel) eine Delikatesse. Drum atmete jeder auf, wenn am Samstag die Flädlessuppe auf dem Tisch dampfte und hernach das Siedfleisch mit Wirsing, Kohlräble, Lauchgemüsse, oder mit süßsauren Gurken, Senf, rezent eingelegten Zwetschgen folgte. Und erst die Nudelsupp am Sonntag mit nachfolgendem gemischten Salat, Kalbsbraten und Spätzle!

Jahrhundertelang waren Beten und Suppenessen guter Brauch wie das Zuhausesein der Kinder am Abend beim Gebetläuten. Die Veränderungen, die sich durch die größere Mobilität, auch die Berufstätigkeit der Frauen ergaben, ließen diese alten Bräuche verschwinden. Das Mittagessen ist nicht mehr der Sammelplatz der Familie und die Suppenschüssel nicht mehr deren zentraler Punkt.

Die guten Suppeneinlagen, die so verlockend aus der fettäugigen Brühe blicken, tragen alle ein zärtliches »le«. Diese Verkleinerungen geben unserm Dialekt das Schmeichlerische, Gemütvolle und Gemütliche: Spätzle, Markklößle, Knöpfle, Flädle, Riebele, Nudle, Goldwürfele, Backerbsle. Mindestens drei von diesen tun sich dann bei der Hochzeitssupp zusammen. Sie schmeckt am besten direkt aus der behäbigen Schüssel mit ihrem dicken Bauch und kelchartigem Fuß, »Suppengump« geheißen. Der Schöpflöffel muß darin steckenbleiben, dann ist die Einlage richtig dosiert.

Vor 200 Jahren waren in Ulm die gefüllten Grundeln eine beliebte Suppeneinlage. Da sie nicht ausgenommen werden mußten, kamen diese Minderfische lebendig in Eierteig. Sie schlürften sich satt und waren gefüllt. Danach kamen sie in siedende Brühe oder Schmalz.

Bevor sich der Kaffee als Morgensuppe bei Hochzeiten durchgesetzt hatte, tischten die Brauteltern oder der Wirt den von auswärts angereisten Gästen eine wohlgewürzte gezukkerte Wein- oder Mostsuppe mit Weinbeeren auf. Dazu gab es mürbes Weißbrot zum Einbrocken. Es kam schon hier und da mal vor, daß sich eine eher schwierige Base oder Patin dabei ein winziges Räuschlein angegessen hat und lustig wurde. Auf jeden Fall herrschte bald eine gute Stimmung, die auch die Tränen von Braut und Brautmutter trocknete. Sie ermunterte die Brautführer nach dem Kirchgang, ihr Gespiel schon recht munter zum Suppentanz zu führen. Er wurde im Oberland

... die schwierige Base ...

39

nach dem Auftragen der zweiten Suppe und vor dem Tischgebet getanzt, war also kurz.

»Ein froher Gast ist niemands Last«, stand auf irdenen Tellern. Andere verrieten die Lösung bei überraschendem Besuch »Fünf sind geladen, zehn sind gekommen. Heiß' Wasser zur Suppe, heiß' sie willkommen«. Da gibt es ein Nord-Süd-Gefälle: Droben an der Spree, in Ostpreußen, schüttet die Köchin einige Löffel Schmand daran, damit sie mehr sättige. Im Schwäbischen geschieht dies durch Vermehrung der Suppeneinlagen bei gleichzeitiger Verwässerung der Brühe. Wir hörten eines Sonntags im Sommer, als wir die ersten Gäste im Wirtsgarten eines Albdorfes waren, aus der Küche den Ruf »Marii! Kehr' d'Tisch ab. Jag' d'Henna naus. Tu zwei Schöpfer Wasser an d'Supp. Gäst kommet«. Die Suppe war eine Hochzeitssuppe aus butterlinden gelben Geigenknöpfle, gebackenen Spätzle und Markklößle, die auf der Zunge zerliefen. So kocht man bei uns am Sonntag!

Zur Geschichte unserer Suppe, da muß ich enttäuschen. Weder der kleine, zottiggewandete Rulaman von der Alb noch der vornehme Keltenfürst konnten wie der »Suppenkasper« im Hoffmanns Struwwelpeter sagen »nein, meine Suppe eß' ich nicht«. Sie ist noch nicht so alt – in Ulm speziell auf das Jahr 1513 zu datieren. Beim Essen des Pfarrkirchenbaupflegamts, auf das an anderer Stelle noch eingegangen wird, gab es »Batton Suppe mit Weinbeeren«. Es war eine süße Suppe aus Milch mit Brotschnitten. Das ganze Mittelalter hindurch wurde das, was wir mit Suppe bezeichnen, im Sinne von Kraftbrühe oder Kräuteraufguß gebraucht. Es war mehr eine Art Heiltrank für die oberen Tausend.

Auch der Ulmer Stadtarzt Dr. Johann Stockar führt Ende des 15. Jahrhunderts das Wort »Suppe« noch nicht im Munde, als er sein Essensreglement für den Herzog von Württemberg niederschrieb. Er empfiehlt seinem hohen Patienten, zu Beginn einer Mahlzeit die leichteren Speisen wie Obst zu essen und darauf eine warme Fleischbrühe oder gesüßten angewärmten Wein zu trinken. Bei ihm finden wir auch Kräuter, die in Fleischbrühe und Öl gekocht sind. Es darf also davon ausgegangen werden, daß Fleischbrühe zuerst bei den Herren in Gebrauch gekommen ist. Daneben gab es für die strengen Fastenzeiten fleisch- und fettfreie vorwiegend süße Suppen.

Die Bezeichnung »Suppe« taucht dann im 16. Jahrhundert bei den kleinen Leuten auf. Im Küchenzettel der Herr-

. . . Marie kehr d'Tisch ab, 's kommet Gäscht . . .

schaft Justingen aus dem Jahr 1592 »für ein Raissig Gesindt« ist zu lesen »denen gibt man durchs ganze Jar – usgenomen die Hohe Fest und Jars Täg – mittags und nachz jeden Imbiss vier Essen, nemblich ein Suppen, zum andern Fleisch, am dritten im Friehling Mittags Saur Kraut, nachz dirr Obs.« Die dort zeitweise beschäftigten Bauleute erhielten am Sonntagmorgen anstelle der Morgensuppe ein Brot, zu Mittag ein weißes Mus und Suppe, nachts Suppe, Fleisch und Haberkeren oder ein »ander Zugemiess«.

Zugemüse kommt von der ursprünglichen Wortbedeutung »Muos« – Mus, das im Grunde eine eingedickte Suppe oder Eintopf war. Nach der Speisenordnung des Heilig-Geist-Spitals von Ulm aus dem Jahre 1753 erhielten die Stadtbüttel alle Jahre an Philippi und Jacobi (25. Juli) eine Mahlzeit, bestehend aus »Vorbrey und Suppen, Fleisch und Wein, ziemblich genug«. Es wurde dabei also zweimal mit dem Löffel und einmal mit dem Messer gegessen. Wenn heute ein alter Allgäuer um Leutkirch herum gefragt wird, was es denn außer Rehragout und Rehbraten beim Jagdessen der Pächter für die Bauern gegeben habe, so antwortet er ganz bestimmt »Blaukraut, Kartoffel- und Endiviensalat, Spatza, Knödel und halt so Gmüser«. Er versteht darunter die Beilagen insgesamt.

Die Suppe erscheint auch um 1589 bei den Gastungen im Pfarrhof zu Ehingen, wo an Dreikönig nach dem Hochamt den Schülern Suppe sowie zwei bis drei Maß Wein gegeben werden. Die dortige »Herrenfasnacht« muß für diese Schüler geradezu das Schlaraffenland bedeutet haben. Da gab es Suppe, Fleisch, Kraut, Sulz, Küchle und »ziemlich Wein«. Dieses Wort darf nicht falsch interpretiert werden. Es gab eben Wein, wie es sich für diesen Personenkreis geziemte. Hier diente die Suppe dazu, den größten Hunger im ersten Gang zu stillen, wie dies bei Pfadfindergruppen auf Wanderung und Ferienlagern durchaus noch üblich ist.

Der Dreißigjährige Krieg und die ihn begleitende Pestepidemie brachte grenzenloses Elend und große Armut in das Ulmer Land. Jetzt gehörte die Suppe zur Alltagskost und war meist auch die Hauptmahlzeit. Da gab es Kriesensuppen aus frischen oder getrockneten Kirschen, Holundersuppen, Morauchen- (Morcheln) und Pfifferlingssuppen, die ohne Fett zubereitet werden konnten. Diese Armeleutesuppen sind heute Delikatessen.

... auf der Stör wanderte man noch mit dem Blechlöffel.

Die Suppe als öffentliche Speisung für Arme und Bettelleute: Während des Konstanzer Konzils von 1414—1418, der größten und feierlichsten Kirchenversammlung, sorgte sich der Salzburger Fürstbischof um die Speisung der Bettlerscharen, die diesem Ereignis an den Bodensee nachgezogen waren. Er ließ täglich »jeglichem armen Menschen ein hellerwertig brot und ein stuck fleisch und suppen geben, am Freitag, Samstag und Fasttag gab er ein muoß«. Für die Verteilung solcher Armenspeisungen war ein von der Herrschaft verdingter »Suppenvater« zuständig.

In Zeiten großer Hungersnöte hat die Suppe eine große Bedeutung erlangt, weil infolge von Mißernten das Brotgetreide ausgefallen war. Es gibt kaum ein Heimatmuseum, das nicht auch Zeugnisse dieser großen Hungerkatastrophen von 1771—72 und 1816—17 besitzt. Dabei befinden sich auch Rezepte für Rumfordsuppen.

Aus den schlimmen Jahren von 1771—72 hatten die Verantwortlichen gelernt, daß mit der Fruchtverknappung auch der Kornwucher einherging und die verarmte Bevölkerung von Heu, Wurzeln und Lederabkochungen nicht sattwerden konnte. Damals hatten Getreideschiffe, die donauaufwärts bis Günzburg im pferdebespannten Treidelzug angekommen waren, die Umverteilung des Hauptnahrungsmittels Brot notwendig gemacht. Nach den Mißernten von 1816—17 entstanden zur Linderung der größten Not die Wohltätigkeitsvereine, an deren Spitze sich die junge Königin Katharina von Württemberg setzte und tatkräftig mitwirkte. Bald erfreuten sich die an allen Orten gegründeten Suppenanstalten großen Zuspruchs. Es wurde täglich eine warme Suppe ausgegeben – die »Rumfordsuppe« aus Perlgraupen, getrockneten Erbsen und Bohnen, Reis, Rüben, Wurzeln, Kräutern, Salz, Kartoffeln, Essig und Wasser mit kleinen Fleischbeigaben. Der Erfinder dieser Massenspeisung war der im bayerischen Staatsdienst stehende Engländer Benjamin Thompson (1753—1814), der wegen seiner Verdienste um die Gemeinschaftsverpflegung von Soldaten – und

Massenspeisungsvorschlägen als Graf Rumford nobilitiert wurde. Diese Rumfordsuppe hat sich noch lange in den Kochbüchern gehalten, ob aus Pietät, Verlangen oder in weiser Voraussicht auf ähnliche Katastrophen, läßt sich nicht mehr nachprüfen.

»Mues und Supp macht Weben lugg. Speck und Wein macht Weben gleim«, dieser Spruch stammt noch aus der Zeit der Hausweber, welche, wie andere Handwerker, auf die Stör zum Arbeiten gingen.

Wir haben beinahe über den großen Hungerszeiten, die vor allem die Landbevölkerung als Selbstversorger hart getroffen hatte, die Inflation und Geldentwertung zu Beginn der zwanziger Jahre unseres Jahrhunderts vergessen. Diese Geldentwertung war ein Keulenschlag für den Durchschnittsbürger und den, der bisher gut von seinen Zinsen lebte. Zur Linderung dieser Not hatte sich in der Schweiz spontan eine Hilfsaktion gebildet. Die Patronatsstadt für Ulm war Sankt Gallen, das durch Jahrhunderte mit Ulm verbunden, diese bis zum heutigen Tage freundnachbarlich pflegt. Das Christliche Hospiz am Frauengraben stellte die erforderlichen Räumlichkeiten zur Verfügung, damit täglich bis zu tausend Portionen Suppe an die Ulmer Bevölkerung abgegeben werden konnten.

Wir begegnen vielen dieser alten nahrhaften Suppen in den Fußgängerzonen unserer Städte, im Katastropheneinsatz und in der Vereinsgastronomie. Die Erbsen-, Bohnen- und Linsensuppen mit Speck sind althergebrachte Hausmannskost, die sich im Laufe der Geschichte kaum verändert hat.

Zum Abschluß lassen wir eine Suppe aufmarschieren, die in keinem Kochbuch steht: Die »Hanswurstel- oder Federehansel-Suppe«. Sie hat ihren Namen von den bekanntesten Masken der Alemannischen Fasnacht. Das ist keine der Katersuppen in den närrischen oder äscherigen Tagen. Es handelt sich hier um eine Resteverwertung in den Familien der Lebkuchenbäcker. Sie ist das Pendant der berüchtigten Laugenbrezelsuppen aus zähen altbackenen Brezeln, die im Laden keinen Käufer fanden.

Nicht nur Laugenbrezeln blieben übrig, sondern auch die Lebkuchen vom Nikolaustag. In Narrenorten gab es neben dem frommen Bischof Nikolaus noch die auf Glanzpapier gedruckten Hanswurstel oder Federehansele mit einer echten Hühnerfeder auf dem Hut. Sie waren mit Zuckerguß auf den Lebkuchen aufgeklebt. Der Respekt der Bäckersfrauen vor dem Heiligen Bischof von Myra war nicht so groß, daß er nicht auch, mit den Hanswursten vereint, sein Ende in dieser Suppe finden mußte.

Gemauerter Herd einer Albbauernfamilie, mit Rauchfang, Feuerhund, Waffeleisen, 18./19. Jahrhundert, im Heimatmuseum Langenau.

Als man Heu und Sägmehl aß

Rumfordsuppe von 1817
Rezept des Innenministeriums

. . .»Die dürren Gemüßer so wie die Schmälzung leiden Veränderung und Abwechslung; und statt Erdäpfel können auch Rüben aller Art verwendet werden. Ist man vermögend, der gekochten Speise, die nach geschehener Zubereitung bald dick wird, oder viele Consistenz erhält, Fleischbrühe zuzugießen oder gar Fleischtheile beizumengen, so ist sie selbst für den, der bessere Nahrung gewöhnt ist, sehr schmackhaft, wie es viele Verkostende bezeugen.

Bestandteile: Wasser, 5 Maß Erdäpfel, Erbsen, Gerollte Gerste, Ausgelassene Butter, Salz, Grünes, Lauch, Zwiebel oder Zellerich, Pfeffer, Gewürfeltes Weißbrod.

Zubereitungsart für 12 Portionen

Am Tage vor dem Genusse werden die dürren Gemüße, Linsen, Erbsen, Bohnen, Gerste etc. gereinigt und eingeweicht, dann das Wasser nach einigen Stunden abgegossen und mit anderem verhältnismäßigem Wasser abends dem gewöhnlichen Kochfeuer, und mit Ersparnis, wenn es seyn kann, auf einem geschlossenen Kunstofen beigesetzt, durch mäßiges Feuer das Kochen nicht übertreiben, und durch öfteres Aufrühren aller Geruch-Anzug verhütet. Das so langsam Gekochte mag wohl verwahrt zuge-deckt und selbst mit Vorteil bei dem abgehenden Feuer auf dem Kunstofen die Nacht durch gelassen werden.
Am Tage des Genusses fängt um 7 Uhr die gewöhn-liche Feuerung des Kochofens wieder an. Etwa um 8 Uhr werden die geschälten, geschnittenen, ein wenig früher eingeweichten Erdäpfel oder Rüben und nach einer Stunde das Grüne, Gewürz und Salz dem Obigen zugethan, um 10 Uhr geschmälzt, eine Viertelstunde hernach das würfelweis geschnittene Weißbrod beigemengt, und so ist dann um ½ Elf diese Speise gut, gesund und nahrhaft zubereitet.

Bouillon
zu kochen nach Anna Magdalena Kindervatterin aus Ulm, 18. Jahrhundert

Nehmt eine recht fette alte Henne, zerlegt sie und zernickelt die Knöchel.
Man nehmt vom Rind aus der Lende ein Stück Fleisch, woran ein Knochen ist (etwa 3 Pfund).
Auch vom Kalbsfleisch wo ein Knochen dran ist auch 3 Pfund. Es ist sehr gut so man das Kalbfleisch mit dem Kniebein bekommt. Legt alles zusammen in einen Topf ungefähr 5 bis 6 Kannen groß, gießt Wasser drauf, ein wenig Salz, ein paar Lorbeerblätter, eine ganze Muskatblüte, ein paar Stengel Petersilie und setzt alles aufs Feuer. Laßt 4 bis 5 Stunden ganz gelinde kochen, dann gießt es durch ein Haarsieb, daß kein Schaum durchgeht, schöpft alles Fett ab, verwahrt die Brüh in einem kühlen Ort. Sie muß wie eine Galert sein, wenn sie kalt ist. Man kann ja auch den Geschmack von Himbeer und Zitrone geben.

Eine Bettel-Suppe
nach Anna Magdalena Kindervatterin aus Ulm
Nachdem man viel haben will, wird schwarz Brodt aufgeschnitten und in Schmalz schön gelb geröst, thuts in ein Kahr, nehmt Peterling, Kraut und Wurzen, auch Lory nach Gutdünken, gießt Fleischbrüh dran, laßts recht wohl verkochen, treibts durch ein Suppenseiher, thut Gewürz dran, laßts noch einmal aufkochen, schneidet von der obern Rinde zarte Schnittle auf und richtets drüber an.

Gefüllte Grundeln
aus dem Kochbuch der Anna Magdalena Kindervatterin, Ulm um 1800
Nehmt Eier, zerklopfts wohl, werft die lebenden Grundeln drein, so werden sie Eier in sich schlucken und große Bäuch bekommen, dann thuts in ein Messing Pfännlein mit siedender Suppenbrüh, auch gutes Gewürz dran, laßts kochen, thut auch Citronenschälfen drein.

Grüne Suppen

Kochbuch der Anna Magdalena Kindervatterin, Ulm um 1800

Siedet in Fleischbrüh ein gutten Brocken Kalbfleisch, nehmet grüne Kräuter, schön Bologneser Salat, ein wenig Spenat, auch Petersill-Kraut und Wurzen geringelt geschnitten, aber daß sie genug sieden, müssen sie zuvor hineinkommen, auch Saurampfer, Körbelkraut und ausgemachte Erbis. Alles dieß zerropft, siedets in der Suppe bis recht lind seind, schneidet auch ein wenig Mark daran, siedets mit ganzer Muscatblüht und richtets auf ganz bähte Semmelschnitten an.

Eine Briessuppe (mit Zünglesstreifen)

umgearbeitetes Rezept
von Susanna Stephanin, Ulm 1763

Kalbsbries einige Stunden wässern, damit sie schön weiß werden, und in einem Sud aus Weißwein, Wasser, gespickter Zwiebel, Salz, Kräutersträußchen zehn Minuten sieden. Das Bries wird nun enthäutet, in kleine Plätzchen oder Scheiblein geschnitten. Danach mache man einen

Flädlesteig von

2 Eiern
100 Gramm Mehl
100 Gramm Milch
½ Kaffeelöffel Öl

Dann ziehe man diese Bries unter den Teig und backe schöne gelbe Flädlein heraus. Alsdann richtet man die in Würfel oder in Rauten geschnittenen Flädlein in einer Suppenschüssel an und übergießt sie mit einer kräftigen Fleischbrühe. Mit Schnittlauch oder Petersilie gebührend ausgarnieren.
Für eine festliche Suppe gibt man gekochte Zünglesstreifen zu.

Kartoffelsuppe mit Kerbel und Pfifferlingen

200 Gramm Kartoffeln in Würfel geschnitten
1 Zwiebel
80 Gramm Margarine oder Butter
1 kleine Karotte in Scheiben geschnitten
1 kleiner Lauch in Stücke geschnitten
1 kleinen Bund gehackte Petersilie
½ Liter Fleischbrühe
¼ Liter Sahne
150 Gramm Pfifferlinge
50 Gramm Rohschinken oder Speck in Würfel geschnitten

Zubereitung:

Lauch, Karotte und die in Würfel geschnittenen Kartoffeln und eine Spur Knoblauch in der Margarine andämpfen. Mit einem guten halben Liter Fleischbrühe angießen, bei kleiner Hitze weichkochen. Mit dem Mixer pürieren, die Sahne zugeben.

Pfifferlinge in kleine Stücke schneiden, mit Zwiebel und Rohschinken anschwitzen und unter die Suppe geben.

Mit gerösteten Weißbrotwürfeln und Kerbel bestreuen und zum Schluß mit einem Schuß Weißwein abschmecken.

(In alten Kochbüchern findet man diese Kartoffelsuppe mit Froschschenkeln als Fastensuppe)

Eine gute Fleischsuppe

1 Stück Ochsenschwanz, ca. 200 Gramm, 500 Gramm Rinderknochen oder Rinderklein gut kalt gewaschen werden mit 2½ Liter Wasser und einem Eßlöffel Salz, 1 kleinem Lauch, längs halbiert, etwas Sellerie in Scheiben, 2 Tomatenscheiben und Petersilie, 1 Karotte halbiert, gesotten.

Den Schaum fleißig abschöpfen und drei Stunden auf kleinem Feuer köcheln lassen. Wer eine besonders gute Suppe will, muß diese Brühe tags zuvor zubereiten und anderntags 200 Gramm mageres Kuhfleisch gehackt mit einem Eiweiß und, so es zur Hand ist, ein paar Eiswürfel mit der kalten Suppe aufgießen. Eine halbe Stunde ziehen lassen und durch ein feines Sieb passieren.
Mit 2 Eßlöffeln Madeira oder Cherry und Pfeffer aus der Mühle verfeinern.

Einlage

Riebele:

1 Ei
100 Gramm Mehl
¼ Teelöffel Salz

in einer Schüssel verklopfen. Das Teiglein eine Stunde ruhen lassen. Dann den Teig auf einem mit Mehl bestäubten Brett mit dem Handballen flachdrücken. Dann den Teig mit einem großen Messer zu kleinen Klümpchen hacken. Immer mit Mehl bestäuben, damit die Riebele nicht aneinander kleben. Dann in ein Sieb geben, damit das überschüssige Mehl abfällt und fünf Minuten in der Brühe ziehen lassen.

Weitere Einlagen sind: Grüne Flädle, Kräuterfleckle, Käseknödel.

Käseknödel als Suppeneinlage

200 Gramm altbackene Brötchen (100 Gramm)
80 Gramm geriebener Käse
¾ Liter Milch lauwarm darüber gießen
1 Ei mit etwas Salz zerklopfen und zwiebeln, dann gut durchkneten. Eine gute halbe Stunde ruhen lassen. Aus der Masse kleine Knödel formen und in der Brühe zehn Minuten sieden lassen. Wenn sie schlecht halten, etwas Mutschelmehl zugeben.

Schwäbische Zwiebelsuppe

3 Zwiebeln
1 Teelöffel Paprikapulver
1 Lauch
4 Eßlöffel Butter, Salz, Pfeffer
¾ Liter Fleischbrühe
⅛ Liter sauren Most oder Weißwein

Zubereitung:

Zwiebeln in Scheiben schneiden, das Weiße vom Lauch in Ringe schneiden. Zwiebeln und Lauch in Butter anbraten, mit Paprikapulver stäuben. Mit Fleischbrühe auffüllen und mit dem Stabmixer kräftig mixen, so daß die Zwiebeln fein püriert werden. Ca. zehn Minuten kochen. Mit Salz oder Pfeffer abschmecken und unmittelbar vor dem Servieren noch einmal aufmixen, damit die Suppe schaumig zu Tisch kommt.

Mostsuppe

¾ Liter Most
70 Gramm Margarine oder Butter
70 Gramm Mehl
⅛ Liter Rahm
½ Liter Fleischbrühe
Pfeffer aus der Mühle
etwas Muskat
1 Bund Schnittlauch

Zubereitung:

Butter wird erhitzt, mit Mehl bestäubt und mit dem
Most oder Weißwein abgelöscht, etwas einkochen
lassen. Mit Sahne aufgießen und cremig einkochen.
Dann mit dem Mixer aufmixen und mit Schnittlauch
bestreuen.

Schwäbische Weckensuppe mit Zanderknöpfle und Frühlingszwiebele (Schnettera)

Knöpfle

150 Gramm Zanderfilet
etwas Saft einer Zitrone
¼ Kaffeelöffel Salz
Pfeffer
Prise Cayennepfeffer oder Tabasco
etwas Zitronen- und Orangenabrieb
½ dl. Rahm
20 Gramm Margarine oder Butter

Zubereitung:

Fische in Stücke schneiden, mit den Gewürzen mischen
und auf den Fisch geben, kurz zugedeckt im Tiefkühlfach durchkühlen lassen. Dann Fisch, Eiweiß,
Margarine im Mixer pürieren. Kleine Klößchen in den
Sud einlegen und 3−4 Minuten ziehen lassen.

Klößchen herausheben. Die in Butter gerösteten
Wecken und die in dünne Ringe geschnittenen grünen
Zwiebelröhrle (Schnettera) gleichmäßig auf vier Teller
verteilen, Klößchen dazugeben und mit der heißen
Fischbrühe übergießen.

47

Gulaschkanone aus Ulm

Diese Bezeichnung für eine fahrbare Feldküche stammt aus dem Sprachgebrauch der Soldaten und wurde von dort übernommen für zivile Einrichtungen bei Katastrophenschutz und Hilfsorganisationen. Der Duft nach Erbsen mit Speck, nach Kartoffel- oder Gulaschsuppe zieht die Leute an, so daß sie sich gerne in die Schlange der Wartenden einfädeln.

Wer weiß schon, daß ihr Ursprung in Ulm lag?

Conrad Dietrich Magirus, der im Jahr 1864 die Feuerwehrgerätefabrik gleichen Namens gegründet, und den Grund gelegt hatte für die Freiwillige Feuerwehr in Ulm, deren Kommandant er durch 32 Jahre war, hatte in seinem Sohn Otto einen Nachfolger mit hoher technischer Begabung. Als technischer Leiter der Firma befaßte er sich auch mit Militärgerätschaften. Im Jahr 1906 hatte das Preußische Kriegsministerium zu einem Wettbewerb geladen, um den Bau von Feldküchen voranzubringen.

Bereits während der Revolutionskriege zum Ende des 18. Jahrhunderts hatten Franzosen begonnen, während des Marsches zu kochen. Auch Marschall Blücher ließ große Kupferkessel zum gemeinsamen Abkochen auf Bagagewagen mitführen, und schließlich gab das Beispiel der russischen Feldküchen im Russisch-Japanischen Krieg den Ausschlag für diesen ersten Wettbewerb. Es beteiligten sich 40 Konstrukteure, wobei zwei Firmen das Rennen machten: Die Firma Magirus, die bei der Herstellung von Fahrzeugen große Erfahrung hatte, und die Hildesheimer Firma Senkingwerke mit Herden und Küchen. Von diesen Firmen wurde dann ein neuer Typ geschaffen, aus dem sich die spätere Gulaschkanone entwickelt hat.

Die Magirus haben eine hochansehnliche Ahnenreihe, und damit auch ein Wappen. Es zeigt zwei gekreuzte Kochlöffel, das Attribut des Kochs. Johannes Koch, Kanzler der Universität Tübingen und höchster Würdenträger der evangelischen Kirche Württembergs, hatte als Magister der Theologie seinen Namen Koch, wie dies im 16. Jahrhundert üblich war, ins Griechische übersetzt: Mageiros heißt dort Koch. Dann latinisierte er auf Magirus. So einfach ist das.

48

Colasch (Gulasch)
von Schloß Erbach, um 1800

Man nimmt ½ Pfund Butter, läßt ihn heiß werden in
einem Casserol, hierauf nimmt man 4 große Zwiebel
und schneidet selbe in kleine Stücke, sowie ½ Pfund
geräucherten Speck, welcher in Würfel geschnitten
wird. Nun nimmt man 3—4 Pfund Rindfleisch, welches
auch in Würfel geschnitten wird und gedünstet. ¼
Mezen Erdäpfel werden in Würfel geschnitten, welche,
wenn das Rindfleisch nicht ganz fertig ist, dazugethan
werden. Pfeffer und Salz darangeben.

Gulyas ungarisch

1 Kilo Rindfleisch vom Bug oder Rinderhaxen
3 Zwiebeln in Streifen geschnitten
2 Knoblauchzehen gerieben
2 Eßlöffel Öl

Alles wird im Topf ohne Deckel gedämpft. Den
entstandenen Saft einkochen lassen, dann
darangeben.

3 Teelöffel Paprika
½ Teelöffel Kümmel
¼ Teelöffel Salz
gehackte Schale von einer halben Zitrone
1 Eßlöffel Tomatenmark
braun rösten, danach 2½ dl. heißes Wasser dazugeben
und 1½ Stunden auf kleinem Feuer leise kochen lassen
Zum Schluß 2 Paprika in Würfel geschnitten
350 Gramm Tomaten geviertelt
500 Gramm Kartoffeln in kleine Würfel geschnitten
beifügen, nach Bedarf Sauce mit etwas Wasser
ergänzen und weitere 30 Minuten leise kochen lassen.

d' Gulasch-Kanon

49

Die saure Brüh'

In die saure Brüh' geht alles rein, bloß keine Reißnägel!

Sie ist das Fundament vieler Gerichte, hervorragend mit grünen Bohnen oder Bohnenkernen zu Hefenknöpfle, delikat mit Linsen, Spätzle und Saitenwürsten, billig mit verlorenen Eiern oder Gelberüben, und weniger beliebt als Restegericht, wenn der Kartoffelsalat vom Sonntag als »Saure Rädle« darin verborgen wurde. Am besten sind die Kutteln in der sauren Brühe mit Bratkartoffeln oder einem noch warmen Wasserwecken. Nördlich der Mainlinie fragt man beim Metzger lieber nicht nach Kutteln, sondern nach gekochtem kleingeschnittenen Rindermagen oder Kaldaunen.

Die alten Frauen von der Schwäbischen Alb, die hier und dort noch ihre alte Tracht tragen, sagen dazu »a Saurs« und lassen das ergänzende »Voressen« beiseite. Es handelt sich also um ein Essen vor der Hauptmahlzeit, das die Hochzeit auf dem Dorf begleitete wie Glockengeläut und Böllerkrachen. Für die von weither gereisten Gäste galt ein Teller Hochzeitssuppe oder »Saurs« mit Wecken oder Kranzbrot als Labsal. Den festlichen Tupfer darin bildeten die Weinbeeren. In der Gegend um Memmingen und Ichenhausen hießen saure Kutteln auch »Luthrisches Voressen«. Nach diesem beliebten Voressen hatten auch die Daheimgebliebenen einen »Gluschta«, und so kam es früher gar nicht so selten vor, daß davon eine tüchtige Portion in eine Schweinsblase zum Mitnehmen gepackt wurde. Plastikbehälter gibt es noch gar nicht so lange, man hat sich nur so schnell an sie gewöhnt!

Man möge verzeihen, daß nach den Kutteln direkt auf ein Baudenkmal von Rang umgeschwenkt wird: das Ulmer Münster. Dort wird nämlich die linke Pforte neben dem Haupteingang an der Westseite das »Kutteltor« von den Steinmetzen genannt. Ob diese Bezeichnung von den Metzgern herrührt, die an Markttagen dort ihre Stände hatten, oder ob es von den Kuttenträgern (Mönchen), stammt, die dort ein- und ausgezogen sind, soll nicht nachgeprüft werden.

In der armen aber bezugsscheinreichen Zeit des zweiten Weltkriegs, als die Lebensmittelmarken den täglichen Speisezettel diktierten, gehörten saure Kutteln und Röstkartoffeln zum Stammgericht vieler Gasthäuser. Dort erhielt der bevorzugte Gast öfters hehlingen auch ohne Marken einen Teller Kutteln.

Da erinnerte sich der Orgelsachverständige unseres Landes, Dr. S., der ziemlich ausgehungert nach Rot an der Rot gekommen war, um die Holzhay-Orgel einer Prüfung und Inventarisation zu unterziehen, daß er sich auf sein Leibgericht, die Kutteln bei einer Roter Wirtin, so gefreut hatte. Er sei bitter enttäuscht gewesen, als sie ihm dafür die Fleischmarken abschnitt. Als er sich wieder seiner Arbeit zuwenden wollte, wäre ihm die Wirtin nachgelaufen und habe ihm die Marken wieder in die Hand gedrückt: »Wissetse Herr Doktor, der Bollezei isch do'ghocket, do han i se doch abnehma müssa. Aber tontse draussa a bitzele ihre Füaß vertrappa, d'r Bollezei zahlt grad, nochet kommetse wieder rei' ond esset nomol so en Schlag.«

. . . dr Bollezei isch do g'hocket . . .

Noch eine Geschichte gefällig? Sie ist vor knapp hundert Jahren passiert und wird in einem Gedicht »der Saikläpperer« von Michel Buck, zuletzt Oberamtsarzt in Ehingen, geschildert. »Saikläpperer« waren die Fuhrleute der Pferdepostlinie Ulm − Donautal − Bodensee. Sie fuhren unter Klappern der Hufe an den »Sai«, den Bodensee. An den Poststationen hielten sie Einkehr und waren überall willkommen, weil sie Neuigkeiten mitbrachten und zu allerhand Allotria aufgelegt waren. So ein Fuhrmann schaute natürlich auf die Mistkärrner und Holzfahrer herab. Rappenschwarz die Rösser, rappenschwarz der Bart, und wo er einkehrte, da war er zuhaus, auch bei den Mädchen.

In ihrem Übermut nahmen sie einem Bauern heimlich die alte Otterkappe weg, zerschnitten sie wie Kutteln und ließen sie ihm in saurer Brühe auftragen.

»Laund Ui Leutla jetzt verzölla
von der guata alta Zeit,
wo ma hot no könna schnölla
und it von de Roß isch keit.

Wo mer no uff stolze Rösser
gfahra sind dur Stadt und Land,
und seall d' Fräula uf de Schlösser
üs no nochegucket hand . . .

Hengst am Deichsel grad wia d' Dracha,
Schwoim und Goifer rum ums Maul,
an dr Stang zwee Weltsballacha
und i − ufam Sattelgaul!

Ha Hand au oftmois Gspäßla trieba
und anand für Narra ghett,
in der Stub' in d' Wada klieba
ond verschreckt anand im Bett.

Geant do aumal emma Lappa
en ra saura Kuttlabrüah
sei' verschnittna Zipfelkappa,
ond se hot ehm gschmeckt - - - und wia!

Wo mer no beim Brot send gseassa
frogt man, wia s'em gmundet häb:
›Guat, bigott a Herrafressa,
aber malefizisch zäh!‹

Seit dia Dondereisebahna
fahret an da Bodasai
isch em Adler, Kreuz und Schwana
und so futt koi Leaba maih . . .«

Erklärungen:
schnölla =
mit der Fuhrmannsgeißel knallen
keit = gestürzt
Fräula = vornehme Damen
Weltsballacha = prächtige Wallachen
klieba = kneifen

Kutteln mit Tomaten

2 Eßlöffel Öl
800 g vorgekochte Kutteln
2 gehackte Zwiebeln
2 geriebene Knoblauchzehen
1 Wirsing in Streifen geschnitten
1 kleiner Sellerie in Streifen geschnitten
4 geschälte in Würfel geschnittene Tomaten
1 gehäufter Eßlöffel Tomatenmark oder Ketchup
1 dl Weißwein
1 dl Apfelsaft
2 dl Fleischbrühe
Salz, Thymian, Aromat oder Glutamat

Öl, Zwiebeln, Knoblauchzehen im Topf andünsten. Das Gemüse dazugeben und mit einem gehäuften Eßlöffel Mehl bestäuben. Die Kutteln und das Tomatenmark dazugeben, mit Weißwein und Apfelsaft ablöschen. Salz, Pfeffer und Thymian beigeben, mit Fleischbrühe auffüllen und gut eine halbe Stunde zugedeckt kochen lassen. Zum Schluß die in Würfel geschnittenen Tomaten zugeben. Wenn die Kutteln ohne Mehl zubereitet werden sollen, muß ein gekochter Kalbs- oder Schweinefuß mitgekocht und zum Schluß in feine Streifen geschnitten daruntergegeben werden.

Kuttelsalat mit Rettichsprossen

600 Gramm weichgekochte Kutteln
5 Essiggurken
5 Radieschen
2 Teelöffel gehackte Petersilie
3 Eßlöffel Himbeeressig
1 Teelöffel Senf
Pfeffer aus der Mühle und Salz
5 Eßlöffel Öl

Kleine Essiggurken und Radieschen in feine Streifen schneiden, mit der Petersilie, Himbeeressig, Senf und Öl eine sämige Salatsauce rühren. Mit Salz und Pfeffer nach Geschmack würzen. Die in feine Streifen geschnittenen Kutteln unter die Sauce mengen. Mit frisch geschnittenen Rettichsprossen bestreuen.

Kutteln in Einbrennsoße und Mostessig für 2 bis 3 Portionen

500 Gramm Kutteln
50 Gramm Butterschmalz oder Vollwertöl
3 Eßlöffel Essig (Most- oder Weinessig)
2 gehackte Zwiebeln
1 Knoblauchzehe gerieben
2 bis 3 Eßlöffel Mehl
1 Teelöffel Tomatenpüree
Schale oder Abrieb einer halben Zitrone
½ Lauchstengel in Rädle geschnitten
1 kleines Stück Wirsing
½ Karotte
½ von einer Sellerie
2 dl Most oder Weißwein
2 dl Fleischbrühe
2 Lorbeerblätter
3 Wacholderbeeren
2 Nelken
1 bis 2 Teelöffel Salz
Pfeffer

Das Mehl in dem Fett braun rösten. Zwiebeln, in Streifen geschnittenes Gemüse, Knoblauch zugeben, mit Fleischbrühe und Most oder Weißwein ablöschen. Die Gewürze zugeben, mit 2 Teelöffeln Salz und einer Prise Pfeffer würzen, mit ca. 2 Eßlöffeln (je nach Geschmack) Mostessig (Weinessig) und Senf abschmecken. Die in Streifen geschnittenen und vorgegarten Kutteln beigeben. Bei schwacher Hitze 10 bis 15 Minuten zugedeckt kochen.

Rettichsprossen

Rettichsamen ausstreuen und 1- bis 2mal täglich befeuchten. Im Dunkeln aufstellen und nach drei Tagen im Hellen. Die Sprossen können geerntet werden, wenn sie ca. 7 cm hoch sind, dies erreichen sie nach ca. 5 Tagen. Am besten schmecken die Sprossen, wenn sie frisch geschnitten sind.

Maultaschen

Sie sind, wie die ersten Veilchen, heitere Boten des Frühlings, denn auf sie warten Spinat, Petersilie und Zwiebelröhrle. Das sind die »ewigen« Zwiebeln mit den kleinen weißen Knollen und intensiv riechenden grünen Röhren, die von den bayrischen Schwaben »Schnattera« genannt werden. Es grünt so grün in ihrer Fülle, die als eifersüchtig gehütetes Hausrezept unter Verschluß gehalten wird. Es ist nämlich eine Weltanschauung und verrät Herkunft oder angeheiratete Verwandtschaft der Köchin, grad so wie die Dialektfärbung.

Im Kochbuch der Anna Magdalena Kindervatterin um 1800 werden »Maultaschen oder Zuckerbrot« aufgeführt. Sie waren zu Beginn ihrer ruhmreichen Laufbahn in Ulm süß. Ihr Name rührt wohl von der Form her, einer zusammengeklappten Teigscheibe, in die eine Fülle gegeben wird. Wir haben damit eine süße Urahne und eine resolute Enkelin, die sich als salzige Variation durchgesetzt hat. Sie ist das typische Gründonnerstagsessen und hält sich an die Fastengebote der katholischen Kirche. »Struckla« heißen die fleischlosen Maultaschen, oder »Greane Krapfa«, weil sie Spinat, Petersilie und Zwiebelröhrle den Hauptbestandteil bilden. Zusammen mit Rauchspeck mogelt sich die Fülle manchmal in den Karfreitag hinein, weil der Nudelteig sie dezent verhüllt. Wohl kaum ein anderes Gericht hat sich als so anpassend an die Zeit erwiesen wie unsere Maultaschen. Sie lassen sich einfach alles gefallen: Beim Metzger oder im Großmarkt verkaufen, tiefgefrieren, in Fleischbrühe versenken, in der Pfanne aufbraten und in zweierlei Arten bei einer Mahlzeit auftragen: Zuerst in der Brühe, und dann geschmälzt zu Kartoffel- oder grünem Salat. Vor gut einem Jahrzehnt wurde beim Stuttgarter Staatsbesuch der englischen Königin eine Fleischbrühe mit Maultaschen serviert. Man kann annehmen, daß die sanftere württembergische Füllung mit mehr Spinat und nicht die mit den rezenten Zwiebelröhrle ausgewählt wurde.

Viel Liebe, viel Zeitaufwand sind notwendig, das weiß auch die Italienerin mit ihren Ravioli, das weiß die Türkin mit ihren daumennagelgroßen »Manti«. Letztere nimmt zum Auswellen des Nudelteigs kein Wellholz, sondern einen langen Stab. Mit selbstgemachten Maultaschen können Sie auch bei einem Besuch aus Fernost Ehre einlegen, denn ein weitgereister Wiener kennt ihren Weg von China durch die Mongolischen Truppen in den Westen.

Geschmälzte Maultaschen

Dünn ausgerollter Nudelteig wird mit folgender Füllung bestrichen:

Gehacktes Kalb- und Schweinefleisch, eingeweichte und ausgedrückte Brötchen sowie feingewiegter Spinat werden zu gleichen Teilen mit Eiern, ausgebratenem Brustspeck, Salz, Pfeffer, Muskat, Majoran, Zwiebeln und Petersilie zu einer streichfähigen Masse verarbeitet, eingerollt, in leicht verschobene Vierecke geschnitten und etwa 15 Minuten in schwach gesalzenem Wasser gekocht.

Die Maultaschen werden in einer kräftigen Rinderbrühe angerichtet und mit brauner Zwiebelbutter geschmälzt.

Für den Teig:

500 Gramm Mehl
4 Eier
1 Prise Salz

Mehl auf Nudelbrett sieben, eine Vertiefung eindrücken, dann Eier und Salz hineingeben. Einen glatten Teig kneten und eine Rolle formen. Diese in 6 Segmente teilen und hauchdünn zu einem etwa 18 cm breiten Rechteck ausrollen.

Für die Füllung:

100 Gramm durchwachsenen Speck
1 Zwiebel (wenn vorhanden Zwiebelröhrle)
Lauch
4 Wecken vom Vortag
etwas Petersilie
250 Gramm gekochter Spinat ohne Stiele
50 Gramm roher Spinat
3 Eier
300 Gramm feines Bratwurstbrät, Salz, Muskat, Eiweiß

Schinkenspeck in feine Streifen schneiden und in der Pfanne glasig dünsten, Zwiebeln und Lauch zugeben und ebenfalls dünsten. Die eingeweichten Wecken, Petersilie, Spinat durch den Fleischwolf drehen und mit magerem Rauchschinken, Zwiebeln und Lauch vermengen.

Eier und Brät unterarbeiten, mit Salz und Muskatnuß würzen. Die Masse soll gut streichfähig sein, eventuell noch ein Ei zugeben. Die Teigbahnen gleichmäßig mit Masse bestreichen, von der langen Seite aus zweimal umschlagen, das obere Ende des Teigs mit Eiweiß bestreichen, überschlagen und andrücken. Schräge Stücke von etwa 6 cm Breite abschneiden, in kochende Fleischbrühe geben und 10 bis 12 Minuten ziehen lassen.

Mit Frischsalat servieren.

Rezept gereimt von Walter Allinger

Ein halbes Pfund Kalbsbrät, mit zwei Eiern vermischen,
feingewiegten Spinat dazu, aber frischen.
Zwei alte Wecken weiche nun ein,
mit Milch oder Sahne wird's besonders fein.
Gehackt wird jetzt Schinken, Rauchfleisch tut's au,
G'rauchts muß' halt sein von der Suggel (der Sau).
Peterling, Schnittlauch und Röhrle von Zwiebel,
ein Spürle Knoblauch schmeckt bestimmt nicht übel.
Das alles gedämpft und gedünstet in Schmalz,
als Würze noch Muskat, Pfeffer und Salz.
Vermenge nun alles, denn so wird's prächtig:
a Maultaschenfüllung donderschlächtig!
Streich's nun dein Kunstwerk in Fladenteig ein,
rolle das Ganze, säuberlich fein;
in Vierecke verschoben, so sollst du sie schneiden,
in Salzwasser sieden, Kochen vermeiden.
Im Brühle serviert, mit Zwiebel geschmalzen
sind's »Maultaschen echt schwäbisch« –
mit der Zunge möcht'st schnalzen.

... au a Maultäsch ...

Manti, Türkische Maultaschen

Teig:
500 Gramm Mehl
4 Eier
1/8 Liter Wasser
1 Teelöffel Salz
Nudelteig herstellen und eine halbe Stunde ruhen
lassen.

Füllung:
250 Gramm Hackfleisch (Rind und Schaf)
1 große Zwiebel feinreiben
1 Teelöffel Salz
Pfeffer
1/2 Bund Petersilie

Fleischteig herstellen, aber Zwiebeln und Petersilie nicht
dämpfen.
Nudelteig auswellen und in 3 × 3 cm große Quadrate
schneiden. Etwas Fleischteig auf eine Seite geben und
zu einem Dreieck zusammenkleben. Leicht antrocknen
lassen. In Salzwasser so lange kochen, bis sie oben
schwimmen, danach absieben, warmhalten.

Sauce:
400 Gramm Joghurt
2 Eßlöffel Butter
1 Teelöffel Paprika
1 Teelöffel Salz mit 4 Knoblauchzehen im Mörser
zerstampfen
1 Eßlöffel Sumakpulver

Knoblauch und Salz zerstampfen und mit dem
zimmerwarmen Joghurt vermischen. Das Ganze auf die
heißen Maultaschen geben und mit der gebräunten
heißen Butter übergießen. Vor dem Servieren mit
Sumakpulver bestreuen.
(Die Manti ohne Sauce können auch tiefgefroren
werden. Man bestreut sie vor dem Verpacken leicht mit
Mehl.)

Hinterher kann eine Süßspeise gegeben werden.

Omelett und Pfannenkuchen

Obwohl französischen Ursprungs wie manche in den schwäbischen Dialekt übernommene Worte läßt sich das »Omlett« wegen seines vollen »O« untadelig schwäbisch aussprechen. So steht es auch auf den Speisekarten. Daheim aber will man Flädla oder en Pfannakuacha bacha.

»Pfannkuchen«, auch »Ayerkuchen«, finden sich schon in Küchenzetteln des 15. Jahrhunderts. In der deutschen Handschrift aus dem Anfang des 15. Jahrhunderts mit dem Titel »Büchlein von guter Speise«, die aus einem alemannischen Kloster der bayerischen Bodenseegegend stammt, finden sich salzige und süße Pfannkuchen. Erstere mit Reibkäse, ein Rezept aus Wallis, sowie mit Mangold. Der süße, »haidische pfankuchen« wird mit Honig und Weinbeeren bestreut.

Ein alter schwäbischer Küchenzettel von 1592, der aus Justingen auf der Schwäbischen Alb stammt, führt bei der Verpflegung der Erntearbeiter, die der Vogt beaufsichtigt, auch dessen mitgebrachtes Essen auf: »Wann der Vogt Haber mehen lasst, so gibt man ihm ins Feld ein Weiss Muess und bacht ihm ein Ayerkuchen darzue, gibt ihm auch den Trunk Morgen, Mittags, Abends und Nachz Allein für seine Person«.

Die verfeinerte Küche der Barockzeit, vertreten durch das handgeschriebene Kochbuch der Ulmerin Susanna Stephanin von 1763 wartet mit einem »Eyer-Platz« auf, der später in vereinfachter Form in den Backhäusern der Schwäbischen Alb wiederkehrt. »Fletlen« nennt um 1800 Anna Magdalena Kindervatterin ihre gefüllten süßen Pfannkuchen; und da sind wir bei den nudelartig geschnittenen »Flädla« in der sonntäglichen Fleischbrühe angelangt.

Der Pfannkuchen tritt sogar in der schwäbischen Literatur auf.

Aus den umfangreichen Tagebüchern der Baronin Hildegard von Spitzemberg geborene Freiin von Varnbüler auf Schloß Hemmingen im Strohgäu, die als Botschaftersgattin in Petersburg und später in Berlin lebte und dort zum engsten Bekanntenkreis des Kanzlers Fürst Bismarck gehörte, entnehmen wir so manches Amüsante. So habe ihr eine Freun-

din aus Stuttgart im Jahr 1884 die Büsten des Kaisers und Bismarcks in Hasenzucker mitgebracht, welche die Verkäuferin so angepriesen habe: »der Kaiser koscht fünfundvierzig, der Bismarck fünfundfünfzig Pfennig, an dem isch au mehr dran«.

In den Berliner Salons der Gründerzeit wurden nicht nur Konversation und Politik gemacht, sondern auch Kochrezepte ausgetauscht. Das beweist die Aufnahme des schwäbischen Pfannkuchens in die Bismarcksche Küche. Der Kanzler soll seine Köchin des öfteren angewiesen haben, ihm einen »Spitzemberg«, also einen Pfannkuchen nach Rezept dieser Baronin aus dem Schwabenland, zu backen.

Ganz reizend liest sich der offen ausgetragene Dichterstreit zwischen Justinus Kerner und der jungen Tübinger Professorenfrau Ottilie Wildermuth, die eine gefragte Schriftstellerin war. Der Dichterarzt Justinus Kerner nahm die vielen schreibenden Frauen dieser Zeit aufs Korn:

»Dein Rührlöffel von Lindenholz,
liebes Weibchen, der sei dein Stolz.
Besser dir steht er
als die Gansfeder.

Rupfe und brate die Gans nur fein,
aber die Feder der Schwinge
bringe dem Manne herein.«

Einer Frau jedoch will Kerner die Feder zugestehen, Ottilie: Sie antwortet ihm:

»Du meinst es habe mich gestochen
ein spitzes Wort in deinem Kranz,
das zu den Frauen du gesprochen
vom Löffel, Feder und der Gans.

Ich glaub, ich durfte ruhig bleiben,
dieweil, wenn ich die Hand geregt
um meine Bilder aufzuschreiben,
ich kaum den Löffel weggelegt.

Nun, sollte dich's noch einmal ziehen
zur guten alten Musenstadt,
die wohl für dich der alten Freunde,
der lieben Stätten viele hat,
so koch' ich dir mit eignen Händen
als werten Gast dein Leibgericht,
und Poesie und Prosa eine
sich in solch praktischem Gedicht.«

Kerner nimmt die Einladung an:

»Jaja, ich werd' dich bald besuchen,
dann back' mir einen Pfannenkuchen
wie ich, als was ich nicht vergaß
im neuen Baue einen aß.
Dein lieber Vater oft mich freute,
wenn schmunzelnd er an meiner Seite
sechs aß. Ja, liebe Wildermuth,

die waren auch entsetzlich gut.
Sie waren wie der Mond zu schauen,
groß, goldengelb, gut zu verdauen.
Aß ich ein Viertel, mir verlieh
dies Viertel ganze Poesie.
Sechs aber wirkten dunderschlächtig.
Drauf dichtete dein Vater prächtig.«

57

Ain haidischen pfankuchen aus dem 15. Jahrhundert

Ain haidischen pfankuchen; mach ain guoten teig von itel ayer und mel, so du aber hertest mögest und den ferwe und trib III zuo tünen bletern als pfankuchen und bachs in schmalz und nim denn guoten win und halb als vil hungs; das erwel mit ainander und züch das gebachen durch und bestrew es denn mit den kleinen welschen winberen.

Ain grün pfankuochen

Ain grün pfankuchen zu machen, so nim mangolt und stoss es wol in ainem pfeferstain und schlach das saft durch ain tuoch und mischel das under die ayer und zerschlach sie wol und den anken haiss und güss die aiger darinn und bach den pfankuchen nach dinem willen; du macht ouch pulver darin, tuo ob du wilt und salz in nit ze vast, so wirt es sin gnäm.

Einen dünen Eyer Platz oder Holländischer Pfann Kuchen mit Schüncken geraecherten Zungen oder Bradwürsten
Rezept von 1763 Susanna Stephanin

Schlaget drey Ey aus, zerklopfet und salzet sie, rühret gar wenig geriebenes Brod, so viel ihr zwischen fünf Fingern fassen könnt, darein, nehmet ein weithe flache Pfann, thut ein wenig frisches Schmalz darin, laßt es über dem Feuer zergehen, schwinget es in der Pfannen um und um, damit der Eyer Platz sich nicht anhänge, gießet das Schmalz biß auf was weniges heraus, und die zerklopfte Eyer dargegen hinein, haltet sie über das Feuer, rüttelt aber die Pfanne immer zu hin und her, daß es sich nicht anlege, wan sich die untere Seithe gelber will wendet den Eyer Platz um, leget als dann geschnittene und zwar recht dünn, von Schünken ab gesottene Stücklein, dünn Pläzlein geschnittener Zungen oder abgebrathenen Bradwürsten drauf,

schlaget noch einmahl so viel Eyer aus und macht es wie zuvor, gießet sie über die auf den Eyer Platz gelegte Zungen, Schünken oder Bratwürste, haltet solches über das Feuer; wenn nun die Eyer zu ertrocknen beginnen, wendet den Eyer Platz um, daß er auch auf dieser Seite gelb werde.

Ein Fletlen mit einer Zimmetkruste aus dem Kochbuch der Anna Magdalena Kindervatterin, um 1800

Bache gute Fletlen, so groß als 1 Zinnteller, mache ein Fülle von einem Vierling abgezogenen zart gestossenen Mandeln, rühre solche mit 6 Loth Zucker, 3 ganzen Eiern und 2 Dottern an, nimm ein halb Wegen, schneide die Rinde davon, weiche solche in ein gute süße Milch ein, drucke ihn aus, rühre ihn in die Mandel nebst geschnittnen Zitronen und Zitronat, bestreich das Blech oder runde Schüssel wie die Fletlen sind, thue ein Fletlen darein, streich ein paar Loth voll von der Fülle darauf, dann wieder ein Fletlen und sofort, bis die Fülle aus ist; die Fletlen müssen alle gleich rund geschnitten sein, die Schüssel muß ein wenig weiter sein als die Fletlen sind. Mach die Zimmetkruste:
2 Eier werden klar, werden zum Schaum geschlagen, dann ½ Vierling Zucker, geschälte und gehackte Mandel, ½ Loth gestossenen Zimmet, rühre dies alles untereinander, bestreiche den Kuchen eines Fingers dick damit, auch nebenher, bis die Fülle gar ist, laß ihn auf den Kohlen oder Backofen schön gelb backen, mache eine Kirschen-, Hagen-Raum- oder Weinsoße darüber.
Zu einem Metzen Hutzlen 2 Loth Anis, 2 Loth Fenchel, 1½ Loth Modegewürz, ½ Loth Pfeffer,
1 Schoppen Branntwein

Flädle und Pfannkuchen

Sie können als Beilage gefüllt oder selbständig mit Salat oder Kompott gereicht werden.

Grundrezept für 4 Personen:

200 g Mehl
Prise Salz
1 dl Wasser
2 dl Milch
4 Eier
1 Kaffeelöffel Pflanzenöl

Mehl, Salz und Milch glattrühren, dann die Eier daruntermischen, dann das Wasser und Öl mit dem Schneebesen zu einem glatten Teig verrühren. Damit das Mehl aufquellen kann, eine halbe Stunde ruhen lassen.

Variieren Sie den Teig mit: Kräutern, mit feinwürflig geschnittenem Schinken, mit Käse oder Käseresten, mit grobgehackten Nüssen oder kleingeschnittenen Äpfeln.
Bleibt etwas übrig, so schneiden Sie feine Streifen als Suppeneinlage.

Süßes Grundrezept:

100 g Mehl
Prise Salz
2½ dl Milch
3 Eier
1 Eßlöffel Honig oder Ahornsirup (Fruchtzucker)
30 g flüssige Margarine

Alles zusammen zu einem glatten Teig verrühren und eine Viertelstunde ruhen lassen. Dünn ausbacken! Unter Rütteln auf beiden Seiten schön gelb backen, oder man stellt die Pfanne, nachdem der Pfannkuchen gewendet, zum Aufziehen in den heißen Backofen.

Jugoslawische Palatschinken — Palaveinka

½ l Milch
300 g Mehl
2 Eier
Salz
Öl zum Backen

Füllung:

250 g Quark
2 Eier
1 Sauerrahm und Salz

Pfannkuchen dünn ausbacken, mit der Füllung bestreichen, zusammenrollen und eine Viertelstunde im Backofen aufziehen. Zu grünem Salat servieren.

Würzige Hackfleischfüllung

Eine dickflüssige Tomatensauce wird mit Hackfleisch, Pilzen, Käse und Tomatenwürfeln gekocht und die Pfannkuchen damit bestrichen.

Apfelpfannkuchen

Die in dünne Scheiben geschnittenen Äpfel werden in Butter leicht angebraten. Kurz vor dem Auftragen wird der Pfannkuchen gebuttert, mit Zucker bestreut, unter leichtem Schwenken glaciert.

Kirschpfannkuchen

Kirschen werden entsteint und angedünstet. Dann gibt man den Pfannkuchenteig darüber und läßt ihn auf der Herdplatte Farbe annehmen. Nach dem Wenden bestreut man die Oberfläche mit Zucker und gibt den Pfannkuchen ins Rohr. Der fertige Pfannkuchen wird mit Staubzucker besiebt und heiß mit Rahm serviert.

Unsere Spätzle

Mit der Gabel ist's a Ehr,
mit dem Löffel kriegt man mehr.

Von jeher schon gilt es als ausgemacht, daß früher, vor allem bei Mutter, Großmutter oder einer Wirtin selig alles viel besser geschmeckt habe. Es gibt da fast nur eine Ausnahme: Die Spätzle. Sie schmecken immer, vorausgesetzt, sie erhalten jene Anzahl von Eiern, die ihnen zusteht: Pro Kopf ein Ei ist die Grundregel. Was darüber liegt, gilt für Festtage, denn sonst wird die Köchin als »aushausig«, das im Schwäbischen gleich nach Verschwendungssucht kommt, verschrien. Was sehr viel darunterliegt, nähert sich dem Strafgericht und ist beklagenswert. Dazu zählen zum Beispiel »Bettelspatzen«, die bleich in einer sauren Brühe schwimmen und damit signalisieren, daß das Haushaltsgeld wieder einmal knapp geworden ist. Wer weiß, ist das neue Blüsle oder das Sommerfähnele schuld, für das der Ehegatte keinen Sinn aufbrachte?

»Bachene Spätzle«, die anstelle des kochenden Wassers in siedendes Fett getropft werden, rangieren drei Stufen höher, wenn sie neben Geigenknödeln in der sonntäglichen Fleischbrühe schwimmen. Da gibt es mit Brösel oder Zwiebeln abgeschmälzte, oder Leberspatzen in der Brühe, auch trocken abgeröstete, über die »a Henn drübertrappet ist«, also mit zerklopftem Ei vergoldete. Spätzle mit Spinat, etwas ungewohnt grün anzusehen, Krautspatzen als Schnellgericht auch bei der Vereinsgastronomie indessen sehr beliebt. Apfelspatzen sind ein Freitagsgericht so wie die sattgelben Kässpatzen des Allgäuers, die in einem See von Butter schwimmen, den man hernach mit Brotbrocken genüßlich auftunkt. Wenn man sie mit der Gabel hochhebt, spinnen sie lange Fäden, die einen Nichtschwaben gar leicht in die Flucht jagen könnten. Sie sind eh ein Direktangriff auf die Taille, aber wundergut mit grünem Salat. Ähnlich wie bei dem schweizerischen Fondue können die Kässpatzen im Familien- und Freundeskreis aus einer Schüssel gegessen werden.

Dies gibt vertraute Wärme, auch für die mitessenden Kinder. Nur der Salat sollte für jeden in einem Extrateller bereitgestellt sein.

Früher gehörte es zur Hausordnung, daß Spätzle vom Brett mit dem Messer ins kochendes Wasser geschabt werden müssen. Diese »Neig'scherrte« setzen handwerkliches Geschick voraus, denn sonst wogt und wallt das Wasser über die Topfränder und die frisch eingelegte Frisur löst sich im Dampf auf. Hier trat als Retter die Industrie auf den Plan und schuf den »Spätzlesschwob«, eine Handpresse, aus der schön gleichmäßig Teigschnüre quellen. Doch erkennt man dies, denn die von Hand geschabten Spätzle sind ungleichmäßig, mal dick, mal krumm, mal länger. Und das ist der Grund ihrer Beliebtheit, da bleibt die Soße besser hängen, und die ist manchem wichtiger als das Fleisch. Das bewog einen hohen Beamten eine andere Sorte Spätzlesschwob zu erfinden, der die Durchlöcherung verschieden breit und tief ansetzt, sodaß wirklich kein Unterschied mehr zu erkennen ist. Drum preiset mit viel schönen Reden unseres Landes hohe Beamtenschaft!

Der Allgäuer mag mehr die runden Spatzen und heißt sie »Knöpfle« oder »Bollaspatza«. Sie werden durch den »Spätzler«, ein auf drei Füßen im Wasser stehendes Sieb, gedrückt.

Es haben sich schon gescheite Leut' mit der Historie der Spätzle herumgeschlagen und allerhand Vermutungen angestellt, wie uralt sie seien. Pater Sebastian Sailer von Marchtal, der wie kein anderer seine Landsleute kannte, hätte gewiß in seiner Komödie von den sieben Schwaben einen seiner Tapferen, die das Ungeheuer erlegen wollten, »Spätzlesschwob« geheißen, wenn dieses Leibgericht vor 240 Jahren schon so bedeutungsvoll gewesen wäre: er wählte den »Knöpflesschwob«.

Spätzle

500 Gramm Mehl
7 Eier
½ Liter Wasser
Salz
Mit dem Holzlöffel alle Zutaten zugleich zusammen-
arbeiten und zu einem sehr glatten Teig schlagen. Den
Teig in kleinen Mengen auf das angefeuchtete
Spätzlesbrett geben und dann in feinen Streifen vom
Brett ins kochende Salzwasser schaben. Die gekochten
Spätzle steigen rasch nach oben. Im warmen Wasser
abschrecken. Mit Hilfe eines Siebes gut abtropfen
lassen und auf ein mit einem Tuch bedecktes Blech
legen. Die Spätzle dann in der Pfanne in flüssiger Butter
erhitzen.

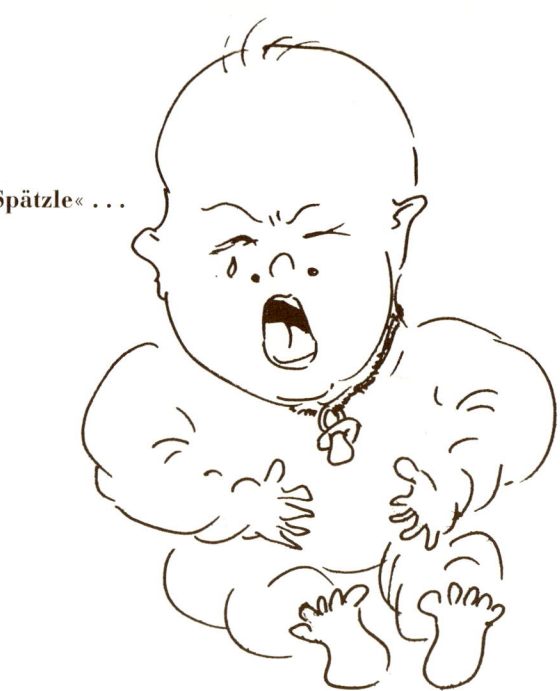

... au a »Spätzle« ...

Vollkornspätzle

Gleiche Zubereitung wie für normale Spätzle. Lediglich
die Mehlmenge besteht halb und halb aus Weizenmehl
(Type 405) und Vollkornmehl (Type 1050). Zum Schluß
Weizenkeimlinge oder Weizenkeimgranulat.

Spinatspätzle

200 Gramm Spinat
500 Gramm Mehl
7 Eier
Salz
Butter
Spinat waschen und in etwas Butter und Wasser
andämpfen, dann abkühlen lassen, gut ausdrücken,
aber die Flüssigkeit nicht weggießen. Den Spinat
pürieren. Aus Mehl, Eiern, einer Prise Salz sowie dem
Spinatwasser und dem pürierten Spinat einen dick-
flüssigen zähen Spätzlesteig bereiten, der solange
geschlagen wird, bis er Blasen zeigt. Den Teig vom
Brett schaben, die Spätzle einmal aufkochen lassen, mit
warmem Wasser abschrecken und auf einem Sieb
abtropfen lassen.

Haselnußspätzle (zu Wild)

Die normal zubereiteten frischen Spätzle in Butter und
gemahlenen Haselnüssen schwenken.

Kässpatzen

500 Gramm Mehl
3 Eier
2 Teelöffel Salz
¼ l Wasser
2 Eßlöffel Butter
100 Gramm geriebener Käse
geröstete Zwiebelstückchen

Spätzlesteig herstellen (siehe Spätzlesrezept). Die
Spatzen erst nach dem Aufkochen herausfischen. Die
Butter erhitzen und im Wechsel eine Schicht Spatzen
und eine Schicht Käse zufügen. Bei geringer Hitze
ziehen lassen und mit gerösteten Zwiebelstückchen
darüber sofort anrichten.
Sehr heiß servieren!

62

Brot, Brötchen und Brötle

»Der oi hot Hunger und koi Brot,
der ander Brot und kann's net essa.
Doch mir hent Hunger und hent Brot.
Gott, laß' da Dank uns net vergessa.«

So lautet das zeitlose Tischgebet des Lehrers Gustav Seuffer vom Jahr 1920, der als Heimatdichter in Ulm und weit darüber hinaus sehr bekannt war. Es umfaßt mit einfachen Worten die Bedeutung des Brotes im Leben des Menschen, das in früheren Jahrhunderten »das liebe Brot« genannt wurde. Einer der großen Prediger am Münster, der Superintendent Konrad Dieterich (1575–1639), spricht in seiner Neujahrspredigt von 1624 »hat der arme Haußmann all seine Hände voll zu thun, daß er nur das liebe Brod gewinnet, und wann ers hat, muß ers mit Hunger Mahlen verzehren«. Ein Jahrhundert später ist in Mirakelberichten zu lesen »kann das liebe Brot nicht mehr essen«. Dabei handelte es sich um Krankheiten, bei denen das Hauptnahrungsmittel Brot entfallen mußte, was bei der kargen Kost breiter Bevölkerungsschichten große Sorgen mit sich brachte. »Unser täglich Brot gib uns heute«, diese einzige materielle Vaterunserbitte um das Sattwerden und Überleben ist tief im Glauben verwurzelt. Brot wegzuwerfen und zu vergeuden, galt als Sünde. Bis zur Einführung der Kartoffel bildete das Brot neben dem Brei an die tausend Jahre lang das Hauptnahrungsmittel.

Um die Zeit des Tischgebets von Seuffer galt der Spruch, daß der frischgebackene Ehemann sein Weib beim ersten Brot »ziehen«, sprich: erziehen müsse. Es war ein verbürgtes Recht, berichtet eine Achtzigerin von der Alb, daß die Bäuerin nie den Mann habe fragen müssen, ob sie jetzt Backtag halten dürfe und es habe die Bemerkung genügt, daß nur mehr ein Laib Brot vorhanden sei. Bei der großen Wäsche mußte stets der Mann vorher gefragt werden. Hier spielte die Mitarbeit der Frau in der Landwirtschaft, doch auch die Wasserknappheit auf der Alb eine Rolle.

Im Namen des Vaters, des Sohnes und des Heiligen Geistes wurde bei der Hausbäckerei der Brotteig in der Backmulde mit dem Kreuzeszeichen versehen, wie der fertige Laib vor dem Anschnitt. »So bachet jetzt in Gottes Namen«, wünschte die Bäuerin ihrem Brot, nachdem sie noch einige Weißbrotlaibe »zähs Brot« in die vorderste Reihe des Backofens geschoben hatte. Dieses mit Wasser verknetete Weizenbrot schmeckt frisch sehr gut, wird aber rasch trocken und zäh. Darum eignet es sich für Knöpfle und Suppenschnitten, ohne die eine altschwäbische Küche nicht vorstellbar ist. Aus Weißbrotteig gab es auch kleine »Kimmicher«, vor allem die vielen Sorten von Platz (sprich Blaaz). Sie heißen andernorts Flammkuchen, im Oberland Dünet (Denneda) mit dem Hauptakzent auf der Biberacher Zwiebeldünnete, die nur im Holzbackofen perfekt gerät, doch aus den modernen Küchenherden gut schmeckt (Rezept).

Von Dorf zu Dorf ist der Belag dieser Platz verschieden: Grieben, Salz und Kümmel, Zwiebeln oder grüne Zwiebelröhrle, dann die süßen mit Zucker und Zimt, Knollen (Quark), frischem Obst. Hauptsache der Teig wird dünn ausgewellt und mit einem guten »Zwärle« oder »Bäbbes« aus Eiern, Mehl, Rahm oder Sauermilch begossen, bevor er ohne Blech direkt auf den Schamotteboden des Backofens geschubst wird.

Es gibt noch eine weitere Weißbrotart, das »Milchknetete oder mürbe« Brot für die Festtage. Aus diesem Teig macht man Kirschen- und Zwetschgennudeln, Apfelkrapfen oder Hutzelkrapfen aus Dörrfrüchten. Früher besaß jeder Hof sein eigenes Backhäusle, bis dann um 1800 diese wegen stetiger Feuersgefahr verboten und durch Gemeindebackhäuser ersetzt wurden. Dort wird die »Bachete« ausgelost. Früher spielte die Bierhefe eine große Rolle. Sie kam mit dem Brauereifuhrwerk und konnte beim Wirt bezogen werden. Im Illertal gab es dafür die »Heflere«, eine Frau, die mit dem Bierwagen kam und mit der Bierhefe hausierte. All die herrlichen Gebäcke aus Großmutters Backofen sind dieser Hefe zu verdanken und dem Dinkelmehl. Dieses ist dem Winterweizen sehr ähnlich, und da es kleberreicher ist, bildet es die Grundlage für all die schwäbischen Mehlspeisen. Für den Dinkel, der auch Veesen oder Korn heißt, waren besondere Mühleneinrichtungen zum Enthülsen des Spelzes – die Gerbgänge – nötig. Deswegen mußte der Bauer erst zur Mühle, um den Dinkel zu enthülsen. Von da ab war er der »Kernen« und wurde als solcher gehandelt. Außer Haber, Weizen, Gerste, Roggen und Dinkel gab es begrannten und unbegrannten weißen und rötlichen Dinkel, wobei bis zum Jahr 1800 eine

... ein »Ofenschlupfer«?

rote Sorte ein besonders feines schönes Mehl ergab. Sie gedieh vor allem im Filstal.

Deswegen spricht Felix Fabri in seiner Chronik von 1488: »die fünfte Zunft ist die der Bäcker, die weißes, schwarzes und rotes Brot backen, und die Zunft ist groß weil es viele Brotesser in Ulm gibt«. Zur Erlangung der Meisterehre mußte der Geselle »eine Hitze Heller-Röckelein und Kümmelstollen, dann eine Hitze Lößlein und Semmeln, beides aus Weizen, und endlich eine Hitze Kreuzerlaiblein, halb Weizen halb Roggen« im Ofen eines anderen Meisters und im Beisein der Geschworenen backen, wobei er diese mit Bier und Brot freizuhalten hatte.

Der Dinkel wird heute wieder auf Vertragsgrundlage angebaut.

Der rege Handelsverkehr und die steigende Nachfrage führte zur Aufspaltung innerhalb der alten Bäckerzunft in Sauer- und Süßbäcker. Auf dem Land gab es meist nur »den Beck«. Nach dem Konfirmationsspruch von 1905 bot er feil: Laiblen, Kipf, Wecken, Mürbes, Kranzes (Hefenkranz), Gogelhopfen, Zwieback, Brezgen und Schwarzbrot. Beim Bäcker in der Stadt war das Angebot größer. Da steht das »Herrenbrot«, das aus einer Stange von aneinandergereihten Wecken auch heute noch gebacken wird, an erster Stelle. Es hieß im Mittelalter Hellerbrot, später Kreuzerwecken, und war leicht in Serien herzustellen und gut zu verteilen. Das war wichtig bei den gewaltigen Mengen von Speis und Trank, die bei Fürstenhochzeiten oder hohem Besuch für die Untertanen ausgegeben wurden. Voraus fuhren am Spieß gebratene Mastochsen, denen bekränzte Ochsen als Vorspann dienten. Diese Wagen waren behängt mit Würsten, Schinken und Speckseiten. Dann folgten die Brotwagen und ein Delegierter zu Pferd, der Münzen unters Volk auswarf. Aus öffentlichen Brunnen floß Rot- und Weißwein, während große Feuerwerke in den Himmel zischten. Drei Tage dauerten die Hochzeitsfeierlichkeiten in Urach, als Anfang Juli des Jahres 1474 Graf Eberhard im Bart seiner Gemahlin Barbara von Mantua angetraut wurde. Dabei wurden 20 000 Herrenbrote, 120 000 Gesinde- und

Backhäusle von der Alb, Ölbild von Prof. Schmalzried, Ulm 1919.

25 000 Schnittbrote, sowie 4 Eimer Malvasier, 12 Eimer Elsäßer- und 500 Eimer Neckarwein für die 13 000 Besucher im Schloßhof unter das Volk gebracht. Herrenkost für den Bürger, und Herrenwein für jedermann!

Ähnliche Beispiele können angedient werden bis ins 18. Jahrhundert, als Herzog Karl Eugen von Württemberg, mit der Tochter des Markgrafen von Bayreuth vermählt, in sein Herzogtum einzog, nachdem sich an allen Nachtstationen das Hofzeremoniell wiederholt und die Massen mit Herrenbrot und Ochs am Spieß sich verlustieren durften.

Wir wollen uns aus dem vollen Brotkorb den guten alten Wasser- oder Knauzenwecken (genetzter Wecken) herausgreifen. Er ist um 1500 in Ulm aufgekommen als »Lustbrot«. Aus diesem entwickelte sich der »Luxuswecken«, wie er vor dem ersten Weltkrieg in Zeitungsannoncen empfohlen wurde. Er war nur am Donnerstag zu haben und wurde aus feinerem Dinkelmehl mit Bierhefe gebacken. Als »Donnerstagswecken« ist er bei alten Ulmern noch im Gedächtnis, doch von seiner Herkunft aus den Jahrzeitstiftungen des Heiliggeist-Spitals und des Seelhauses weiß kaum einer.

Dort wo der Ausleger mit einer Brezel winkt, ist ein Bäckerladen.

Die Zunftfahnen der Bäckerzunft zeigen zwei Löwen, die eine Brezel halten und darüber schwebt eine Krone. Öfters, so in Ulm, befinden sich zwei gekreuzte Schwerter darauf und in kleinerem Format Wecken oder Hörnchen.

Schon im Mittelalter war die Brezel das Berufszeichen der Bäcker und erscheint auf Zunftaltertümern. Die Löwen seien, so die Überlieferung, der Tapferkeit der Wiener Bäkkerkompagnien bei der ersten Türkenbelagerung im Jahr 1529 zu verdanken. Kaiser Karl IV, ein Förderer der Berufsstände, habe sie zur Belohnung den Bäcker-Soldaten von der Melker- und Löwenbastei verliehen. Die beiden Schwerter im Wappen kamen nach der großen Türkenbelagerung Wiens im Jahr 1683 dazu, wiederum als Anerkennung für geleisteten Waffendienst. Dieses Zunftzeichen übernahmen in der Folgezeit auch Bäckerzünfte von anderen Städten.

Die Brezel ist eng mit Frühlingsbräuchen verknüpft – als Fasten- oder Palmbrezel. Aufgemalt an das Scheunentor in der Nacht zum 1. Mai, galt sie als Liebessymbol, dem man vereinzelt noch begegnet. Einer Anekdote zufolge soll die Brezel ihren Ursprung im Kloster Sankt Gallen haben, wo sich im frühen Mittelalter die Pfisterei (Klosterbäckerei) direkt neben der Klosterbrauerei befand. Die Bäcker beobachteten ständig das Schlangestehen der Mönche um ihre Ration Bier, wobei sie die Arme über der Brust kreuzten. Diese devote Haltung hieß im Klosterlatein das »brachitum«. Daraus entwickelte sich ein Gebäck, das diese verschlungenen Arme wiedergab: die Brezita genannt. Die Brezelform taucht auch im gotischen Maßwerk auf. Wir finden Brezeln in Bildwerken der Ulmer Werkstätten um 1470: Beim letzten

. . . die tapferen Wiener Bäcker . . .

66

Abendmahl und bei der Fußwaschung liegen Brezeln, Brot-
laibe und Kipfe sowie Fische und eine Art Krapfen auf dem
Tisch.

In den Orten mit großen Judengemeinden gab es früher
jüdische Bäcker, denn es mußten hohe Anforderungen zur
Vermeidung jeden Genusses von gesäuertem Brot gestellt werden. Nicht ein Krümchen davon durfte in der Backstube sein,
wenn das Pessachfest nahte, das dem christlichen Osterfest
entspricht. Es erinnert an den Auszug der Juden aus Ägypten
und hat seine besonderen Riten. Da es kaum vorstellbar ist,
daß damals Backöfen mitgenommen wurden, auch keine Zeit
vorhanden war, den Brotteig gären zu lassen, mußte das Brot
ungesäuert in Fladen an der glühenden Sonne gebacken werden, und das war die Mazza (Mazzot, Mazzen). Sie ist das Brot
der Armut, wie es noch heute eine allerärmste Menschen-
gruppe im Orient kennt. Es gibt sie nur am Pessachfest.

Ein anderes jüdisches Gebäck ist der Barches (von
hebräisch Berchot, d. h. Segen). In Laupheim wird dieses
luftige Weißbrot mit seinem mohnbesäten Zopf »Berches«
genannt und nur am Samstag hergestellt. Als Gebäck des
Sabbat war es in den katholischen und protestantischen
Familien der alten Judenstädtle zum Nachmittagskaffee mit
Butter und Himbeergesälz sehr beliebt.

Weithin bekannt ist seit Jahrhunderten das Ulmer Mutschelmehl oder Geigenmehl. Der Name rührt von der Form
dieses Gebäcks her, das eigentlich nur ein Zwischenstadium
darstellt. Es wurde aus Weißmehl und Wasser, doch ohne
Salz geknetet, bei schwacher Ofenhitze lichtblond gebacken
und hernach in Stücke gerissen, damit ein feines bröseliges
Mehl im Mörser erstehen konnte, auch bei den mittelalterlichen Ostergeigen fand dieses Mutschelmehl Verwendung.

Neben dem gewöhnlichen Zwieback als Dauergebäck
wurde der feinere »Kindleszwieback« zur Säuglingsnahrung
zerrieben, und es darf angenommen werden, daß der heilige
Joseph auf der Krippenszene aus dem Attenhofener Altar von
1510 in seinem langstieligen Eisenpfännchen einen solchen
Kindlesbrei unter Mithilfe vieler kleiner Engelein, die das
Feuer schürten, gekocht hat. Geigenmehl wurde gerne in
»Schlotzerbletze« als Ersatz für Kinderschnuller eingebun-
den, wobei der Bletz, ein Leinentüchlein, zusammen mit der
Kindswäsche ausgekocht wurde. Noch vor hundert Jahren
dienten auf dem Land die größeren Geschwister dem Jüng-

... vom »Brauchtum« über die Brezita
zur Brezel.

sten in der Wiege als »Schlotzerbeißer«, indem sie das harte Brot für die Schnuller vorher weichkauten, so Dr. Michel Buck, Oberamtsarzt in Ehingen.

Bäckerläden befanden sich vor allem an den großen Durchfahrtsstraßen der Städte und in der Nähe der Märkte. Sie hatten neben der Ladentüre eine Art Schalter, durch den nach Einbruch der Dunkelheit oder am frühen Morgen die Ware an den Kunden hinausgegeben wurde (Ulmer Zuckerbäcker Fehl). Bei anderen gab es einen soliden, am Schaufenster befestigten Tisch mit einem niedrigen Dach zum Schutz des Käufers und des Ladeninhabers vor ungebetenen Gästen. Solche Vorrichtungen sind auf alten Stichen der Frauenstraße zu sehen.

Den ältesten Stammbaum besitzen die Lebküchner oder Lebzelter. Sie stellten einen angesehenen und wohlhabenden Berufsstand dar seit dem Mittelalter, wo in den Weihnachtstagen das »Singen um Lebzelten« der Ulmer Lateinschüler sehr verbreitet war. Außer diesem Honiggebäck mit Gewürzen hielten die Lebzelter Spezereiwaren, Nüsse und Zwetschgen feil sowie den von ihnen gebrauten Met.

Die Süß- oder Zuckerbäcker waren die Vorläufer der Konditoren mit der Spezialität des Zuckerbrots als Ausfuhrware. Sie buken Sandkuchen, Torten sowie vielerlei Kleingebäck, welches heute vorwiegend in die Weihnachtsbäckerei eingereiht wird. Zu ihrer Ausbildung gehörte das Schnitzen der Springerles- und Tragantmodel, die kleine Kunstwerke der Gebildbäckerei sind. Die großen privaten Sammlungen und die der Museen sind Fundgruben dieser köstlichen Schnitzereikunst.

In den Fußgängerzonen der Städte duftet es heute so wunderbar nach frischem Backwerk, so daß kaum einer widerstehen kann, eine kleine Mahlzeit zwischendurch beim Bäcker zu holen oder am Stehimbiß mit einer Tasse Kaffee, Kakao oder Tee zu genießen. Die Brotsorten sind beinahe verwirrend. Da gibt es Mühlenbrot, Klosterbrot, Holzofenbrot, Appetitbrot, Krustenbrot, Westernbrot, Kommißbrot, Brot aus Drei- bis Sechskorn, Bauernbrot, Gutsherrenbrot, altdeutsches und noch viele weitere Brote aus der Skala der dunklen, die sich in der halbweißen und weißen Stufe fast mit derselben Vielfalt fortsetzen. Und allem zum Trotz ist das Brotbacken zu Hause der allerschickste Trend der jungen Frauen.

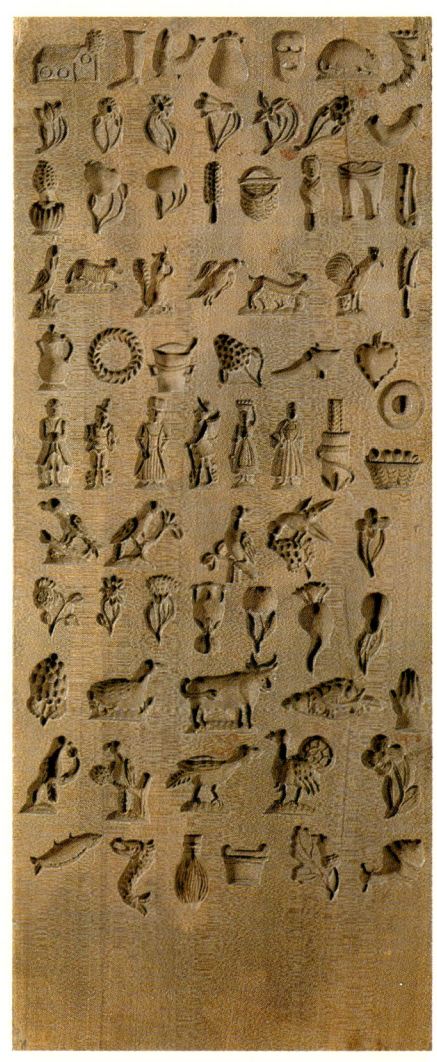

Tragantmodel aus Buchsbaumholz, von einem Ulmer Zuckerbäcker, mit Motiven Deckelschnecke, Fisch, Kanne, Kranzbrot, Ende 19. Jahrhundert.

Lebkuchen

aus dem Familienarchiv Freiherrn von Ulm-Erbach vom Jahr 1778

Man nimmt 2 ¼ Pfund Honig, diesen setzt man über das Feuer, bis er aufwallt. Wenn er ein paarmal steigt, ist er fertig. Zuvor tut man in eine Schüssel ½ Pfund geschälte länglich dünn geschnittene Mandeln, 1 Pfund gestoßenen Zucker, 3 Loth gestoßenen Zimt, ¼ Loth Nelken, 1 Muskatnuß, von 2 Zitronen die Schale, 3 Loth Pomeranzenschalen und 3 Loth Zitronat, 4 Löffel voll Kirschengeist.

Wenn dies alles beisammen ist, wird der Honig dreingegossen und untereinander gerührt. Hierauf wird 2 Pfund Mehl nach und nach darangerührt, die Masse zwei bis drei Stunden an einem temperierten Orte stehengelassen und dann Lebkuchen daraus gemacht.

Ulmer Torte

aus dem Familienarchiv Freiherrn von Ulm-Erbach vom Jahr 1778

Gelesene, gewaschene kleine und große Rosinen werden in Wein gekocht samt Zucker, daß sie aufquellen. Man rührt ½ Pfund Butter mit 3 Eiern, 3 Döttern, 3 Eßlöffeln voll Hefen, 5 Löffel Schmetten, 1 Eßlöffel Zucker, ½ Pfund feines Mehl und wenig Salz ab, mache es zu einem Teig und läßt ihn aufgehen. Dann wälgert man einen Boden von einer Messerrückendicke aus, legt ihn auf ein mit Butter bestrichenes Tortenblatt, streut die Rosinen wie auch geschnittenen Mandeln, Zitronat, Zitronenschale und Zucker darauf, legt von dem übrigen Teig Kränzchen darüber und einen Rand herum. Wenn sie etwas aufgegangen ist, bestreicht man sie mit einem zerquirlten Ei und mit Zucker und bäckt sie langsam.

Vollkorn-Apfelkuchen

Zutaten:
125 Gramm Diätmargarine
130 Gramm Waldhonig
gemahlener Anis
2 Eidotter
300 Gramm Weizenvollkornmehl
½ Kilogramm Äpfel
200 Gramm Datteln
Zimt, Rum, Zitronensaft
80 Gramm Haferflocken
200 Gramm Haselnüsse

Zubereitung:
Margarine, Honig, Eidotter und Anis schaumig rühren. Das Mehl langsam einrühren. Den Teig eine halbe Stunde rasten lassen. Inzwischen die Äpfel gut waschen, Kerngehäuse entfernen und mit der Schale grob raspeln. Mit Zitronensaft, Zimt und Rum vermengen und die grobgehackten Datteln dazugeben. Teig ausrollen, aufs Backblech legen, und zwar so, daß der Rand mit hochgezogen wird. Fülle darauf verteilen und im Rohr bei 200 Grad 20 Minuten vorbacken.

Belag:
2 Eiweiß steifschlagen, Dotter, 2 Eßlöffel Honig und Zitronensaft untermengen. Geriebene Haselnüsse und die Haferflocken vorsichtig untermengen. Masse auf den Kuchen geben und weitere 30 Minuten fertigbacken.

Schneckennudeln,
die sich herumgesprochen haben

Zutaten:
1 Pfund Mehl, Salz
20 Gramm Hefe
bis ¼ Liter Milch
2 bis 3 Eier
50 Gramm Zucker, Zitronenabgeriebenes
100 Gramm Butter oder Margarine

Belag:
entschwefelte blaue und
gelbe kernlose Weinbeeren je 100 Gramm
1 Paket Rohmarzipan
50 Gramm zerlassene Butter
80 Gramm Zucker, ½ Teelöffel Zimt
Puderzucker und Rum für die Glasur,
man kann auch Zitronensaft nehmen

Es wird mit Mehl, Prise Zucker und lauwarmer Milch die
Hefe angerührt und mit Mehl bestäubt. Anschließend
¼ Stunde gehen lassen. Dann gibt man die Hefe zu den
übrigen Zutaten des Teiges und knetet ihn tüchtig
durch, bis er sich leicht von der Schüssel löst. Zugedeckt
am warmen Ort eine gute Stunde ruhen lassen.
Nun wird der Teig auf das Nudelbrett gelegt und auf
Mehl zu einem ca. ½ cm dicken Viereck ausgewellt und
mit zerlassener Butter bestrichen (Pinsel nehmen).
Das Rohmarzipan wird schön gleichmäßig mit der
mittleren Rettichreibe auf dem Teig verteilt, die in Rum
vorher eingeweichten Weinbeeren, etwas Zucker und
Zimt darübergegeben und rasch aufgerollt. Bei
zweifingerbreiten Streifen gibt es kleinere, bei
dreifingerbreiten große Schneckennudeln. Sie werden
auf das mit Backpapier ausgelegte Blech gelegt, wobei
darauf zu achten ist, daß keine Weinbeeren an die
Oberfläche geraten, da sie sonst verbrennen. Bei
mittlerer Hitze mittelblond backen und noch heiß
glasieren. Wenn sich die Schnecken beim Verzehr von
außen nach innen abschälen lassen, sind sie gelungen.

Zwiebeldünnet aus Biberach
wie sie der Baltringer Haufen aus dem
Bauernkrieg empfiehlt

Zutaten:
Hefeteig aus Weißmehl mit wenig Hefe

Belag:
4 Eier, Salz, Kümmel, Speck in Würfel
frische junge Zwiebelröhrle (ewige Zwiebeln)
½ Pfund Butter, Kräuterkäse

Einen Weckenteig ganz dünn und lang auswellen.
Dann mit 2 geschlagenen Eiern bestreichen.
Zwiebelröhrle etwa ½ cm lang schneiden, mit 2 Eiern,
geriebenem Kräuterkäs, Salz, Kümmel und Speck
mischen. Masse auf den Teig streichen, Butterflöckle
daraufgeben. Dann im sehr heißen Ofen hell
ausbacken. Nochmals herausnehmen, Butterflöckle
drauf und wieder in den Ofen zum knusprig Backen.
Heiß auf den Tisch bringen. Dazu schmeckt Most nicht
schlecht.

Hutzelbrot

Zutaten:
2,5 Pfund gedörrte Birnen
½ Pfund gedörrte Zwetschgen ohne Stein
½ Pfund Weinbeeren ohne Kerne
1 Gläsle Kirschwasser, Anis, Koriander, Prise Pfeffer
und gest. Nelken, 3 Pfund Weißbrotteig
mit Hefe, Milch und ganz wenig Hutzelbrühe,
ein faustgroßes Stück dieses Teiges wird
zurückbehalten und dient, dünn ausgewellt, als Hülle
des Hutzelteiges.

Die Hutzeln werden am Tag zuvor in Wasser
eingeweicht und halbfest gekocht. Die Zwetschgen
kommen bereits weich aus der Packung. Dann werden
sie von den Stielen und Butzen befreit und grob
geschnitten mit den übrigen Früchten kurz mit dem
Teig geknetet. Wer mag, kann noch Walnüsse
dazugeben. Keinen Zucker nehmen, denn die Früchte
sind süß genug. Die mit dünnem Teig umgebenen
Laibe werden bei guter Mittelhitze gebacken und zum
Glänzen dann mit Wasser bestrichen, solange sie noch
heiß sind. Dazu gab es früher Butternudeln (kalte
Butter durch Spätzleschwob drücken, im Teller zum
Berg aufschichten und mit zerlassenem Honig
begossen). Man streicht sie nicht, man legt sie auf das
Hutzelbrot.

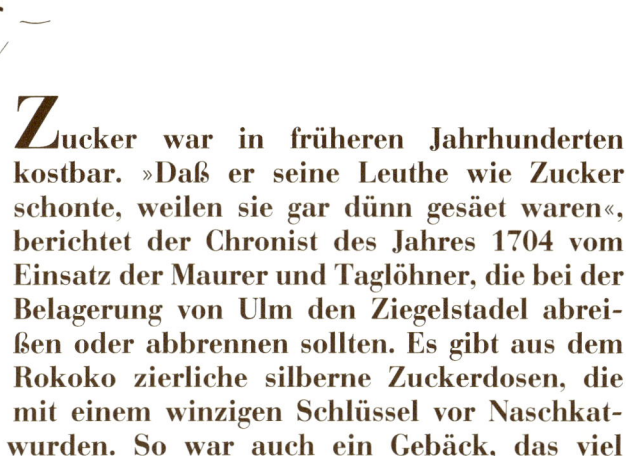

Das Zuckerbrot

Zucker war in früheren Jahrhunderten kostbar. »Daß er seine Leuthe wie Zucker schonte, weilen sie gar dünn gesäet waren«, berichtet der Chronist des Jahres 1704 vom Einsatz der Maurer und Taglöhner, die bei der Belagerung von Ulm den Ziegelstadel abreißen oder abbrennen sollten. Es gibt aus dem Rokoko zierliche silberne Zuckerdosen, die mit einem winzigen Schlüssel vor Naschkatzen gesichert wurden. So war auch ein Gebäck, das viel Zucker enthielt, etwas Besonderes, denn früher wurde mit Honig gesüßt. Dann kam der Rohrzucker, der in die blau eingewickelten kegelförmigen Zuckerhüte gepreßt in den Handel kam. Davon mußte jeweils ein Quantum abgehauen werden, wozu man sich der Zuckerbreche bediente. Eine solche besitzt das Heimatmuseum Langenau.

Die erste Spur des Ulmer Zuckerbrots, das außerhalb der Stadt »Ulmer Brot« genannt wurde und auch mit diesem Namen in den Handel kam, weist auf das Jahr 1597, wo den Ulmer Bäckern verboten wurde, dieses Brot herumzutragen. Sie durften es nur im Hause verkaufen. Der Rat der Stadt pflegte, bei hohen Besuchen neben dem üblichen Quantum feinsten Weines eine Anzahl Zuckerbrote zum Eintunken zu verehren. In einigen Ulmer Familien hat sich diese alte Überlieferung bis auf den heutigen Tag gehalten.

Im Verzeichnis des Jahres 1811 für die aus der Stadt exportierten Waren sind auch zwanzig Zentner »Ulmer Brot« aufgeführt, welches, so Pfarrer Michael Dieterich in seiner Geschichte der Stadt Ulm von 1825, eine Art Zwieback sei. Im Universal-Lexikon der Kochkunst von 1893 besteht das »Ulmer Brot« aus sechs Eiern, Mehl, Hefe, Fenchel, Anis, Muskat.

Wichtigste Voraussetzung für das Gelingen war das Mehl aus dem auf der Alb angebauten Dinkel, welcher auch Korn, Spelz oder Veesen heißt. Dieses feine Mehl ist klebereicher

Bäckerladen in Ulm, mit Außentisch, französischer Stich »le tour du monde«, Mitte 19. Jahrhundert.

Die »Süßbecken« bezogen ihren Muskateller und den Malaga über Lyon und Genf und lagerten ihn in eigenen Kellern. In Kastenformen gebacken und vor dem Einschieben in den Ofen mit Längs- und Querschnitt versehen, was man »rädeln« nannte, wurden die Brote oder »Doggen« dann aufgeschnitten und bei wenig Hitze »gebäht« und auf diese Weise haltbar gemacht.

Pater Sebastian Sailer, Kapitular im Stift Obermarchtal und Vater der schwäbischen Mundartdichtung, läßt in seiner »Schöpfung« die Eva gelüstig allerhand bekannte Leckereien des Landes aufzählen:

»Ach, i kan des itt verheba,
Zuckerzeltla und Zibeba,
Leckerla vom besta Gwürz
Ulmer Schnitta, Nonnafürz
seand gegen Äpfel nu a Dräck. . .«

Das Zuckerbrot erscheint auch als Kriegslast: Im Dreißigjährigen Krieg hatte vor allem das Reichsstädtische Territorium unter den Durchzügen kaiserlicher, schwedischer und französischer Truppen zu leiden, denn eine Kriegführung, die sich bei Freund und Feind nur aus dem Lande ernährte, traf die Bevölkerung besonders hart. Durch den Waffenstillstand vom 24. März 1647 wurde die Reichsstadt als »neutrale Stadt« anerkannt, was zur Folge hatte, daß sie alle kriegführenden Parteien mit Proviant zu versorgen hatte.

Im Mai 1648 lagen der französische Marschall Henri de Turenne und der Schwedengeneral Carl Gustav Wrangel in Langenau im Quartier. Der Rat der Stadt Ulm sandte deshalb einen Beauftragten zu den Verbündeteten, der diese um Schonung der Felder auf ulmischem Gebiet bat. Marschall Turenne entschuldigte sich dabei, daß er dieses Gebiet einnehmen müßte, er wolle jedoch dafür sorgen, daß dabei die Felder geschont werden. Er bat dringend um 100 000 Pfund Brot für seine

und zäher, und es bildet die Grundlage für unsere Mehlspeisen und Gebäcke.

Die Verbindung von Fenchel und Anis und »Muskat«, womit der Muskatellerwein und nicht die Nuß gemeint war, an dessen Stelle später der Malagawein trat und das Rosenwasser, zeigt zugleich die Handelsverbindungen dieser blühenden Reichsstadt auf.

Armee, worauf ihm der Ulmer Rat ein Fäßchen Muskatellerwein, drei Faß Bier, Haber, Roggenmehl, einen Zentner Schmalz, einen halben Eimer Essig, ferner Butter, Geflügel und eine Partie Ulmer Zuckerbrot übersandte. Dasselbe erhielt der schwedische General.

Das Ulmer Brot diente auch zur Tilgung einer Sündenlast, wie aus einem umfangreichen Briefwechsel hervorgeht. Der aus dem Elsaß stammende Hofuhrmacher des Reichsprälaten von Salem hatte Schwierigkeiten, seine in Unordnung geratenen Finanzen samt einem außerehelichen Verhältnis wieder ins Lot zu bringen. Er schrieb deshalb von einer Reise nach Donauwörth im Sommer 1777 an seine Frau »das Mensch ist nicht mehr bei mir und ich werde auch nicht mehr zu ihr kommen« und übersandte ihr als Versöhnungsgabe ein Ulmer Brot und vier bayerische Taler. Seinen Prälaten bat er, er möge den Fehler nicht an seiner Frau vergelten und er hoffe, seine »fußfällige Aufwart bey Hochwürden Excellenz Gnädig Füßen zu machen«. Die Gattin verzieh, der Prälat jedoch nicht. Damit war er entlassen.

Alte Ulmer erinnern sich an den Laden des Zuckerbäkkers Fehl in der Donaustraße, wo im Schaufenster Zuckerbrot und die blassen länglichen »Geigen« lagen. Dieser letzte Süßbeck in einer langen Reihe von Vorfahren war eine bekannte Persönlichkeit. Als Johannes Fehl im Jahr 1932 verstarb, hielt die Ulmer Chronik ihn fest »sein Name hat durch das Ulmer Zuckerbrot Weltruf erlangt«. Das klingt zwar etwas übertrieben und nur auf eine Familie bezogen. Wer jedoch die Heiraten während des 18. Jahrhunderts im Münsterregister verfolgt, dem fallen sofort die vielen Süßbecken auf. Dieser Beruf muß entweder überbesetzt oder so einträglich durch den Export ihrer Waren gewesen sein.

Heute gibt es noch einen Ulmer Bäcker, auf dessen schönem Ladenschild das »Ulmer Zuckerbrot« angepriesen wird. Es ist das »Kinder-Zucker-Brod« aus dem Kindervatterschen Kochbuch von 1800, oder diesem sehr ähnlich. Es ist weniger süß. Die bekanntere alte Sorte mit Eiern heißt »Anisbrot«, in Wien »Hausfreund«, und diese werden in vielen Bäckereien angeboten, so daß das »Eintunken« in das Viertele Wein, wie es in früherer Zeit üblich war, fortgeführt werden kann.

Eine Ulmerin trennt sich nicht leicht von ihrem Zuckerbrotrezept, deswegen sei die eine, die es trotzdem tat, belobt. Es mag den Gästen zur Freude dienen, und nicht, wie im Mittelalter, als Mittel gegen die Pest!

. . . doch ihm wurde nicht verziehen, trotz Ulmer Zuckerbrot . . .

Ulmer Zucker-Brodt
aus dem Kochbuch der Anna Magdalena
Kindervatterin, um 1800

Nehmt 2 kleine Mäß Schönmehl, 2 Löffel gute Heffen,
machts mit warmer Milch an, etwas ringer als
Gogelhopfentaig; wenn er gegangen, nehmt ¾ zart
gestoßenen Zucker vom schönen, 5–6 Eier, nachdem
sie groß sind. Ein Tischgläßlen Muscaten oder andern
Wein, starken, macht ihn ein wenig warm, auch ¼
Vierling zerlassener Butter. Anis, Fenchel und Koriander
jedes 2 Lot, riert allen an obbemeldten gegangenen
Taig, und so viel Mehl, daß man ihn knäten kann; nach
diesem wird er aus dem Geschirr gethan und auf einem
Brett oder Tisch wohl ab- und ausgewirkt, bis der Taig
so trocken, daß der Fenchel und Coriander anhebt
heraus zu fallen. Dann macht aus dem Taig 2 lange
Stritzel, laßts auf einem mit Mehl besäten Blech gehen,
nach dem Gehen schneidet oben nach der Länge einen
Schnitt durch, so tief als 1 Messer breit, und schickts
zum Becken; dann schneidets und laßts wieder im
Ofen abröschen.

Am ähnlichsten dem heute gebackenen Zuckerbrot
ist das

Kinder-Zucker-Brodt
der Anna Magdalena Kindervatterin, um 1800

Thut in die Mitte 2 Loth voll gute Heffen, in ein Schüssel
¼ Liter Schönmehl, machts mit lauem Wasser an gleich
einem dicken Taig, klopft ihn wohl und laßt ihn gehen.
Nehmt dann 2 Löffel mit Rosenwasser, 4–5 Löffel mit
Zucker, Anis und Fenchel nach Belieben, riert wieder
Schönmehl drein, was leiden mag, bis der Taig nimmer
klebt und so dick wird als Geigentaig, schneidet
Stücklen draus gleich den Nudlen, legts auf ein mit
Mehl besätes Blech, schneidet in der Mitte ein
Schnittlen darein, laßts gehen und im Beckenofen
bachen.

Und nun folgt das wohlgehütete Rezept, nach dem
heute Zuckerbrot gebacken wird.

Echtes Ulmer Zuckerbrot

(Rezept aus dem Hause der Familie Sailer, vermutlich
vom Vetter Johannes Fehl,
der 1932 verstorben ist)

Zutaten:

2 Pfund Weißmehl (sogenanntes Springerlesmehl)
½ Pfund Zucker
½ Liter Milch
1 Päckle Hefe
Fenchel nach Belieben
etwas Rosen- oder Zitronenöl

Zwei Pfund Mehl kommen in die Schüssel, Hefe in
½ Liter lauer Milch auflösen, von der Hälfte des Mehles
einen Vorteig machen und gut gehen lassen. Dann
½ Pfund Zucker einrühren, Fenchel, etwas Zitronen-
oder Rosenöl, dies alles heraus aufs Brett nehmen und
tüchtig arbeiten zu einem ganz glatten Teig.

Nun wird der Teig in etwa 30 Portionen geschnitten,
jedes Portiönchen nochmals tüchtig gewirkt, zu einer
runden Nudel geformt und nacheinander aufs Brett
gesetzt. Dann wird die Nudel leicht zu einem Oval
gewellt und zusammengeschlagen. Diese doppelten
Stücke aneinander in eine gut geschmierte und
gemehlte Kapsel setzen und noch einmal ein wenig
gehen lassen. Bevor es in den Backofen kommt, noch
einen tiefen Längsschnitt machen, damit es schön reißt.
Hitze wie Hefeteig, hellbraun backen. Das ergibt drei
Kapseln Zuckerbrot.

Gut zu Wein oder Nachtischen. Eventuell, falls hiervon
etwas übriggeblieben ist, nach einigen Tagen ganz
dünn schneiden und im Backofen bähen.

Das Fleisch

»Will dir auf Erden nichts mehr glücken,
und ist das Dasein fade dir und scheel,
so iß' vom Rehbock zart den Rücken
und Spargel auch in Essig und Öl.

Im Mutterhaus gebraut ein hell Getränke,
ein Kirsch darauf, gedoppelt und gekühlt,
froh sitzt du wieder in des Lebens Schenke.
Ein Mensch, der seinen Hergott liebt und fühlt.«

Diese Widmung schrieb ums Jahr 1930 der Ulmer Stadtarchivar Walter Schmidlin seinen Freunden vom Stammtisch zum »Grünen Baum«. Sie zeigt die Wirkung eines guten Bratens auf das Allgemeinempfinden. Damit erhielten die Ulmer ein kleines Pendant zu Ludwig Uhlands berühmten Metzelsuppenlied. Es gibt einen geläufigen schwäbischen Spruch »besser a Laus im Kraut wia gar koi Fleisch«, und dem steht gegenüber einer aus Franken (Dialekt übertragen) »dort sind die Leute gerne, wo man vor lauter Fleisch das Kraut nicht sieht«. Man tut gut daran, die Gegensätze zu harmonisieren, denn ein Schweinebraten mit eingekerbter Knusperschwarte, ein mürber Schlachtbraten, eine rosige Kalbskeule findet viele Liebhaber, wenn nur viel Soße dabei ist. In den vergangenen Kapiteln war öfter vom Fleisch die Rede, sodaß es sich anbietet, das Besondere aufzuzeigen.

Das »Frauenzimmer-Almanach zum Nutzen und Vergnügen für das Jahr 1799« bringt neben Erbauungsliteratur auch etwas über das Haltbarmachen von Fleisch. Danach wurde seit dem Jahr 1377 eingepökelt. Der Erfinder der Pökelfässer, Wilhelm Böckelzoon, sei von Kaiser Karl V. besonders geehrt worden. Der Kaiser habe sich auf Böckelzoons Leichenstein gesetzt und dabei einen Salzhering gegessen. Wie pietätvoll! Als erstes sei Rindfleisch, später auch Schweinefleisch mit Salz, Salpeter, Wacholder, Lorbeer, Pfeffer und Gewürznelken eingepökelt worden.

Schon im Jahr 1578 wurden an einem Blau-Arm innerhalb der Stadt Schlachthäuser für Groß- und Kleinvieh errichtet. In seiner Chronik von 1786 berichtet Herkules Haid über die Ulmer Metzgerzunft: »Sie bestehet aus 60 Meistern und hat immer eines ihrer Mitglieder im Rathe sitzen. An der Blau, beim Metzgerthore, einem vor der Zeit der Wiedererbauung gewesenen Stadtthore, haben sie ihr Schlachthaus. Zum Verkaufe aber sind ihnen die unter dem Rathaus befindlichen weitläufigen und kühlen Gewölbe eingegeben. Nicht ein jeder aber, der die Metzgerey erlernt hat, darf schlachten und Fleisch verkaufen, sondern erst, wenn ihm vom Magistrate eine Fleischbank zum Verkauf vergünstigt ist . . . und nur diese, die Erlaubnis haben, sind eigentliche Meister. Die anderen dürfen blos Würste machen und den Bürgern um den Lohn schlachten. Der Meister aber sind dreyerlei: Rind-, Schwein- und Kalbmetzger, welch letztere auch die Schafe schlachten.« Der Rat bestimmte die Preiskategorien und übte eine strenge Fleischbeschau aus. Da die Metzger zum Viehaufkauf Fuhrwerke und Reitpferde unterhielten, kam es zum Metzgerprivileg der Posthaltung. Metzgersöhne und -gesellen waren zu Botendiensten verpflichtet und gleichzeitig als Feuerreiter bei ausbrechenden Bränden eingesetzt. Sie hatten die benachbarten Wehren unverzüglich zu alarmieren. Nebenbei verdienten sie noch als Lohnrößler oder Lohnkutscher. Das geflügelte Wort »einen Metzgergang machen« stammt aus ihrer Funktion als reitender Bote.

. . . ungarische Ochsen –
»auf nach Ulm« . . .

Die Viehhaltung spielte im Ulmer Land eine bedeutende Rolle. Neben diesem Vieh wurden »zu Zeiten auch eine Herde Mastochsen aus Ungarn« geholt, wie Haid 1786 berichtet. Aus einer andern Quelle ist zu erfahren, daß während des Spanischen Erbfolgekrieges dreihundert ungarische Ochsen durch Oberschwaben getrieben wurden, wobei das Kloster Weingarten eine ungarische Kuh zu 33 Gulden erworben habe. Ein Ulmer Mastochsenmetzger zeigte noch im ersten Drittel unseres Jahrhunderts in seinem Geschäft eines der riesigen Gehörne von einem ungarischen Ochsen. Der Weg von Ungarn herauf geht aus einem Bericht aus Feldstetten hervor »den 10. July, als die fremde Hirschen und allerhand ausländische Thiere aus Ungarn allhier angekommen und über Nacht verblieben seynd, haben die dabey gewesene Jäger und andere herrschaftliche Bediente bei dem Hirschwirt verzehrt und ohnbezahlt gelassen 7 Gulden und 31 Kreuzer. Feldstetten 1737.« Auf einem Bild mit der Ruine Hohenjustingen vom Jahr 1850 zieht auf der Talstraße eine Viehherde mit Planwagen am Ende des Zuges. Die Herde muß von weither kommen, denn zur Weide benötigt man keine aufwendige Ausrüstung. Auch die schwäbischen Schäfer wanderten mit ihren feisten Hämmeln bis nach dem ersten Weltkrieg nach Frankreich. Wandernde Rinderherden zogen auch aus dem Hohenlohischen über weite Strecken als Schlachtvieh nach Mannheim, Speyer, Straßburg, und regelmäßig nach Augsburg in Begleitung von Metzgergesellen und Tagelöhnern.

Metzgerladen, sogenannte Metzig,
gefaßte Tonfigur
von Septimus Rommel, Ulm,
um 1800.

Die großen Feiertage brachten die Metzger gut ins Geschäft, und hier war es auch gestattet, ein Kalb zum Hausgebrauch innerhalb der Stadt zu erwerben und schlachten zu lassen.

An manchen Orten im Schwäbischen war es Brauch, kurz vor dem Pfingstfest bekränzte Ochsen durch den Ort zu führen, weshalb von einem, der sich aufgetakelt hat, gesagt wird, er sehe aus wie ein Pfingstochse. Dieser Umzug des bekränzten und mit Almglocken behängten Schlachtviehs fand in Ulm am Mittwoch oder Donnerstag vor Ostern statt. Am Karfreitag gab es dann die gut besuchte Fleischausstellung in der Metzig, wo auf den einzelnen Fleischstücken Herkunft und Metzger verzeichnet waren. Dieser Brauch fiel später aus hygienischen Gründen weg. Dafür erschienen in den Zeitungen eine Masse von Anzeigen der Metzger vor solchen Festen, in denen sie ihre Ware anpriesen. So wie in Wien bekannte Restaurants für ihre Rieddeckel, Hieferschwanzl, Zwerchried und Kruspelspitze eigene Viehherden in der Nähe der großen Zuckerraffinerien besaßen, so verfügten einige Ulmer Brauereien über eigene Ochsenställe. Es wurde Wert auf besonders gemästetes Schlachtvieh gelegt.

Bei den Würsten gab es keine Ulmer Spezialität wie bei Spargel, Zuckerbrot, Gerstengraupe, Mutschelmehl, Meßbrockel die mit dem Namen der Stadt verbunden war, wie dies im Wurstdreieck München—Regensburg—Nürnberg der Fall ist. Auch hier wurden bis gegen Ende des 16. Jahrhunderts die Würste vorwiegend warm gegessen. Bratwürste gab es auf den großen Jahrmärkten, dem Veitsmarkt (Sommermesse) und dem Nikolausmarkt (Weihnachtsmarkt), und dazu erschienen seitenweise Anzeigen im Ulmer Intelligenzblatt von einheimischen und auswärtigen Standhaltern. Wir können daraus die Wurstsorten ablesen:
1823 inserierte der Ochsenwirt und Metzgermeister Chr. Friedrich Eberspächer aus Söflingen: »Braunschweiger, Göttinger, Zungen-Preßwurst; Schwartenmagen, Mömpelgarder, Cervelat, Stuttgarter Bratwürste, Knackwürste, Tübinger Pfefferwürste,

gefüllten Schweinskopf, gefüllte Schweinsfüße, Kalbsrouladen, geräucherte Zunge, rohen und gekochten Schinken, Italienischen Käs.«
Gottfried Schuler, Schweinemetzger und Wurstfabrikant im Ulmer Rosengäßchen, empfiehlt:
»von jetzt an immer warmes geräuchertes Schweinefleisch wie auch warmes Pökelfleisch, und die so beliebten Schinkenwürste, Kengelwürste, Frankfurter, Hausmacher Leberwürste, Preßwürste, Stuttgarter Knackwürste, Frankfurter Bratwürste, und zugleich Mittwoch und Donnerstag auf das beste Blut- und Leberwürste.«

Die Schweinemast war vor hundert Jahren nicht sehr auf dem Land verbreitet, während in der Stadt die Müller und Bäcker Schweine hielten. Man tat sich auf dem Land zusammen, um die Metzgkuh zu schlachten. Wer je eine brave Schaffkuh, breit wie ein Kahn und abgerackert bis zum Knochengerüst, gesehen hat, der vermag sich die Qualität eines solchen Bratens oder Geräuchertem gut vorzustellen. Als Jahrzehnte später jeder Hof seine eigene Schweinehaltung hatte und der Schlachttag auf den Terminplan des Hausmetzgers abgestimmt sein mußte, da wurde die Metzelsupp reihum an Nachbarn, Verwandte und Dorfhonoratioren ausgetragen. Auf diese Weise hatte man viel länger frisches Fleisch und Würste und mußte nichts dazukaufen. Der Schlachttag war ein Freudentag auch für die Kinder. Das geht aus der Antwort eines Buben aus einem ehemals vorderösterreichischen Dorfe hervor. Gefragt, welches die drei höchsten Feiertage im Jahr wären, antwortete er »Fasnet, Kirbe (Kirchweih) und Metzga«. Das galt auch für Kinder armer Leute, die mit großen Kannen erschienen, um die Wurstbrühe in Empfang zu nehmen. Am Stefanstag duftete es in den Familien des Oberlandes nach gefüllten Saumägen. Etwas Besonderes war immer die Bratwurst, ob zum Nachtmahl bei Hochzeiten oder Kirchweih, beim Stadtbesuch, am Markttag.

Auch unter den armen Leuten gab es Fleischzähne, die sich niemals zum Vegetarier ummodeln ließen, weil Fleisch Geld kostete. Für diesen Kreis war das Freibankfleisch ein guter Ausweg, den die Familien der niederen Beamten einschlugen. Sie gingen auch zum Roßmetzger. In den schwäbischen Kochbüchern wurde Pferdefleisch ausgeklammert, aber die norddeutsche Henriette Davidis nahm es auf wie unsere Brühen aus abgekochten Teigwaren.

. . . wohl versorgt auf dem Heimweg vom Fest . . .

78

Hasenlauf im Rahmsößle
mit Serviettenknödel

2 Hasenläufe
etwas Öl
150 Gramm Spickspeck
Salz, Pfeffer
je 1 Karotte, Lauch, klein geschnitten
1 Zwiebel, fein gehackt
Knoblauchzehe
Wacholderkörner
Senfkörner
Thymian, Lorbeerblätter
etwas Majoran
1 Eßlöffel Preiselbeeren
1 Eßlöffel Mehl
1 Teelöffel Senf
⅛ Liter Rotwein
¼ Liter Sauerrahm

Die Hasenläufe häuten, die Sehnen wegschneiden. Das blanke Fleisch mit schmalen, ca. 5—8 cm langen Speckstreifen spicken, um ein Austrocknen zu verhindern. Die vorbereiteten Hasenstücke salzen und pfeffern und im heißen Öl rundum goldbraun braten. Dann in eine bereitgestellte Kasserole geben. Im verbleibenden Fett röstet man das geputzte und gewaschene Gemüse, die Zwiebel sowie die Preiselbeeren an. Mit etwas Mehl stäuben, mit Rotwein ablöschen und mit Wasser auffüllen bis das Fleisch bedeckt ist. Die restlichen Gewürze zugeben und zugedeckt bei schwacher Hitze langsam weich kochen.

Das Fleisch herausnehmen, den Sauerrahm mit dem Senf gut vermischen und in die Sauce einrühren. Gut kochen lassen. Dann durch ein feines Sieb passieren und anrichten.

Serviettenknödel

250 Gramm Semmelwürfel
3 Eier
¼ Liter Milch
gehackte Petersilie
Salz, Muskat
100 Gramm Butter
1 Serviette oder Küchentuch

Die Semmelwürfel mit lauwarmer Milch übergießen. Die Butter erhitzen und die Petersilie darin schwenken und über die Semmelwürfel geben. Salzen und mit geriebenem Muskat würzen. Die Eier dazugeben und das Ganze gut vermengen.

Die Masse in ein feuchtes mit Öl bestrichenes Tuch geben und zu einer festen Wurst rollen. An beiden Enden zubinden. Im Salzwasser am Siedepunkt 45 Minuten garen. Den später aufgewickelten Knödel in Scheiben schneiden.

Gebratene Spanferkelkeule
aus dem Backofen

1 Spanferkelkeule ca. 1 Kilo schwer
Salz
Pfeffer

Für die Marinade

4 Eßlöffel Öl
1 Eßlöffel scharfer Senf
1 Salbeiblatt fein gehackt
1 Messerspitze Thymian, Basilikum, Pfeffer
etwas abgeriebene Zitronenschale
2 Eßlöffel Weißwein
1 Prise Zucker
1 zerriebene Knoblauchzehe
etwas Streuwürze
Die Zutaten mit dem Schneebesen gut verrühren.

Röstgemüse

1 Zwiebel in kleine Würfel geschnitten
1 Karotte in kleine Würfel geschnitten
½ Sellerie in kleine Würfel geschnitten
¼ Liter dunkles Starkbier oder Malzbier

Aus der Spanferkelkeule wird der Röhrenknochen hohl ausgelöst, die Keule und die Knochenhöhlung mit der vorgenannten Beize eingerieben und einige Stunden so mariniert. Bei mittlerer Hitze im Ofen bei 180–200 Grad braten.

Nach 30 Minuten gibt man das Röstgemüse zu und löscht ab und zu mit einem Schuß vom Malzbier ab. Nach 45 Minuten Gesamtbratzeit wird die Keule aus dem Ofen genommen und warmgestellt. In den Bratensatz können Sie eine rohe, in Scheiben geschnittene Kartoffel einschichten. Die Keule daraufsetzen und die Kartoffel mit der Keule in dem Fleischsaft noch 10 Minuten dünsten. Ab und zu mit Bier überpinseln. Ganzes Spanferkel, Spanferkelbrust, Spanferkelschäufele kann auf die gleiche Art zubereitet werden.

Zwetschgenbraten (4–6 Portionen)

8–10 gedörrte Zwetschgen
1 Kilo aufgelöstes Schweinekarree
Salz, schwarzer Pfeffer, Paprikapulver
1 Eßlöffel Senf
20 Gramm Butter
8 dünn geschnittene Speckscheiben
1 besteckte Zwiebel
Lorbeerblatt und Nelke

Zubereitung:

Die Zwetschgen über Nacht in lauwarmem Wasser einweichen, herausnehmen, abtropfen lassen. In die Mitte des Schweinekarrees mit dem Stahl oder einem Holzlöffel ein Loch drücken, und zwar nach der ganzen Länge, mit Salz und Pfeffer einreiben und die Zwetschgen in diese Aushöhlung eindrücken. Der Braten kann mit Speckscheiben umwickelt und mit einer Schnur gebunden werden. In der Folie oder ohne Folie auf dem Grill oder im Ofen 30 Minuten bei guter Hitze grillieren. Für warme und kalte Gerichte.

Gefüllte Kalbsbrust

1,2 Kilo Kalbsbrust
150 Gramm Semmelwürfel
⅛–¼ Liter Milch
2 Eier
Salz, Pfeffer
Butter
Muskatnuß
100 Gramm Schinkenwürfel
100 Gramm Champignons
gehackte Petersilie
feingehackte Zwiebel

Die Kalbsbrust mit einer tiefen Tasche versehen.

Das gewürfelte Weißbrot in die Milch einweichen, die gehackte Zwiebel in Butter hell anschwitzen und die blättrig geschnittenen Champignons dazugeben und ebenfalls kurz mitdünsten. Am Schluß die gehackte Petersilie dazugeben und mitdünsten, dann über die eingeweichten Semmelwürfel schütten. Den gewürfelten Schinken und die Eier dazumischen.

Die Masse gut vermischen und locker in die Kalbsbrustöffnung füllen. Mit einem Bindfaden zunähen und im Backrohr unter ständigem Übergießen und Wenden goldbraun braten.

Bei 200 Grad ca. 2 Stunden.

Saumagen

aus dem Rezeptbüchlein des Baltringer Haufens in Biberach, 1984

Zutaten:
1 mittelgroßer Saumagen
750 Gramm Hackfleisch
500 Gramm Brät
Petersilie, 2 Zwiebeln, 4 Eier, Pfeffer, Salz und Muskatnuß
Zubereitung:
Den Saumagen außen mit Salz gut abreiben und danach gut waschen. Zwiebeln kleinschneiden und in Fett glasig dünsten.
Hackfleisch, Brät, gehackte Petersilie, Zwiebeln, Eier, Pfeffer und Salz in eine Schüssel geben und danach gut mischen, bis alles gleichmäßig verteilt ist. Danach den Saumagen füllen und gut zunähen, anschließend in Salzwasser eine Stunde leicht kochen lassen. Danach den Saumagen in der vorgeheizten Backröhre eine halbe bis dreiviertel Stunde bräunen.
Der Saumagen wird mit Soße serviert. Dazu gibt es Kartoffelsalat und Kauzenwecken (Wasserwecken aus Biberach).
Der Baltringer Haufen erinnert an den Aufstand im Bauernkrieg. Am Biberacher Schützenfest lädt er alle Jahre in sein Lager auf dem Gigelberg ein. Dazu braucht er 50 Saumägen mit 200 Eiern. Früher aß man den Saumagen am Stefanstag.

Laubfrösche (Spinatröllchen)

500 Gramm große Spinatblätter
1 Zwiebel
1 Eßlöffel Butter
500 Gramm Hackfleisch
2 Eier
Salz, Pfeffer
Muskatnuß
2—3 Eßlöffel geriebenes Brot
Butter für den Topf
2 Deziliter Fleischbrühe

Die Zwiebel hacken und 2—3 Minuten in Butter dünsten. Mit dem Hackfleisch mischen. Die Eier verklopfen und darunterziehen. Mit Salz, Pfeffer und Muskatnuß würzen. So viel geriebenes Brot zugeben, bis eine feste Masse entsteht. Die Spinatblätter waschen, die Stiele entfernen, dann in Salzwasser überwellen, damit die Blätter lahm werden. Die Spinatblätter abgießen, auf Küchenpapier ausbreiten und abkühlen lassen. Aus der Füllung kleine Rollen formen, auf die Blätter verteilen und einwickeln. Mit den Blattenden nach unten in einen mit Butter beschichteten Topf oder Auflaufform legen. Fleischbrühe dazugießen und etwa 50 Minuten im Backofen bei 200 Grad schmoren.
Die Laubfrösche zusätzlich noch mit Butterflocken bestreuen und unter öfterem Begießen auf dem Herd leise schmoren lassen. In diesem Fall kann anstelle von Fleischbrühe auch Bratensauce verwendet werden. Die Laubfrösche werden auch mit Mangoldblättern zubereitet.

Was dem Schwaben die »Laubfrösche« sind, ist dem Türken die
Weinblätterroulade — etli yaprak dolmasi —

1 Glas eingelegte Weinblätter in siedendem Wasser mit Zitronensaft 5 Minuten kochen.
Füllung:
500 Gramm Hackfleisch
2 große Zwiebeln
50 Gramm Reis
1 Bund Petersilie, 1 Teelöffel Salz, Pfeffer Paprika, 1 Eßlöffel Tomatenmark
75 Gramm Butter
3 Tassen Wasser
Das Hackfleisch soll gemischt sein mit Rind und Hammel; Zwiebeln reiben, Petersilie kleinhacken.
Aus den Zutaten wird ein Fleischteig bereitet und ein Topf mit Weinblättern ausgelegt. Den Fleischteig in die einzelnen Blätter füllen und im Topf dicht aneinanderreihen, mit Wasser übergießen und Butterstückchen darauflegen.
Oben einen Teller drauflegen und zugedeckt 30—40 Minuten kochen. Warm servieren.

Die Gans

Schniebel Schnabel Schnäbel
kommt der Herbst mit Nebel,
Gänsebraten, Gänsefett,
weiche Federn für das Bett,
freu'n sich alle Kinder
gi-ga-gack

Mit diesem alten Kinderlied sind wir bei der richtigen Jahreszeit, in der die Gänse reif zum Schlachten werden. »Gänstor«, »Gänsländle«, »Gänshölzle« (so nannte sich früher die Friedrichsau) erinnern heute noch daran, daß dort vom Frühjahr bis in den Herbst die Ulmer Gänseherden watschelten. Sie werden auch in Ulmer Gedichten besungen und diese dann auf Postkarten gedruckt als »echte Ulmer Griebagäns, spickfett vorn und henta, ja des alles und no meh' ka'scht in Ulm du fenda«. Dazu kann als Vorzeigeobjekt ohne Beispiel die »Ulmer Regimentsgans«, ein eigenbrötlerisches Unikum mit einem faible militaire, das mit den Soldaten vorm Kasernentor Schildwacht stand.

Blättern wir in Herkules Haids Fundgrube von 1786, seiner Geographie und Naturgeschichte von Ulm und seinem Gebiet, so erhalten wir weitere Auskunft: »Die Gans, dieser herrliche Speisevogel, der uns mit Eier und Fleisch labet und mit seinen Federn unsere Betten füllt. Woher mögen wohl die sonderbaren Gewohnheiten entstehen, daß man am Charfreytage so allgemein die Eier, und am Martini das Fleisch dieses Vogels ißt?

Da dieser Vogel so nutzbar ist, so ist es kein Wunder, daß man viel auf seine Zucht hält. Es ist nicht leicht eine Bäurin, die nicht 15—18 Eier ausbrüten ließe. Man hält sie auch nicht nur auf der Weide, sondern alle Jahre werden auch viele Tausende gemästet. Und von solchen findet man öfters 8—10 Pfund schwere Gänse. Wilde Gänse fallen öfters scharenweise zur Zeit ihrer Wanderung auf die offenen Ackerfelder und verderben die Samen. Dafür macht sich aber der Bauer oft durch Schießung dieser Diebe bezahlt.«

Die Geflügelhaltung war von jeher eine Domäne der Bäuerin und ihrer Töchter, denn ihnen lag eine respektable Aussteuer sehr am Herzen. Man zeigte sie öffentlich mit der Brautfuhre, und dazu gehörten eben gewaltige Bettenberge.

Für den Bauernhaushalt mit vielen Kindern und Dienstboten war Geflügel wenig ausgiebig, da dies für so viele Esser am Tisch schlecht teilbar war. Da ging das in die Suppe zerpflückte Huhn oder Täubchen schon eher. Ein Täubchen in weißer Soße wurde als Stärkung für die Wöchnerin in der eigens dafür bestimmten »Kindbettschüssel« aus Zinn mit Deckel und Handgriff gebracht. Gänse gingen auf Vorbestellung weg oder wurden zum Markt gebracht, möglichst viele zum gleichen Zeitpunkt geschlachtet. Das gab an Martini Bargeld für die Zinsen und Lohn für Knecht und Magd, die den Dienst wechselten.

Ein Geflügelmarkt in der Stadt war etwas vom Gemütvollsten. Bedächtig prüften die Käuferinnen, zwickten hier und dort an der Gans, drückten eine Dälle in den Packen Fett, der appetitlich auf die Brust gebunden war, oder zwackten am Birzel, damit sie die richtige Grieben- oder Fleischgans herausgefunden hatten. Ein zähes überständiges Gansjüngferlein oder ein strammer Gansger mit schweren Knochen und zäher »Gänsehaut« waren mehr Ärgernis als Delikatesse. Aber zwicken Sie, meine Damen, im Gefrierfach mal eine Gans! Wer es sich vom Umfang seines Portemonnaies oder seines Gürtels her leisten konnte, der hatte in Ulm von Martini bis Dreikönig seinen sonntäglichen Gänsebraten auf dem Tisch. Zum mindesten ging er mehrmals zum Gansviertelessen oder zu Ganspartien beim Kundschaftsessen der Kaufleute und Handwerksmeister. Ärzte mit viel Patienten aus ländlichen Gegenden, die Geschäftsleute der Bekleidungs- und Aussteuerbranche, hatten voll damit zu tun, die ihnen von ihrer Landkundschaft gegen Geld oder Ware angebotenen, fast aufgedrängten Gänse zu bewältigen.

Wer sichergehen wollte oder gelüstig war nach fetter Gänseleber, der erstand eine lebendige Gans und mästete sie im Küchenstall. Sensiblen Gemütern konnte das schon unter die Haut gehen, denn auf Du und Du mit einem angenehmen Federvieh einige Wochen zusammenzuleben und es dann in die Bratpfanne zu verabschieden, das tat auch den Kindern leid. Wir haben einmal in hungrigster Zeit sechs Täubchen geschenkt erhalten, sie gehätschelt und dann fliegen lassen.

Als Weihnachtsbraten rangiert das Geflügel gleich hinter den Fischen: Der Puter in Nordamerika. Er kam durch die Jesuiten im Jahr 1524 aus Mexiko nach Europa, drum heißt er »Indian«. Er hat auch Liebhaber in Frankreich und England. Kapaun ist der Festbraten in der Steiermark; Gans, Fasan,

... die Gans im Küchenstall!

Ente und Perlhuhn in den nordischen Ländern. Sehr distinguiert tritt beim englischen Hochadel der Schwanenbraten aus der Zucht des Herzogs von Norfolk auf.

Die gebratene Gans erscheint schon zu Beginn des 15. Jahrhunderts in einem alemannischen Kloster der heute bayerischen Bodenseegegend. Sie wurde dort am Spieß gebraten, mit Knoblauch, Speck, Pfeffer und Wacholder gewürzt und mit einer »Salse« (Soße) aus Wein, Honig, Knoblauch, Gewürzen und Weißbrot verzehrt. Dort gab es auch Gänsebraten mit einer Fülle aus Weißbrot, Eiern, Wacholder und grünen Birnen, später mit Äpfeln oder Kastanien. Als der Generalissimus Wallenstein vom 29. bis 30. Mai 1630 mit großem Gefolge in Ulm übernachtete, mußten außer andern Lebensmitteln auch 84 Gänse und 28 indianische Hennen angeliefert werden. 4–6 Indian gehörten auch zum Hühnerhof einer schwäbischen Wallfahrtspfarrei im Jahr 1750, und um dieselbe Zeit erhielten die Insassen des Heilig-Geist-Spitals zu Ulm einmal im Jahr eine gebratene Henne oder Gansbraten mit Wein aus einer alten patrizischen Stiftung.

Gänse wurden nicht nur frisch, sondern auch geräuchert gegessen. Für den Konventstisch des Klosters Neresheim wurden jeden Herbst 6–7 Gänse geräuchert. Das geschah auf folgende Weise: Nach dem Ausnehmen wurden der Gans Füße, Hals und Flügel abgeschnitten, dann der Leib der Länge nach gespalten und tüchtig eingesalzen. So blieben die Gänsehälften drei Tage in einem Fäßchen dick verpackt liegen, bis sie einzeln herausgenommen und mit trockener Weizenkleie bestreut wurden. Fett und Fleisch durften nicht mehr sichtbar sein. So wurden sie in den Rauch gehängt, ohne daß die Feuerhitze direkt einwirkte. Nach einer Woche waren sie gar, die Kleie wurde abgebürstet und die Hälften hängend aufbewahrt.

Einer der jüngeren Freunde des berühmten Geheimrat Max Eyth war der Geigenvirtuose und Konzertmeister am Münster, Dr. Georg Hertz. In seinem Buch »So reich ist die Welt« widmet Hertz ein Kapitel den »Tafelfreuden« und schreibt: »Was soll ich aber von unsern Gänsen und Enten sagen? Es ist immer ein Fest- und Freudentag, wenn ich ein solches Tier aus der Korngegend um Ulm kunstgerecht nach alter Weise ohne die gewalttätige Schere zerlege und dabei feststelle, daß es den Riesen von Libussa bei Prag und den Pommerschen doch weit überlegen ist an Saft und Wohlgeschmack. Kann ein schwäbischer Landgockel übertroffen

Magd kommt vom Markt,
gefaßte Tonfigur
von Septimus Rommel, Ulm,
um 1800.

84

werden vom besten Poulet de Bresse? Vielleicht doch, von den ›Pollini‹ in der Via Sciesa zu Mailand oder im ›Donatello‹ zu Bologna . . .« Hertz schlägt zur Gans grünen Salat vor. Als Junggeselle mußte er ja nicht ans Teilen denken. Hier ißt man Kartoffelsalat mit Gänseschmalz angemacht, dazu Rotkraut als Gemüse oder roh als Salat, hintendrein Apfelmus.

Leider werden die schwäbischen Gänse, die im Herbst sich auf den Stoppelfeldern wohl ernährt haben, immer seltener. Die Martinsgans ist eher aus Ungarn oder Polen.

Gans mit Maronenfüllung

Zutaten:
eine küchenfertige Gans von 3,5 Kilogramm
1 Glas Maronen (400 Gramm)
2 säuerliche Äpfel
1 Eßlöffel Butter
Herz und Leber der Gans
1 Brötchen, 1 Eigelb
¼ Teelöffel Salz, 1 Messerspitze Pfeffer
1 Prise Majoran, 1 Prise Beifuß, 2 Teelöffel Salz
Küchenzwirn, Salzwasser, ⅛ Liter Bier
2 Teelöffel Kartoffelmehl
1 Glas Cognac

Zubereitung:
Bei der Gans die Drüsen aus dem Bürzel herausschneiden, da dieses Fett leicht tranig schmeckt. Die Maronen durch ein Sieb abtropfen lassen und kleinhacken. Die Äpfel schälen, entkernen und ebenfalls kleinschneiden. Die Butter in einem kleinen Topf erhitzen. Herz und Leber in Würfel schneiden und darin andünsten. Das Brötchen in Wasser einweichen, herausnehmen und ausdrücken. Die Maronen, Äpfel, Innereien, das Brötchen und das Eigelb vermengen, mit Salz, Pfeffer, Majoran und Beifuß würzen. Die Gans innen und außen salzen und mit der Masse füllen. Mit dem Küchenzwirn zunähen. Anschließend die Keulen zusammenbinden und die Gans mit der Brust nach unten in einen gefetteten Bräter legen. Dabei so viel kochendes Wasser dazugießen, daß der Boden bedeckt ist. Im bereits vorgeheizten Backofen bei 200 Grad zweieinhalb bis drei Stunden braten. Nach der halben Bratzeit die Gans umdrehen. Ab und zu mit Salzwasser bepinseln und heißes Wasser dazugießen. Ca. 30 Minuten vor Ende der Bratzeit die Gans aus dem Bräter nehmen und auf den Rost legen. Die Fettpfanne darunterschieben. Die Gans mit Bier beträufeln und je 15 Minuten auf jeder Seite knusprig braten. Den Fond loskochen und durch ein Sieb gießen. Das Kartoffelmehl mit wenig kaltem Wasser anrühren und die Soße damit binden. Mit dem Cognac nach persönlichem Geschmack verfeinern. Mit dem Rotkohl als Beilage die Gans servieren. Dazu reichen wir einen herben Rotwein.

Andere Füllungen der Gans:

Maronenfüllung
800 Gramm bis 1 Kilogramm geschälte frische Maronen in Salzwasser kochen und abtropfen. 500 Gramm säuerliche Äpfelwürfel und 1 in Butter gedämpfte Zwiebel beifügen, dann würzen und in die Gans füllen. Diese gut zunähen.

Apfelfüllung
1 Kilogramm nicht verkochende Äpfel in Scheiben schneiden, mit 200 Gramm Sultaninen, 1 dl Weißwein kurz dämpfen und in die Gans füllen.

Brätfüllung
Leber, Magen, Weißbrot, Zwiebel, Petersilie mit etwas Schweins- und Kalsbrät mischen und dämpfen. Pistazien und Schinkenwürfel beifügen, gut würzen und in die Gans füllen.

Filderblaukraut mit Himbeeressig zur Gans

2,5 Kilogramm Blaukraut, möglichst kleine Köpfe
wegen der Blattrippen
⅛ Liter Himbeeressig, etwas Zitronensaft
2 Lorbeerblätter
1 Zwiebel besteckt mit Nelke
1 mittelgroße Zwiebel
100 Gramm Gänsefett oder Vollwertöl
¼ Liter Portwein
1 abgeriebene Zitronenschale
250 Gramm Apfelmus oder 3 geriebene Äpfel

Zubereitung:
Blaukraut am Tage vorher fein schneiden, mit
Himbeeressig, Zitronensaft und Lorbeerblatt
marinieren. Zwiebel würfeln und im Fett andünsten,
mit dem Blaukraut und der Marinade vermischen.
Portwein und Zitronenschale langsam ziehen lassen,
zuletzt das Apfelmus untermischen.

Wickelknödel zur Gans

1,5 Kilogramm Kartoffeln mehlig kochen
9 Eigelb
120 Gramm Mehl, Salz, Pfeffer, Muskat

Für die Füllung:
60 Gramm Butter
2 Zwiebeln
120 Gramm Paniermehl
20 Gramm Kerbel

Gekochte Kartoffeln vom Vortag pürieren, mit Eigelb,
Mehl und Gewürzen mischen. Auf einer stark
bemehlten Serviette den Teig ausrollen. Für die Füllung
Zwiebeln in feine Würfel schneiden, in Butter
anschwitzen, Paniermehl hinzugeben und anrösten,
zuletzt feine Kräuter untermischen. Die Füllung auf
dem Teig verteilen und diesen zu einer Rolle wickeln. In
der Serviette in kochendem Salzwasser 25 Minuten
garen.

Eine schwäbische gekochte Gans, wie man sie um 1900 in Ulm gerne aß

Eine nicht zu schwere Gans wird zwei Tage vorher
gepfeffert und gesalzen. So erhält sie den typischen
Gansgeschmack.

Vom Gänsefett wird etwas zum Ausbraten gewürfelt
und darin die Gans im offenen Ganskar angebraten, bis
sie braun ist rundum. Dann werden 2 Liter heißes
Wasser daraufgegossen und die Gans darin
1½ Stunden mit Deckel in der Backröhre gedämpft.
Nun läßt man die Gans im Kar erkalten, entfernt am
andern Tag die Fettschicht und läßt sie vollends in der
Röhre weichdämpfen. Sie wird weiß und zart wie ein
Huhn.

Dazu gibt es Weckklöße, Kartoffelsalat und
gedämpften Blaukrautsalat. Die Beilagen werden in
einen Suppenteller gegeben und etwas von der
tranchierten Gans in die Mitte gelegt.

Das Gänseklein, in Ulm »Gansgschlecht« auch
»Gansgschnader« geheißen, wird in einer sauren Brühe
serviert, und der Angesehenste der Familie erhält
separat die mit Zwiebeln gebratene Gänseleber. Der
»Pfaffenschnitz« ist das Brustfleisch einer Gans und
besonders delikat. Wenn der Herr Pfarrer am Sonntag
zum Gansessen in Familien eingeladen war, erhielt er
natürlich das Beste, und daher stammt der
»Pfaffenschnitz«.

Fastenspeisen

D' Larva weg und 's Nuster her,
Aus ist's mit der Freud!
Kopf und Beutel sind jetzt leer,
Und auf d' Lust kommt 's Leid . . .

So beschrieb der Mundartdichter Joseph Epple
(1767–1828) den Beginn der Fastenzeit. Die Fasnachtslarve
wird also mit dem »Nuster« (Paternoster oder Rosenkranz)
vertauscht. Das »Leid«, welches dem Übermut der Fasnet auf
dem Fuße folgt, ist die Mäßigung und Beschränkung auf
bestimmte Speisen während der vierwöchigen Fastenzeit bis
Ostern. Früher unterlag auch die ganze Adventzeit von Sankt
Andreas (30. November) bis zum Christtag den Fastengeboten
der katholischen Kirche. Während dieser Zeiten durften auch
keine Hochzeiten gefeiert werden. Weitere Fast- und Absti-
nenztage waren die Samstage vor hohen Kirchenfesten, welche dem Freitag, als Tag an dem kein Fleisch gegessen werden
durfte, folgten.

Es mußte also Vorsorge für hundert Fastentage getroffen
werden, an denen in Schloß und Kloster, in Bürgerfamilien
und Gasthöfen Gäste ihrem Stand entsprechend zu beköstigen
waren. Man denke, um nur ein Beispiel anzuführen, an die
vielen Heiligen-Jubiläums- und Einweihungsfeierlichkeiten
der schwäbischen Klöster, zu denen bekannte Prediger und
Ehrenzelebranten von weither eingeladen wurden. Auch diese
erschienen mit Gefolge und waren für mehrere Tage Gäste.
Dadurch verdankt die abendländische Kochkunst vor allem
den Klöstern ihre köstlichen Fisch-, Schnecken- und Krebs-
speisen, die Pasteten als typisches Fastengericht, und endlich
die unübersehbare Zahl der Süßspeisen. Zum »Vastmues«
(Fastengemüse) zählten im Mittelalter auch die Zutaten der
Süßspeisen: Mandeln, Weinbeeren, Feigen. Hinzu kommen
süße Suppen. In oberschwäbischen und bayerischen Kochbüchern des 18. Jahrhunderts erscheinen Suppen aus Dörrfrüchten, bei denen der Eigengeschmack der Früchte und
deren natürliche Süße vorherrschen.

Die Auflistung der in der Fastenzeit erlaubten Fischarten mutet heute an wie ein Katalog der artengeschützten Tiere.

Süßwasserfische: Hecht, Karpfen, Forellen, Lachs, Rotfisch (Huchen), Äsche, Brachse, Barbe, Schleie, Orfe, Dreische, Aal, Schill (Zander, Fogosch), Waller (Wels), Stör, Aalquappe, Trüsche, Weißfisch und Grundel.

Salzwasserfische: Hier stehen Stockfisch und Hering im Binnenland ziemlich allein. Durch die Konservierungsarten Trocknen oder in Lauge einlegen, waren sie auch für lange Transporte geeignet.

Wassergeflügel: See-Ente, Wasserhuhn, Krickente, Wasserralle, Taucher-Entchen, Reiher, Regenpfeifer, Flamingo.

Erlaubt waren Tiere, die halb im Wasser leben: Fischotter, Biber, Stachelschwein, Schildkröte, Igel, Krebs, Muscheln, und schließlich Frosch und Schnecke als Delikatessen und Armeleuteessen.

Pater Sebastian Sailer, Kapitular im Kloster Obermarchtal und der erste schwäbische Mundartdichter, zählt in seiner Biblischen Komödie von der Schöpfung alle heimischen Fische auf, die Gottvater mit Namen nun vorstellt:

»Jhr g'schuppete Gsella von Weyher und Flüssa
Jhr sollet au uire Nama wissa
Barba, Koppa, Forella,
Häring, Salma, Laxa, Schneider,
Grundla, Groppa und Schtoibeisser,
und dia selle Maulaufreisser
tauget auf da Faschtatisch
und der nächst, dear hoißt Stockfisch.«

Erlaubt war Gemüse, Honig, Birnenzelten und Käse. Die beiden Letzteren werden bei Speisenfolgen meist zusammen genannt. Das schmeckt wirklich, nur sollte es eben Birnenbrot sein wie man es früher buk: ohne weitere Dörrfrüchte, nur getrocknete Birnen und Zwetschgen mit deren natürlicher Süße.

Die Fastengebote wurden in den Klöstern unterschiedlich gehandhabt, denn Lockerungen oder gar Befreiungen konnten die Klosteroberen selbst gewähren. Wir entnehmen den Rechnungen aus dem Jahr 1730 vom Zisterzienserinnenkloster Heggbach, daß in der Fasten Schmalz, Butter, Käse, Milch und Eier durch besondere Erlaubnis für Nonnen und weltliches Hofgesinde gestattet war. Befreiungen galten nur für sehr alte und für kranke Nonnen, wobei vorher Arzt und Beichtvater befragt wurden.

Zum Vergleich ein Männerkloster derselben Ordensgemeinschaft: Salem im Jahr 1771. Abt Anselm Schwab, der Erbauer der herrlichen Wallfahrtskirche Birnau, ließ während der Fasten seinen Mönchen kein Frühstück reichen. Nur alte Mönche erhielten dafür eine Suppe. Gröberes Brot und völlige Enthaltung von Fleischspeisen bei Mittags- und Nachtmahl galten jedoch nicht für Gäste, und der Herr Reichsprälat und Excellenz galt als Gastgeber von fürstlichem Format.

Leider sind uns keine Archivalien vom Benediktinerkloster Wiblingen überliefert, die uns einen Einblick in das klösterliche Leben vermitteln könnten. Wir müssen dazu Neresheim heranziehen und verlassen uns auf die Aussagen von zwei sehr bekannten benediktinischen Stiftsarchivaren aus Weingarten und Ottobeuren. Sie bestätigen, daß die Essensgewohnheiten in den schwäbischen Benediktinerklöstern der Barockzeit dieselben waren.

Abt Benedikt Maria Angehrn ist als Erbauer der Klosterkirche von Neresheim in die Kunstgeschichte eingegangen. Als glänzender Organisator und Gastgeber, als fürsorglicher Vater seines Konvents steht er vor uns, wenn wir Einblick nehmen in sein »Kuchelbuch aus dem Jahr 1759«. Neben dem Konvent waren noch zu beköstigen weltliche Beamte, Klosterschüler, Gesinde und Taglöhner. An den Abstinenztagen wurden vier Speisen aufgetragen, nämlich Suppe, Fisch- oder Stockfisch oder Eier, Gemüse und Mehlspeise. Zum Abendbrot gab es abwechselnd Eier, Schnecken, Fisch, danach Zwetschgen, Schnitz, Hagebutten, dürre Weichseln oder Zukkererbsen zur Mehlspeise.

An den Fasttagen kam Schmalzgebäck auf den Tisch, auch Fisch in der Sulz, Froschschenkel, Schnecken in Essig und Öl, Zuckerbrot, Käse, Küchlein, Salat, Mandelkern, Weintrauben – dies alles je nach Jahreszeit in Abwechslung.

Da tauchen auch Mengenangaben auf: Ein halbes Pfund Forelle pro Kopf; für 16 Personen einen Stockfisch; 16 Frösche oder 18 Schnecken für eine Person; 10 Krebse für 32 Esser.Das war der damalige Konvent. Der Abt rechnet aus, daß er dafür im Spätherbst 6000 Deckelschnecken einlagern muß und die letzten Schnecken bis März aufgegessen werden mußten, damit sie nicht auskrochen. Die Klosterschüler durften sich dann an der Schneckensuppe laben. Es wurde genau nach Jahreszeiten aufgekocht: im Juni gab es Holderküchle, von Juli bis Weihnachten einmal pro Woche Apfelmus, und im September kann einmal in der Woche ein Zwetschgenschmarren auf den Konventtisch.

Wir wollen jetzt lieber die sechs Gerichte an hohen Festtagen übergehen und dafür einem Zeitgenossen dieses Abtes das Wort geben. Der Sankt Gallener Hofkanzler Satory, der seinen Fürstabt im Jahr 1767 nach Kloster Neresheim begleitete, schreibt in seinen Reiseerinnerungen ...»zur Zeit passieret alles mit köstlichen Speisen und Weinen ... mit einem Wort: der ganzen Suite, besonders mir, mangelt nichts, als daß wir uns nicht mehrere Mägen gebracht«. Bei den Gästen eines Klosters handelte es sich nicht nur um durchreisende hohe Herrschaften, für die das Kloster Herberge war, sondern auch um Bildungsreisende, die Kunstschätze und Klosterbibliotheken, Sternwarten und berühmte Orgeln kennenlernen wollten. Diese reisten »der katholischen Zehrung nach«, also von Kloster zu Kloster, wie auch Mönche oder Studenten, die zum Studium an eine weit entfernte Universität, meist in kleineren Gruppen, reisten. Es mußten ebenso verköstigt werden während der langen Bauzeiten von Klöstern und deren Kirchen die Handwerker und Künstler. Vor allem diese Künstler waren bei Abschluß ihrer Verträge sehr darauf bedacht, auch den ihrem Range entsprechenden »Herrentisch« zugesichert zu erhalten. So finden sich auch während des Neubaus von Wallfahrtskirchen des Barock sehr beachtliche Inventarien der Speisgewölbe von Pfarrhöfen. Während des Innenausbaus der Wallfahrtskirche Maria Steinbach an der Iller, die einen ständigen Zulauf von Wallfahrern von der Schwäbischen Alb bis zum Bodensee, Vorarlberg und Graubünden, vom Ostrand des Schwarzwaldes bis weit über Augsburg hinaus hatte, wohnten im Pfarrhof außer dem Präfekten drei Hilfspriester und zeitweise noch Aushilfen. Das Personal setzte sich aus der Oberköchin, Köchin, Unter- und Stallmagd, dem Ober- und Unterknecht samt dem Stallbuben zusammen. Das Inventar vom Februar 1758 zeigt auf: Fleisch von zwei ermözgerten Kälbern, zwei Zentner Schweinernes, eineinhalb Zentner Rindernes, sechs Kraut- und Rübenstauden, 2000 Schnecken und ein Käslaib, nicht mitgezählt Mehl, Schmalz, Rauchfleisch, Hutzeln. Diese Wallfahrt versahen Chorherrn des Reichsstiftes Rot an der Rot.

. . . »die Holunder mögen« . . .

Beinahe wie im Märchen liest sich eine Liste der zu besorgenden Lebensmittel für einen Fasttag während des zweitägigen Aufenthalts der Kaisertochter Erzherzogin Marie Antonia, der späteren Königin Marie Antoinette von Frankreich, vom 29. bis 30. April 1770 in Günzburg. Im Gefolge ihrer Brautfahrt von Wien nach Versailles befanden sich 235 Personen, darunter ein Drittel allerhöchste Herrschaften mit 76 Mann Hofwirtschaftspersonal, also Mund-, Brand- und Meisterköche, Hof- und Hofzuckerbäcker, Spießtreiber, Tafeldecker, Kellermeister und die entsprechende Anzahl Küchenjungen. Zum Mahl waren geladen auch der Adel der Umgebung mit Damen sowie die Prälaten von Wiblingen, Elchingen, Roggenburg und der Propst von Wettenhausen. Es ist nicht bekannt, wie die Fastenspeisen zubereitet wurden. Sie können aus den Rezepten dieses Buches erahnt werden. Was jedoch verwundert, ist die Masse von Edelfischen, Krebsen und das Verlangen nach Biber oder Otter. Biberschwanz war eine große Delikatesse, wenn er delikat gefüllt wurde. Der Biber wurde zuweilen in den Ulmer Stadtgräben und in den Weidengehölzen entlang der Donau um 1836 noch gesehen. Die Schulteschronik berichtet am 11. Dezember 1751, daß ein schon lange vermerkter schädlicher Biber in einer Falle gefangen wurde. Er wog 40 Pfund und wurde an das Kloster Söflingen zu 12 Kreuzern das Pfund verkauft. Der Schwanz allein erbrachte 1 Gulden 30 Kreuzer, der Pelz 5 Gulden.

Gegen die Völlerei und die Vorliebe für Delikatessen wetterte um das Jahr 1674 bereits der berühmte Wiener Hofprediger Pater Abraham a Sancta Clara von den Augustiner-Barfüßern. Der Mensch würde dem Abgott Bauch unter anderem opfern: der Hirsch muß also seinen Ziemer hergeben, die wilde Sau ihren Kopf, die einheimischen Schweine ihr Gedärm, der Biber seinen Schweif, der Bär seine Pratzen, der Ochs seine Brust, der Gams seinen Schlegel, die Rutten ihre Leber, der Karpfen seine Zunge, das Kalb sein Hirn. Kein Tier auf der Welt sei vor der Freßgier des Menschen sicher, außer das Krokodil.

Aus diesem geistlichen Donnerwetter erfahren wir, was vor dreihundert Jahren besonders gern gegessen wurde, und, mit sehr kleinen Ausnahmen, noch heute bevorzugt wird.

Lista für einen Fasttag 1770, Station Günzburg, vom Kaiserlich-Königlichen Hoffourier Johann von Zinner, Wien:

100 Pfund Karpfen, 200 Pfund Hechten, 50 Forellen, 40 Pfund Wahler oder Lünk, 8 Pfund Lachs, 30 Pfund Schill, 8 Pfund Ahlen, je 20 Pfund Saibling, Bratfisch, Aschen, Schleie, 1 Stück Piber oder Otter, 2 Maß Groppen, 2 Maß Grundeln, 10 Pfund Rutten, 30 Schild Krotten, 100 große und 100 kleine Frösch, 100 große und 150 kleine Krepsen, 800 frische Ayer, 80 frische Lemony, 8 süße und 12 saure Pomeranzen, Gewürze (Weinbeeren, Citronat, Pistazien, Nelken, Muskatblüte- und nuß, Zimt, Schokolade), 4 Pfund Parmesankäse, Hausenblatten (für Sülze), Sauerrahm, Marillensauce und eingesottene Weichseln, 60 Stauden Kohl, 2 Schüsseln Mauracher, 4 Schüsseln Champignon, Zwiebeln, Schalotten, Knoblauch, 1 Eimer Sauerkraut, 30 Artischocken, 1 Körbl Sauerampfer, Kerbelkraut, Gelbe Rüben, Feldsalat, 150 Stauden Endivie.

All dies mußte frisch aus der nahen und weiten Umgebung herangeholt und aufbewahrt werden.

Ja, damals war alles besser, wird mancher wehmütig seufzen und glauben, die Welt wäre einst heiler gewesen. O nein! Gerade die alten Kochbücher mit der Schilderung von Zubereitungsmethoden weisen eine ganze Galerie von Abscheulichkeiten gegen die zu verspeisenden Tiere auf. Bei den beliebten Grundeln, die lebend in Milch oder Eierteig geworfen wurden, um sich vollzuschmatzen und sofort in kochende Fleischbrühe oder in siedendes Schmalz geworfen zu werden, fängt die Grausamkeit an. Krebse wurden vorher nicht getötet, sondern auf dem Hackstotzen zerstampft, wenn man sie zu Pasteten oder Suppen benötigte. Man warf sie, um die sattrote Farbe zu erhalten, lebendig ins Wasser. Der Aal hat bekanntlich ein zähes Leben. Das hat man ihm genommen, indem er in ein leeres trockenes Holzschaff getan und tüchtig mit Salz bestreut wurde. Bei anderen Rezepten mußte er sich im Wein schlängeln, bis er sich totgesoffen hatte. Man war der Meinung, daß die Tiere, auf solche Art zugerichtet, am besten schmeckten. Wenn ein Teich abgefischt wurde, fielen eine Menge Karpfen an, die nicht so rasch an den Mann zu bringen waren. So wurde der Fisch, der noch nach Luft schnappte, in feuchtes Moos gepackt, in ein Netz gesteckt, so daß nur der Kopf herausschaute, und aufgehängt. Er wurde mit eingeweichtem Weißbrot einige Tage hindurch gefüttert. Der Tierschützer wendet sich mit Grausen ab, und keine Hausfrau würde es übers Herz bringen, ein solches Rezept haargenau nachzuvollziehen.

Filet vom Waller (Wels) in Brunnenkresserahm

Zutaten:

600 Gramm Wallerfilet
Zitronensaft, Salz, Pfeffer aus der Mühle
¼ Liter Vermouth trocken
¼ Liter Riesling trocken
¼ Liter Sekt
Butter zum Ausfetten einer Jenaer Glasform (feuerfest)
50 Gramm Zwiebel in Würfel geschnitten
je 50 Gramm Karotten, Lauch, Selleriestreifen
200 Gramm Rahm
100 Gramm kalte Butter
1 Bund Schnittlauch geschnitten
ca. 40 Gramm Brunnenkresse

Das Wallerfilet in vier gleich große Portionen teilen.
Den Vermouth, Riesling und Sekt mit einem
Kaffeelöffel Aromat (Würze) mit den Zwiebelwürfeln,
den Gemüsestreifen einmal gut aufkochen und diesen
Sud in eine ausgebutterte feuerfeste Form eingießen.
Die Wallerfilet draufsetzen, mit einem Butterpapier
abdecken und im vorgeheizten Backofen bei 200 Grad
15 Minuten pochieren (nicht kochen!). Der Kochsud
wird nun in eine Kasserolle umgegossen und die Hälfte
davon eingekocht, mit dem Rahm aufgefüllt und die
kalte Butter bis zur Bindung unterschlagen, mit
Schnittlauch, gehackter Brunnenkresse, einer Prise
Cayennepfeffer und etwas Zitronensaft abgeschmeckt.
Alles über den Waller geben und mit den
Gemüsestreifen garniert.
Wels war das Lieblingsgericht des Grafen Ferdinand
von Zeppelin, wie auch Froschschenkel. Die Fischbrühe
mit Weißwein, Salz, Pfeffer, Zwiebel zubereitet, der
Fisch mit Nußbutter und einer holländischen Sauce aus
dem Sud serviert und mit Streifen von Trüffel und
einem guten Tomatenfondue serviert.

Fischpaprikasch (Fischsuppe aus den Donauländern)

Fisch: Zander, Waller, Karpfen, Hecht, zum mindesten
drei Arten Süßwasserfische.
Die Suppe wird möglichst am offenen Feuer im
Eisenkessel zubereitet. Die Kleinfische (Karauschen,
Weiß- oder Maifische) die in der Regel nicht gegessen
werden, dienen zur Geschmacksverbesserung. Sie
kommen zu unterst in den Kessel oder Topf, darauf
folgt eine Schicht Zwiebelscheiben und alsdann die
zwei Fingerbreit geschnittenen Stücke der Feinfische.
Dies wird mit Paprika bestreut und leicht gesalzen.
Darauf folgt wieder eine Schicht Zwiebelscheiben und
Fisch. Danach den Fisch mit Wasser bedecken. Den
Abschluß sollte der Karpfen bilden.

Als Gewürz:

1 Sträußchen Petersilie
Knoblauch
Thymian
Lorbeerblatt
weißer Pfeffer
Rosenpaprika

Das Ganze eine halbe Stunde brodeln lassen, nicht
umrühren! Separat zur Fischsuppe werden gekochte
Teigwürfel oder gezupfte Nudeln serviert. Auch saure
Sahne und Grieben können dazu gereicht werden.

Hechtklößchen zu bachen
umgearbeitetes Rezept von Susanna Stephanin,
Ulm 1763

Zutaten für Klöße:
300 Gramm Zanderfilet
Saft einer halben Zitrone
½ Kaffeelöffel Salz
Pfeffer
Prise Cayennepfeffer oder Tabasco
etwas Zitronen- und Orangenabrieb

1 Kaffeelöffel trockener Wermut oder Noilly Prat
2 Eiweiß
0,2 Liter Rahm (beides sehr kalt)
50 Gramm Margarine oder Butter

Für den Kochsud:

0,5 Liter Wasser
¼ Liter Weißwein, Saft einer halben Zitrone
1 Kaffeelöffel Salz, etwas Dill, Karotte, Sellerie und
Fenchel

Soße:

0,1 Liter Fischbrühe
1 Päckchen Safran (auf 0,1 Liter Brühe) oder
Safranfäden, eventuell etwas Angostura
3 Eßlöffel trockener Wermut (Martini oder Noilly Prat)
1 Kaffeelöffel Streuwürze oder eine Spur
Cayennepfeffer, eventuell noch etwas Salz

Fische in Stücke schneiden, mit den restlichen
Gewürzen mischen, auf den Fisch geben und kurz
zugedeckt im Tiefkühlfach durchkühlen lassen. Vor
dem Pürieren im Mixer salzen. Man sollte nur kleine
Portionen mixen, d. h. nach und nach pürieren. Dann
die kalten Eiweiß und den Rahm gut daruntermischen,
zum Schluß weiche Margarine oder Butter unterarbeiten. Dies kann im Mixer oder auch in einer
Schüssel von Hand geschehen.

Für den Sud:

Alle Zutaten drei Minuten leise kochen lassen. Mit zwei
Eßlöffeln aus der Fischfarce Klößchen formen und in
den Sud einlegen, dann 8–10 Minuten ziehen lassen.

Für die Soße:

0,1 Liter Sudflüssigkeit absieben, in einen Topf geben
und gut einkochen lassen. Dann mit Safran und
Doppelrahm vermischen, etwas Wermut beigeben und
mit etwas Butter aufschlagen.

**Zander, auch Schill, ungarisch Fogosch
(sprich Fogasch)**
Die beste Zeit dieses Edelfisches ist zwischen
September und März

Zutaten:
800 Gramm Zanderfilet
Salz
Pfeffer
Paprikapulver
Zitronensaft
1 kleine Zwiebel
etwas Knoblauch
ein halber roter und grüner Paprika
Butter oder Margarine zum Braten
⅛ Liter Sahne
Streuwürze
etwas Mehl

Zubereitung:
Den Zander in vier gleichgroße Portionen teilen,
waschen und mit einem Tuch oder Küchenpapier
abtupfen. Dann salzen, pfeffern, paprizieren, mit
Knoblauch einreiben und mit Zitronensaft beträufeln.
Die Fischportionen in Mehl wenden.
In einer großen Pfanne Butter oder Margarine erhitzen,
die Filets einlegen und rasch beidseitig zu goldbrauner
Farbe braten.
Die Stücke auf einer Platte anrichten und warmstellen.
In das verbliebene Fett noch ein wenig dazugeben, die
feinnudelig geschnittenen Zwiebeln und Paprika
anrösten und leicht dünsten lassen. Mit einem halben
Teelöffel paprizieren, mit Sahne aufgießen und dicklich
kochen lassen. Dann mit Zitronensaft und, wenn nötig,
mit etwas Knoblauch und Streuwürze abschmecken.
Sauce über den Fisch gießen.
Beilage Salzkartoffeln oder Reis.

Zander gibt es im Plattensee, und es gab Zander auch in
Ulm während der Revolutionskriege 1796–1800. Der
Fisch folgte damals den Truppentransporten aus den
Donauländern auf dem Wasser bis in die Gegend von
Ulm.

Stockfische

Stockfisch

»Frischgewässerte Ulmer Stockfische sind fortwährend zu haben bei J. Stöckler«, so wurde am 13. Februar 1908 im Illustrierten Sonntagsblatt »die Seerose« von Friedrichshafen inseriert. Sie haben an Beliebtheit nie eingebüßt und sind das traditionelle Essen am Aschermittwoch wie die Kraut- und Grünen Krapfen in der Fastenzeit. Früher standen von Januar bis April die Fässer zum Wässern dieses Kabeljaus, der in den Meerwinden Norwegens im Freien zu brettartiger Konsistenz getrocknet wurde, auch vor den Seifensiederläden: beim Woydt in der Schwilmengasse, beim Eck in der Sterngasse, beim Molfenter am Judenhof. Das hatte seinen Grund darin, daß die Seifensieder die Lauge für die Fischer liefern mußten. Die Löfflerin empfiehlt, den getrockneten Fisch in Stücke zu hacken, zu wässern um ihn dann in einer Mischung aus Pfeffer, Ingwer und Habermehl und Eiern zu wälzen und im siedenden Schmalz herauszubacken. Dazu Sauer- oder Bayrischkraut. Auch die währschaften Töchter Tells, deren Rezepte in Gritlis Küche von 1903 erschienen, schätzten den Stockfisch blaugekocht und mit Petersilie, Zitronensaft und klarer Butter aufgetragen. Frau Rat Schlosser aus Goethes Verwandtschaft schlug Stockfisch in Pastetenteig, übergoß ihn mit einem Rahm-Eierguß und buk ihn im Ofen. Selbst der Reformer der üppigen Küche des ausgehenden letzten Jahrhunderts, Sebastian Kneipp, hatte nichts gegen Stockfisch einzuwenden. Die Verfasserin des ersten Kneipp-Kochbuches, Agathe Haggenmiller, die auch das erste Restaurant mit Kneipp-Spezialitäten in Wörishofen betrieb, führt bei den Fastenspeisen auf Empfehlung Seiner Hochwürden Herrn Pfarrer Kneipp, neben Brennessel- und echten Kneippschen Brennsuppen, auch Krautspatzen, eingemachte Froschschenkel, gedämpfte Schnecken und abgeschmälzten Stockfisch auf, der mit Sauerkraut serviert wurde. Man lernt daraus, daß Stockfisch sowohl zur Diät, zur bürgerlichen Kost als auch zu den Luxusspeisen in früheren Jahrhunderten zählte. Arm dran waren nur jene Ehemänner, die als Katerfrühstück »blinden Stockfisch« vorgesetzt bekamen. Es war eine mit Mehl, Eiern und Salz veredelte stark gepfefferte Milchsuppe, und damit ein Strafgericht.

Stockfisch, das Aschermittwochsessen in Ulm

Es soll den Fasnachtsmagen wieder einrenken. Verfeinert und nachgekocht aus dem Kochbuch der Kindervatterin

Siedet den Stockfisch zuerst in Wasser, legt ihn dann auf einen Teller, damit er recht ablaufe, schneidet in ein Kärlein (Brattopf) Butterplatten, säet Pfeffer, Ingwer, Muskatnuß, Salz und Schnittlauch drauf, dann eine Lage Fisch. Abwechselnd Fisch und Gewürze samt Butter obenauf. Dann stellt's auf eine Glut und dämpft den Fisch. Zum Schluß säet ein wenig Geigenmehl (Mutschelmehl) darauf, schüttet Milchrahm daran und lasset es noch ein paar Minuten aufkochen bis es fertig ist. Umrühren muß man nicht, nur schütteln.

Stockfisch zu sieden

Eine besteckte Zwiebel mit Lorbeerblatt und Nelken, auch Milch und einen Zweig Thymian, Knoblauch und Petersilie.

Der Fisch wird aus dem Sud genommen, kräftig mit gebratenen Zwiebeln abgeschmälzt und mit Röstkartoffeln und Sauerkraut serviert.

. . . Hering ist für alles gut!

Stockfisch mit Hering

aus dem Schloß- und Herrschaftsarchiv der Freiherrn von Ulm-Erbach, 18. Jahrhundert

Es wird eine Schüssel mit Butter ausgeschmiert und mit gekochtem und gezupftem Stockfisch belegt, dann mit feingeschnittenem Hering, Zwiebel und Petersilie ebenfalls fein geschnitten, geröstete Semmelbröseln alles untereinander gemischt und damit bestreut, dann wieder Stockfisch und so fort bis aus ist. Darauf gibt man einige Stückele Butter und Rahm und läßt es auf Kohlen einige Zeit anziehen. Man kann statt den gerösteten gebackenen Semmelschnitten, welche man mit Sardellen belegen kann, und mit dem Stockfisch schichtweis einlegen.

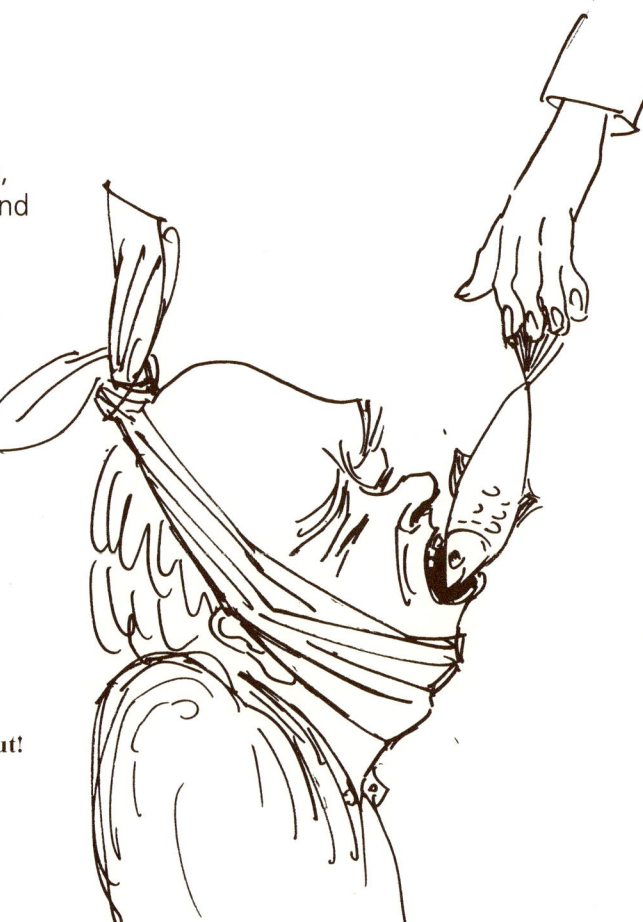

Die Heringe

Aus den vielen Redensarten, die noch heute im Schwange sind – »hineingepfercht wie die Heringe, dürrer Hering für einen ausnehmend mageren Burschen, oder gar Heringsbändiger« für den Inhaber eines Gemischtwarenladens um die Ecke, den vielen Häringsäckern und -wiesen, geht die Volkstümlichkeit dieses Fisches aus dem hohen Norden hervor. Man schrieb das Wort früher mit »ä«.

Weniger bekannt ist, daß der Salzhering auch beim Konditor gekauft werden konnte. Das Intelligenzblatt von 1834 beweist es: »Frische holländische Vollhäringe zu 3 und 4 Kr. das Stück empfiehlt zu vieler Abnahme Conditor Tröglen in Ulm«. Eine weitere Anzeige derselben Zeit: »Um mit den Häringen vollends aufzuräumen, gebe ich das Stück zu 3 Kr. und dem Dutzend nach etwas billiger. Zugleich sind auch geräucherte Häringe unter dem Namen Bücklinge bekannt, das Stück zu 3 und 4 Kr. zu haben. C. A. Kornbeck«. Bei Kornbeck handelt es sich um ein Delikatessengeschäft, das vor allem für Tee, Kaffee, Schokolade und Confitüren bekannt war. Früher waren die Kaufläden sehr klein, die Waren standen dichtgedrängt und machten sich gegenseitig den Rang streitig, wer da am besten duftete. Ein weiterer in Ulm und Umgebung sehr bekannter Konditor, Vetter-Gindele, verkaufte auch Honig, offenen Senf sowie Anis und Weingeist. Das Faß mit Salzheringen, auch das Gurkenfaß, stand in allen Kolonialwarenläden. Der Hering war zusammen mit Kartoffeln in der Schale ein beliebtes billiges Abendessen auf dem Land. »Wenn d' Sau aus war, gab es Hering, man hat Fäßle mit Salzhering gekauft für den Freitag, es gab abwechslungsweise auch Käs«, erzählt ein Bauer aus Unterweiler. Jedes Kind kannte früher den Hering, und das zieht sich durch fünf Jahrhunderte. Bereits in der Mitte des 14. Jahrhunderts ist vom Heringsfang an der Küste Rügens, später an der schwedischen und norwegischen Küste die Rede. Zur Zeit der großen Heringsschwärme war auch die Küste von Norwegen und Schonen mit Fischerhütten und -läden übersät. Die Heringe wurden dort eingesalzen und für den Transport gerichtet. Im Münsinger Stadtbuch von 1470 ist bereits ein amtlicher Herings-Schauer erwähnt, der die auf dem Markt feilgebotenen Salzfische zu untersuchen hatte, ob sie noch gut genug für den Verzehr seien und die Gräten nicht schon die Haut durchstächen. Der Kleinhandel mit Heringen wird durch Ratsverordnungen geregelt, »damit die Menschen vor viel und mancherlei Krankheiten und Beschwerden behütet bleiben«.

Es wurde bestimmt, daß niemand zwischen dem Heiligen Ostertage und St. Andreas (30. November) einen Hering weder in Tonnen noch sonst nach Ulm führen oder überbringen solle; daß in der genannten Zeit kein Hering nach Ulm gebracht wird, oder in der Fastenzeit übrig geblieben, weder heimlich noch öffentlich verkauft oder von den Schauern geschaut werden soll. Und weiter – es durfte der Hering nur mit gutem reinem Brunnenwasser gewässert werden. Im Jahr 1508, als die neue städtische Heringsschau eingeführt wurde, mußten die Schauer schwören, jede Woche drei Tage lang – Montag, Mittwoch, Freitag – während der Fastenzeit alle Tage die Heringe, Salzfische und Stockfische »mit gutem Fleiß zu beschauen, damit der gemeine Mann damit nach ihrem besten Verständnis versehen und versorgt werde, wie es gerecht sei ...« Was beanstandet wurde, war zu beschlagnahmen. Der Herings-Schauer drückte das Ulmer Schildchen auf jeden Hering.

Der Hering spielte auch in der Volksmedizin eine bedeutende Rolle. Da heißt es:
»Der wolbekannte Fisch so man den Häring nennt
Drey Stück er gibt, die davor heylsam seind erkennt:
Der gantze Häring nutzt, die Härings-Seel (der Darm) ist gut,
Die Härings-Lacke auch zu vielem nutzen thut ...«

Der Kommentar dazu: »Ein gantzer gesaltzner Häring bindet man auff die Fußsohlen, ziehet die Dünste von dem Haupt hinunderwärts, stillet das Fieber. Häring zu Aschen gebrannt, solche genossen, treibet den Stein ... Härings-Seelen. Der gemeine Mann nimmet neun Härings-Seelen ein, treiben den Urin und Stein.

Härings-Lack: Man braucht die Härings-Lacke zu Clystieren, in der Wassersucht und Hüfftenweh, zertheilt die Kröpff, ist gut zur Angina, mit Honig übergelegt schützet vor dem kalten Brand.«

Der Ulmer Arzt Dr. Johann Joachim Becher verordnete in seinem 1663 in Ulm erschienenen Buch Parnassus medicinale den Hering als Mittel gegen den Kropf und hatte damit Erfolg. Später bewies die Wissenschaft, daß der Hering dreißigmal soviel Jodgehalt hat wie Rindfleisch. Der Kropf am Hals war früher eine durchaus bekannte Misere, und es hieß damals von einem Kropfeten, der sei gut reichsstädtisch, denn er trage den Reichsapfel am Hals!

Froschschenkel

Eine Fastenbrühe aus dem ersten Drittel unseres Jahrhunderts wird zum Schlemmermahl mit drei Pfund Hecht, vier Dutzend Froschschenkeln, die in Butter geröstet werden, sowie zehn hartgekochten zerdrückten Eigelb. Dazu gibt man Fischklößchen.

Auch Kraftbrühen enthielten vielfach Froschschenkelbeigaben, und an Fasnacht wurde in Ehingen eine schwarze Brotsuppe aufgetragen und Froschschenkel hineingegeben.

In unserer Jugend brachten ärmere Leute meinem Großvater ganze Schüsseln voll Froschschenkel und wir Kinder durften wählen ob wir sie »im Hösle« (paniert oder in Pfannkuchenteig getaucht und im Schmalz herausgebacken) oder »im Sößle«, eine weiße Soße wie beim eingemachten Kalbfleisch, haben wollten. Keine Menschenseele hat sich daran gestoßen, daß durch dieses Gründonnerstags- und Karfreitagsessen die Natur Schaden nehmen oder daß dabei Tierquälerei im Spiele sein könnte.

Im Haberfeld gab es viele Frösche. Da ist man mit der Karbidlampe abends hinausgegangen und hat mit dem Rechen die Bachränder abgegrast. Der Frosch fühlt sich in Wiesen- und Moorgräben wohl. Er wurde in eine Gießkanne mit kleinerer Öffnung als der Kübel oder in einen Sack getan und so heimtransportiert. Wer bei der Feldarbeit eßbare Haberfrösche in größeren Mengen antraf, zog halt seine Socken aus und tat sie dort hinein, nachdem er ihnen mit einem Schlag mit dem Gabelstiel den Garaus gemacht hatte. Diese Leckerbissen brachten Abwechslung in den eintönigen Speisenplan auf dem Land, und sie hatten mit den Fastengeboten rein gar nichts zu tun. Inzwischen hat sich das gründlich geändert. Heute wird bereits die Speisenkarte danach beurteilt, ob sie Froschschenkel enthält oder nicht; denn elf von zwanzig Froscharten sind vom Aussterben bedroht. Auch der eßbare Frosch – Rana esculata – steht auf der Roten Liste. Ein Dutzend Schenkel werden pro Mahlzeit gerechnet.

Kraftsuppe
aus dem Familienarchiv der Freiherrn von Ulm-Erbach, 1778 Schloß Erbach

Man nimmt ¼ Hennen, ½ Pfund Kalbfleisch, 12 Loth Kälbermilz, 1 Kalbsfuß, 4 Schnecken mit dem Häußlein stoßen, 8 Frösche, 2 gelbe Rüben, 1 Handvoll Graupen, ½ Sellerie.

All dieses wird in einem glasierten Topf mit 2 Maß Wasser mit Deckel gut zugedeckt langsam einige Stunden gekocht, davon öfters am Tag davon getrunken und dabei nicht gesalzen.

Deckelschnecken als Exportware

Mit der Schneckenmast und dem Export von Deckel-schnecken in die Donauländer hat sich Ulm im vorigen Jahr-hundert manchen Spott eingehandelt im Sinne – so weit ist diese Stadt mit ihrem unveränderten Gepräge aus ihrer Glanzzeit im Mittelalter zurückgefallen und döst nun behäbig vor sich hin. Das liest sich in Reiseberichten aus dem ersten Drittel des 19. Jahrhunderts so:

Der Wiener Universitätsprofessor Dr. Carl Borromäus Rumy stellt sachlich fest, ihre Industrie zeige sich neben Leinwand und Zuckerbrot, Spargel und Sämereien, doch auch an einigen scheinbaren Kleinigkeiten, die indessen viel Geld eintrügen: am Handel mit Schnecken, von denen über vier Millionen, die Tonne zu 10 000 Stück, in die Donaulän-der geführt wurden. Er erwähnt noch die Tabakspfeifenköpfe, läßt aber am Stadtbild mit den engen Gassen und jahrhun-dertealten Häusern keine guten Faden.

Der Hohenlohische Hofmeister und Jurist Carl Julius Weber, ein Mann von Lebensart und Bildung, dem es an Selbstdarstellung gewiß nicht mangelt, listet bei seinem Besuch im Jahr 1834 Ulms Exportartikel geschäftig auf: «Und wer kennt nicht Ulmer Gerstengraupe, Spargel, Pfeifenköpfe und Masern, Bier, Zunder, Zuckerbrod und die gemästeten Schnecken, womit sich freilich nun die Klöster nicht mehr mästen können . . .»

Einige Jahrzehnte später äußert sich ein reisender Fran-zose voller Ironie und Esprit beim Vergleich mit der Stadt auf dem Höhepunkt ihrer Entwicklung und der gegenwärtigen: »Da rollte ihr Geld durch die ganze Welt . . . und sie begnügt sich damit, Maserpfeifen herzustellen, um den Bayern das zu geben, was man ihnen besser gleich bei der Geburt in den Mund gesteckt hätte, und Spargeln und Schnecken zu züch-ten, von denen sie jedes Jahr vier bis fünf Millionen verkauft, um ihren Mitbürgern zu helfen, der Fastenzeit den Tribut zu liefern. Sie war Reichsstadt, mächtige Republik, und welcher Abstieg!"

Am Josefstag, an Benedikt, an Mariä Verkündigung, also im März, standen in Schlössern, Klöstern, in Bürger- und Wirtshäusern Süddeutschlands Schneckengerichte auf dem

Tisch. Diese Häuslesschnecken Helix pomatia, schwärmerisch »Schwäbische Austern«, oder, wenn sie aus dem Gebirge mit besonders würzigen Kräutern stammten, »Alpengeflügel« genannt, wurden meist von ärmeren Leuten eingesammelt und in die großen Schneckengärten verkauft. Dort verblieben sie wohlgefüttert, bis sie sich zum Winterschlaf gerüstet und eingedeckelt hatten. Sie waren Verkaufsware nur im gedeckelten Zustand, kamen in Fässer auf Flöße und Schiffe, um zu ihren Bestimmungsorten donauabwärts zu gelangen. Doch wehe, wenn Ende Oktober die Sonne heiß über dem Donaustrom brannte, dann sprengten sie ihre Häuser und versuchten, nach draußen zu flüchten. Die Schneckenzucht war auch in Vorarlberg, dem Bregenzerwald, der Schweiz, dem Allgäu, vor allem an den Hängen der Schwäbischen Alb und in den feuchten Gründen der Iller- und Donau-Auen zu Hause.

Wiener Zille mit Fässern beladen,
Ölbild eines unbekannten Malers.

Schnecken kamen aus Ober- und Unterfahlheim, Leibi, Nersingen, Straß, Schneckenhofen, aus Bollingen, Bremelau, das im Volksmund auch Schneckenhofen hieß, sowie aus dem Aach- und Lautertal. Das gewerbliche Sammeln wurde durch obrigkeitliche Erlasse geregelt und war meist von Mai bis Jakobi verboten, um die junge Aufzucht nicht zu stören. Zwanzigtausend Schnecken benötigten so viel Futter wie eine Kuh. Vom Memminger Markt ist bekannt, daß dort Schnecken angeboten wurden. In Ulm ist nur verbürgt, daß alle Samstage die Fische aus Blau, Donau, der Iller und aus verschiedenen Teichen der Umgebung am Fischkastenbrunnen zum Verkauf kamen und im Syrlinbrunnen vor dem Rathaus herumschwammen. Die Woche über konnte man außer bei den Fischern bei einigen Schiffmeistern Süßwasserfische, Senf und Schnecken erwerben. Dazu dienten auch die Inserate im Intelligenzblatt: 26. Oktober 1832 »Bey Schiffmeister Wilhelm Schwarzmann bei der Krone sind gut gedeckelte Schnecken zu haben«; 26. März 1833 »Bey Wilhelm Schwarzmann sind noch recht gut gedeckelte Schnecken zu billigem Preis wie auch gutes Gartenheu zu haben«. Das war dann der Schnecken-Ausverkauf!

Um exakte Zahlen dieser Transporte zu Wasser zu erhalten, mußte auf Quellen zurückgegangen werden, die für Schiffahrt und Flößerei auch in andern Handelszweigen interessant sind: Die 13 Zoll-Stationen zwischen Ulm und Donaustauf.

Hier teilen sich die Ulmer Schiffleute mit den Allgäuflößern die Schneckentransporte. Diese beginnen um den 20. Oktober und enden Mitte November. Bei den meisten ist als Zielort Wien angegeben. Der Zeitpunkt ist von zehn zu zehn Jahren gewählt, also

1752: 5 Schiffe mit Schnecken, teilweise Victualien dazugeladen, von Ulm nach Wien sowie 3 Schiffe mit Schnecken, Wein, Käse, Kirschwasser aus Clarus nach Wien.

1762: 5 Schiffe mit Schnecken von Ulm nach Wien sowie 6 Schneckenflöße aus Claris, Mindelheim, Pleß, Sommerhausen nach Wien.

Bei den folgenden Zehnjahresabständen der Zollstation Lauingen erscheinen Ulmer Schiffleute nur noch selten, und hier behielten die Illerflößer die Oberhand.

1772: 6 Schneckenflöße aus Aitrach, Lautrach, Unterbingen nach Wien.

Im Jahr 1782 sind Flößer aus Fahlheim, Günzburg und Mensdorf, 1792 aus Balzheim, Lautrach, Burlafingen und Günzburg mit Scheckentransport unterwegs, und innerhalb der letzten zwei Jahrzehnte gibt es nur noch wenige Ulmer Schiffleute mit Zillen oder Flößen bis Wien. Es sind meist dieselben Namen Molfenter, Schultheiß, Schwarzmann, zu denen sich 1792 mit Schneckenplätten Angehörige der Schifferfamilie Scheuffele hinzugesellen.

Diese Transporte kamen gerade zur adventlichen Fastenzeit zurecht oder zum Einlagern der Schnecken, wie dies üblich war.

Seit 1980 genießen die Weinbergschnecken besonderen Schutz durch das Landwirtschaftsministerium. Eine Verordnung sieht vor, daß lediglich vom 1. April bis zum 15. Juni die Tiere eingesammelt werden dürfen, und das nur in festgelegten Gebieten, und alle vier Jahre. Im Regierungsbezirk Stuttgart durfte seit diesem Zeitpunkt nur in Heilbronn und Ludwigsburg Jagd auf diese Leckerbissen gemacht werden, danach war Schonzeit bis 1985. Gewerbliche Sammler sind

Schneckensuppe, wie man sie in Ehingen und Munderkingen ißt

Für 4 Personen:

16 Schnecken aus der Dose oder frisch
100 Gramm Butter oder Margarine
3 Sommerzwiebeln mit Röhrle
¼ Liter trockenen Weißwein
1 Liter Fleischbrühe
¼ Liter Sahne
1 Sträußle Petersilie
1 Sträußle Estragon
1 Sträußle Kerbel
2 Blatt Sauerampfer
Schneckenbrühe aus der Dose

Zubereitung:
25 Gramm Butter oder Margarine erhitzen, die feingewürfelten Zwiebeln und die Schnecken dazugeben, mit Weißwein und der Schneckenbrühe auffüllen und 10 Minuten köcheln lassen. Schnecken herausheben, die Fleischbrühe aufgießen und alles einkochen. Sahne dazugeben und nochmals fünf Minuten köcheln lassen. Die von den Stielen befreiten Kräuter waschen und fein hacken. Das Grün der Zwiebelröhrle in Ringe schneiden.
Restliche Butter oder Margarine schaumig rühren, die fein gehackten Kräuter untermischen und diese Kräuterbutter flöckchenweise in die Suppe einrühren, bis eine leichte Bindung entsteht.
In vier Tassen jeweils vier Schnecken legen und die heiße Suppe darübergeben.

Schneckenberg
aus dem Familienarchiv der Freiherrn von
Ulm-Erbach, 1778 Schloß Erbach

Man wascht die Schnecken sauber, läßt sie eine Stunde
kochen. Dann zieht man sie mit einer Gabel heraus,
nimmt das schwarze Häutchen, welches oben ist, weg,
schneidet den Ring, welcher an dem Häutchen um die
Schnecke herumgeht, so wie auch vorne das Spitzchen
ab. Nun reibt man sie mit Salz ab daß der Schleim
wegkommt, brüht sie mit kochendem Wasser einige-
mal ab und läßt sie in Fleischsuppe recht gut kochen,
reibt sie in- und auswendig mit Salz ab, wirft sie ins
kalte Wasser. Dann lasse man sie im Durchschlag
ablaufen, treibe ein Stückle Butter mit zwei Eiern und
zwei Dottern ab, dazu etwas Majoran und Muskatblüte, so viel geriebene Semmeln als nöthig ist, etwas
Rahm. Man gibt in das Häuschen etwas davon, legt die
Schnecken hinein, bedeckt sie wieder mit der Masse
und macht jetzt folgende Sauce:

Man läßt ein paar gehackte Sardellen, etwas Petersilie,
Semmelbröseln, etwas Mehl in Butter anziehen, gieße
Fleischsuppe hinzu und lasse gut verkochen, dazu
etwas Muskatblüte und läßt dann die Schnecken ¼
Stunde darinnen kochen.

Wenn die Schnecken auf die vorhin beschriebene Art
zubereitet sind, macht man den nemlichen Teig wie bei
den vorigen, nur muß man noch einmal so viel machen,
füllt die Häuschen auf eben die Art, bestreicht darauf
Teig, so daß die Mitte des Bleches leer bleibt. Auf diese
Mitte legt man nun die Schneckenhäuschen, so daß
allemal die Öffnung wo sie gefüllt sind, auf den um den
Rand der Schüssel gestrichenen Teig zu liegen kömmt.
Zwischen die Schneckenhäuser bringt man Teig, setzt
abermahl einen Kranz von den Häuschen auf, fährt so
fort bis der Berg hoch genug ist, den übrigen Teig gibt
zwischen die Häuschen, damit der Berg eine Festigkeit
hat. Ist er noch nicht fest genug, so gibt man in die
hohle Rundung geschnittene Semmele, man läßt es so
lange in dem Ofen, bis der Teig ausgebacken ist,

bestreicht die Schneckenhäuser oft mit Butter daß sie
nicht grau werden. Wenn es gebacken ist, so nimmt
man die Semmele heraus und füllt es mit Buttersauce.

Krebsstrudl
aus dem Familienarchiv der Freiherrn von
Ulm-Erbach, 1778 Schloß Erbach

Von ½ Pfund Mehl, 4 Eiern, 3 Löffel zergangener
Butter, 3 Löffel Germ, Zucker, Salz und Milch, macht
man einen mittelmäßig festen Teig an, läßt ihn
aufgehen. Dann walkert den Teig dünn aus, schneidet
viereckige Stücke, streicht den Rand mit Eigelb, macht
von drei Eiern Eingerührtes, hackt es mit in Milch
geweichten Semmel, treibt l 8 Loth Krebsbutter ab, 4
Eier in kleine Würfel geschnittenes Krebsfleisch,
Zitronenschale, Muskatblüte, Salz, ein wenig Zucker,
streicht die Masse auf den Teig, rollt sie zusammen wie
eine Wurst und drückt die Enden fest zusammen, daß
die Fülle nicht herausfällt. Man schmiert eine Form gut
mit Butter aus, legt die Strudeln der Länge nach, die
andere der Quere nach, läßt sie auf einem warmen
Brette aufgehen. Man quirlt in 1½ Seitl Milch acht
Dötter, 3 Loth Kartoffelmehl, Zucker mit einer Zitrone
abgeriebene Schale, Salz, das Weiße zu Schnee
geschlagen, gießt es über die aufgegangene Strudeln,
läßt es bei einer mittelmäßigen Hitze durch eine Stunde
backen.

Die Küchle

Lustig ist die Fasenacht
wenn mei' Mutter Küchle bacht;
wenn sie aber keine bacht,
noh pfeif' i auf die Fasenacht!

So singen heut' die Kinder. Schon an Silvester bilden die marmeladengefüllten goldkrustigen Rundkissen, bekannt und beliebt als »Berliner Pfannkuchen«, die Vorhut der in Schwaben beliebten Schmalzbäckerei. Fett essen galt früher als gut essen, denn man mußte sich auf die schmale Kost der Fastenzeit entsprechend rüsten. Die Schmalzpfannen wurden am Sonntag Invokavit, dem ersten Sonntag der Fastenzeit, besser bekannt als der Funkensonntag, hervorgeholt und waschkörbevoll Küchle für die Familie, Freunde und Verwandten gebacken. Die Weißenhorner »Schneller«, mit farbigem Band geziert, sind nur ein Beispiel der vielen Funkenküchle. Am »schmotzigen Donnerstag« (Schmotz = Schmalz), der davon seinen Namen erhielt, und einige Tage danach erschienen nochmals Küchle am Fasnachtsdienstag. Als das Getreide noch mit Sense und Sichel gemäht wurde, und die »Ähret« Schnittern und Schnitterinnen, auch Bauersleuten und Taglöhnern ein großes Arbeitspensum abverlangte, mußte für sie gut aufgekocht werden. Dabei spielten die Ähretküchle oder »bachene Krapfa«, die mit Hutzeln, Zwetschgen oder frischen Kirschen gefüllt waren, eine große Rolle. Sie bildeten die richtige Unterlage für den großen Durst, der mit Bier, Most und Schnaps gelöscht wurde.

Was besingt nun der Narrensamen von Rottweil bis Ehingen, vom Iller- bis zum Blautal? Da gibt es Hobelspäne, Schneeballen, Hosenbändel, Tabakrollen, Polsterzipfel, Stor-

105

chennester, Hasenohren, Hockerle, Kissele, Zuckerstrauben, Fensterküchle, Spiegelkrapfen und Apfelküchle, die sich heute zum Dessert als Apfelbeignets heraufgedient haben. Die evakuierten »Bombenbasen« des zweiten Weltkrieges, die aus den zerbombten Industriestädten ins Schwabenland verlagert wurden, brachten von dort die Spritzkuchen- und Mutzenmännchen-Rezepte mit. Seit zweihundert Jahren werden in Ulm Salbeiküchle und Holdersträuble gegessen. Bei den letzteren wird eine blühende Holunderdolde samt einem lebensmüden Käfer in Teig getunkt und herausgebacken. Inzwischen vergessen sind beblätterte Küchlein, Milchrahmkräpfle und Regenwürmer aus Eiern, Zucker, Anis, Mehl und Rosenwasser. Sie fanden sich auch in einer hochherrschaftlichen Schloßküche der Umgebung. »Knieküchle« hören sich auch nicht sehr appetitlich an. Hier wird ein Stück Hefeteig übers Knie dünn ausgezogen – deswegen auch »ausgezogene Küchle« geheißen. Innen sind sie blaß und dünn, außen wölbt sich die braune Kruste. Das »Bayerische Kochbuch« der Maria Hofmann empfiehlt, sich vorher eine frische weiße Schürze oder ein reines Tuch übers Knie zu legen. Hat die Köchin bereits die kniefreie Mode, wenn nichts Schlimmeres vorausgeahnt?

Doch nun folgt die sparsame Kehrseite der Küchle. Sie wurden früher auf Schwarzbrotscheiben abgetropft – heut nimmt man Fließpapier und wirft es weg! Dieses Brot ergab dann Suppe. Eine Resteverwertung mehr hinterlistiger Art sind die Lebkuchenküchle, in denen ein vertrocknetes Potpourri weihnachtlicher Restbestände fröhliche Auferstehung feiert. Das war schon vor hundert Jahren so, als das Kochbuch empfahl, altbachenen Gogelhopfen in Teig zu tauchen und auszubacken.

Küchle wurden nach alter Bauernregel stets in ungerader Zahl gebacken. Pfarrer und Lehrer bekamen früher ihren Teil, doch auch Hühner, Fuchs und Marder. Hühner, damit sie Eier legen, Fuchs und Compagnie, damit sie die Hühner nicht erlegen! Die ersten drei Küchle aus der Pfanne mußte der Hausvater essen, denn dann führe er das Jahr über ohne Unfall. Schieben wir also ihm ein Küchle unter die Motorhaube!

Wen es gelüstet, all die aufgeführten Sorten zu durchkosten, wird man, sofern männlich, einen Schmalzbuckel heißen, die weibliche Esserin, eine Schmalzbumbel. Was ein Schmalzdackel ist, dies möge jeder selber herausfinden.

... ma duat d' Toig überm Knie auszieha ...

106

Kartäuserklöße mit Weinschaumsoße

Für die Klöße:
4 alte Milchbrötchen
4 Eier
etwas Vanillezucker (Fruchtzucker oder Ahornsirup)
½ Liter Milch
Salz, Semmelbrösel, Zimt, Zucker
100 Gramm Vollkornflocken (Hirse, Haferflocken, Reis oder Soja)
Für die Weinschaumsoße:
4 Eigelb
100 Gramm Zucker (Fruchtzucker oder Ahornsirup)
¼ Liter trockener Wein

Die Milchbrötchen werden geteilt und die Rinde mittels einer Reibe abgerieben. Die verquirlten Eier und etwas Vanillezucker der Milch beigeben und die Brötchen darin einlegen. So lange darin ziehen lassen, bis sie gut durchfeuchtet sind. Anschließend aus den eingeweichten Brötchen eiförmige Klöße formen. Dabei drückt man sie leicht aus, wälzt sie in Semmelbrösel und backt sie im naturbelassenen Pflanzenöl goldgelb aus. Am besten eignet sich eine Friteuse, weil die Klöße schwimmen sollen. Zum Schluß werden die Klöße in einer Zimt-Zuckermischung gewendet. Hierzu reicht man warme Weinschaumsoße:
Eigelb und Zucker schaumig rühren und den Weißwein langsam hinzugeben. Die Schüssel in heißes Wasserbad stellen und mit dem Schneebesen zu einer schaumigen Creme schlagen.

Apfelküchle

Zutaten für 4 Personen (als Hauptspeise)

Backteig:

250 Gramm Mehl
2 Eier
1 Prise Salz
1 Teelöffel Puderzucker
ca. ¼ Liter Milch
4 Äpfel und Zimtzucker zum Wenden

Aus den Teigzutaten mit zwei Eigelb einen flüssigen Teig glatt anrühren. Aus Eiweiß Schnee schlagen und unter den Teig ziehen. Zirka eine Viertelstunde ruhen lassen. Dann die Äpfel mit dem Ausstecher in der Mitte durchstechen und schälen. In 1 Zentimeter dicke Scheiben schneiden. Die Apfelscheiben durch den Teig ziehen und in »mittelheißes« Backfett einlegen. Rasch beidseitig goldbraun backen und auf ein Abtropfgitter legen, bis man alle Scheiben ausgebacken hat. Dann wendet man die gebackenen Scheiben in mit Zimt vermischtem Puderzucker und serviert sie sehr heiß. Dazu kann Vanillesauce oder Chodeausauce serviert werden.

Zucker Sträubel im Schmalz zu bachen von Susanna Stephanin, Ulm 1763

Nimb 3 Löffel voll frisch Wasser, schlag 5 Eyer klar darein, zerklopf es wohl, schitt ein schönes Mehl und Zucker darein, mach einen glatten Teig an, nimb ein enges Strauben-Trächterl, doch das der Teig nicht zu dick ist und gern durchrinnt, thue sie geschwind in das Schmalz, laß sie nicht zu braun werden, beugs über einen Walzer, so werden sie krumm, oder laß also, sie werden schön rösch.

Der »Schmalzdackel«

»Herbei, herbei zu meinem Sang,
Hans, Jörgel, Michel, Stoffel.
Und singet mit das Ehrenlied
dem Stifter der Kartoffel!

Franz Drake hieß der brave Mann,
der vor zweihundert Jahren
von England nach Amerika
als Kapitän gefahren.

Und der, als er zurücke kam
von seinen weiten Reisen,
die guten Dinger mitgebracht,
die wir Kartoffeln heißen.«

Dieses »Lob der Kartoffel«, das auch die Zubereitungsarten aufführt, stammt aus dem letzten Drittel des 18. Jahrhunderts. Es wurde vertont und später in den Singunterricht der Schulen aufgenommen. Das war eine Werbung von ganz unten, denn die Kartoffel hat sich im Schwäbischen erst im Verlauf des 19. Jahrhunderts als Volksnahrung durchgesetzt – spät auf der Schwäbischen Alb, früher im Donau- und Illertal. Entscheidend für die Verbreitung waren die Mißernten und nachfolgenden Hungerjahre von 1771/72 und 1816/17, in denen das Hauptnahrungsmittel Brot ausgefallen war. Zum erstenmal tauchen in den Gemeinde-Inventaren von Feldstetten auf der Alb »Neun Simri Erdbirnen von der schlechtesten Gattung« im Jahre 1798 auf. Man mag daraus eine gewisse Verächtlichmachung gegenüber der neumodischen Bodenfrucht erkennen, denn »was der Bauer et kennt, des frißt er et«, hieß es.

Zwar hatte bereits ein Graf von Helfenstein in Wiensensteig im Jahr 1595 Kartoffeln anpflanzen lassen und trug deren Blüten als neuesten Schick aus Amerika im Knopfloch, doch wußte man noch nicht, was daran eßbar sein sollte. Der Arzt und Mundartdichter Dr. Michel Buck aus Ertingen am Bussen gebürtig, weiß bei seinen volkskundlichen Forschungen zu berichten, daß die Bauern seiner Heimat keine Ahnung gehabt hätten und die Samenbeeren für die Hauptsache gehalten hätten. Sie wären, nachdem sie die narkotisierende Wirkung dieser Beeren erkannt haben, der Meinung gewesen, mit diesem giftigen Teufelskraut wolle man den armen Mann aus der Welt schaffen.

Nun streiten sich mehrere Förderer des Kartoffelanbaus um das Erstgeburtsrecht: Ein Waldenser, der sie bei der Flucht aus dem Piemont nach Wurmberg bei Maulbronn mitgebracht hatte; ein Pfarrer aus dem Hohelohischen und nach ihm bis in die Mitte des 19. Jahrhunderts weitere Pfarrer. Ihre Frauen probierten eifrig, um aus den Erdbirnen

... d' Kartoffel isch am beschta,
wenn se d' Sau vorher gfressa hot.

(oberschwäbisch Aibiera), Erdäpfel (Aidäpfel), und Grundbirnen (Grombiera) etwas Schmackhaftes zu kochen. Das
Wort »Grombiera« gibt es auch in Kroatien und Slovenien.
Erst durch die richtige Wahl der Sorten gewannen die Kartoffeln an Beliebtheit, bis schließlich zur Morgensuppe die
frischgesottenen mehligen Kartoffeln gehörten. Man aß sie
mit dem Löffel aus der Schale heraus, und verzehrte sie kalt
zum Habermus. Heute sind Pellkartoffeln mit Butter und
Käse oder Hering ein beliebtes Abendbrot, mit Crème fraîche
oder Kaviar sogar eine Delikatesse. Das Anleitungsbuch für
allerlei sonderliche Gartengewächse aus Braunschweig von
1651 empfiehlt, sie mit Butter, Wein, Salz, Muskatblüte und
Ingwer zu essen. Dort werden bereits die Bratkartoffeln aufgeführt, und – man höre und staune! »wolle man sie sauer
haben, so tue man Essig und geschnittene Zwiebel dran und
Ingwer«. Da haben wir den Salat!

In Ulm scheint man sich gegenüber der Kartoffel abwar-
tend verhalten zu haben, denn unter den 214 Rezepten der
Susanna Stephanin von 1763 ist keine Spur von Kartoffeln
enthalten. Auch vierzig Jahre danach geht die Kindervatterin
mit ihren 364 Rezepten auf vorsichtige Distanz und rezeptiert
Kartoffelgerichte mehr auf französische Art: Grundbirn-
Pastete mit Heringen, Erdäpfel-Torte aus zehn Eiern – insgesamt nur drei Kartoffelrezepte. Auch aus der Schloßküche
Ulm-Erbach tauchen um das Jahr 1800 nur vereinzelt Kartoffeln auf: Zum Colasch (Gulasch) aus 3–4 Pfund Rindfleisch
wird ein Viertelmezen Erdäpfel zuletzt beigemischt. Es gibt
dort panierte Scheiben und einen Buding (Pudding) mit zehn
Eiern, Mandeln, Vanille und Zitrone, der zuletzt mit Wein
oder Sahne übergossen wird. Wer einmal den über zwei
Stockwerke reichenden Keller von Schloß Erbach gefüllt mit
Kartoffeln aus eigener Ernte gesehen hat, der kann nur stau-
nen über die Wandlung in der Geschichte des Kartoffelanbaus.

Die Löfflerin von 1824 bringt schon acht Grundbirnre-
zepte mit Pasteten, Aufläufen, einer Torte, einer Suppe und
Röstkartoffeln. Erst die Auflage ihres Kochbuchs von 1911
macht aus den seitherigen Grundbirnen endlich Kartoffeln,
die als Salzkartoffeln, Schnitze, Gemüse, Pürrée, saure Kartoffeln, Niedernauer und Kartoffelwürstchen bekannt sind.
Damit sind sie in die Hausmannskost eingezogen und haben
volkstümliche Namen erhalten: Buabaspitzla, Bauchste-
cherla, Baunza. Auch der Soldatenhumor hat sich ihrer

bemächtigt und das Trompetensignal für den Zapfenstreich abends zehn Uhr rhytmisch umgesetzt in »Kartoffelsupp, Kartoffelsupp, die ganze Woch' Kartoffelsupp!« Damit waren nicht nur Suppen, sondern alle Gerichte, die mit Kartoffeln ausgiebiger und sparsamer hergestellt werden konnten, gemeint, und Rekruten wurden vor dem ersten Weltkrieg gerne zum Küchendienst, vor allem zum Kartoffelschälen, abkommandiert.

Inzwischen erhielten die verschiedenen Sorten wohlklingende Mädchennamen, sie heißen Sieglinde, Irmgard, Nicole, Granola, Clivia, Grata, Cosima, Carla oder Desirée. Die kleinsten nennen wir »Mäusle« oder Salatkartoffeln. Ein Griff in das Regal eines Supermarktes, und wir haben Fertiggerichte in der Hand: Kartoffelchips und -sticks der Amerikaner; von den Franzosen die Pommes frites; Klöße halb und halb, Pürréepulver, Suppe im Beutel und in der Dose oder fixfertigen Kartoffelsalat von der Delikatessentheke.

Ein Vergleich der Volksnahrungsmittel Brot und Kartoffeln zeigt eine ganz unterschiedliche Entwicklung: Bei den Kartoffeln zum Fertiggericht; beim Brot die Rückbesinnung auf die Hausbäckerei, bei beiden zugleich eine Vielfalt in der Zubereitung, die ganz erstaunlich und vielen so selbstverständlich ist.

Kartoffeltorte

Zutaten:
180 Gramm Zucker
4 Eigelb
4 Eßlöffel Kirschwasser
Saft von 1 Zitrone und Abrieb einer Schale
4 Eiweiß
1 Prise Salz, 1 Messerspitze Backpulver
2 Eßlöffel Zucker
200 Gramm Kartoffeln in der Schale gekocht
200 Gramm Haselnüsse, gemahlen
Zubereitung:
Zucker und die Eigelbe rühren, bis es eine helle Masse gibt. Kirschwasser, Zitronensaft und Zitronenabrieb zugeben. Das Eiweiß mit dem Salz und dem Backpulver zusammen steif schlagen, dazu dann den Zucker geben und nochmals kurz schlagen. Die Kartoffeln schälen, erkalten lassen und dann passieren. Dann die Haselnüsse lagenweise mit den Kartoffeln und dem Eischnee auf die gerührte Masse geben, mit dem Gummischaber unterziehen und in eine vorbereitete Form geben. Die Form sollte mit Backpapier ausgelegt und eingefettet sein. Die Backzeit beträgt im auf 180 Grad vorgeheizten Ofen ca. 50 Minuten.

Kartoffelnudeln
Zutaten:
700 Gramm Kartoffeln, gekocht, lauwarm gehalten
200 Gramm Mehl
Muskat, Salz, Pfeffer aus der Mühle
1 Ei
2 Eigelb
etwas Mehl zum Stäuben
etwas Margarine zum Braten
Aus den Zutaten einen Teig kneten und eine Rolle formen. Davon Würstchen abstechen und abbraten.

Schinken-Kartoffel-Gratin

Zutaten:

8 mittelgroße Kartoffeln
250 Gramm Schinken
100 Gramm geriebenen Emmentaler
3 Eier
2 dl Kaffeerahm
1 dl Milch
Paprika, Muskatnuß, Pfeffer, Salz
Butter für die Form

Die Kartoffeln in der Schale kochen, schälen und etwa
½ cm dicke Scheiben schneiden. Mit Salz und Pfeffer
bestreuen. Abwechslungsweise mit dem
kleingeschnittenen Schinken und dem geriebenen Käse
in eine gebutterte Gratinform schichten, zuoberst
sollen Kartoffeln sein. Eier, Kaffeerahm, Milch und je
einen halben Teelöffel Salz, Pfeffer und Muskat gut
verquirlen und darübergießen.
Zum Schluß noch einige Butterflocken darüber
verteilen und das Gratin eine halbe Stunde im
mittelheißen Ofen backen.

Kartoffel-Pastete

Zutaten:
450 Gramm Putenfleisch
200 Gramm frischer Speck
300 Gramm gepökelter Schweinehals
300 Gramm Schäufele
2 Eier
160 Gramm flüssige Sahne

Einlage:
20 Gramm Morcheln
1 gedünstete Zwiebel
100 Gramm Speck
300 Gramm tournierte blanchierte Kartoffeln
100 Gramm Pfifferlinge

Hülle:
300 Gramm blanchierter Lauch
Gewürze:
2 Knoblauchzehen zerdrückt
6 Wacholderbeeren
1 Teelöffel gehackter frischer Majoran
1 Teelöffel gehackter frischer Thymian
3 Lorbeerblätter gehackt
Salz, Pfeffer aus der Mühle

Zubereitung:
Speck in feine Würfel schneiden, kleine Kartoffeln
schälen, tournieren und blanchieren, Lauch waschen
und blanchieren. Putenfleisch mit Pökelsalz würzen
und 1 Tag durchziehen lassen, fein in Würfel
geschnittene Zwiebel weichdünsten, Gewürze richten.

Putenfleisch, frischer Speck, gepökelter Schweinehals,
Gewürze sowie Schäufele durch den feinen Wolf
lassen, danach kühlstellen. Nun die Farce mit Salz und
Pfeffer würzen, kuttern und dabei die flüssige Sahne
und gefrorenes Eiweiß dazugeben. Jetzt hebt man die
Einlage (weichgedünstete Zwiebel, Speckwürfel,
Pfifferlinge und die Eigelbe) unter die Farce. Die
vorgerichtete Alufolie mit Lauch auslegen, darauf die
Farce dünn aufstreichen.

In die Form die bestrichene Folie geben und zwei
Reihen Kartoffeln einlegen. Eine weitere Schicht Farce
auftragen. In die Mitte eine Reihe Morcheln auslegen.
Weiterhin eine Schicht Farce auftragen. Jetzt die letzte
Reihe Kartoffeln einbetten. Zuletzt das Ganze mit dem
Rest der Farce auffüllen und mit Lauch abdecken. Im
Ofen bei 80 Grad ¾ Stunden die Pastete pochieren.

Einst trug das Grün
in dieser Stadt Früchte

Im letzten Drittel des zwanzigsten Jahrhunderts ist ein Modewort aufgekommen und hat sich auch in der Stadtplanung etabliert: Die Stadtökologie, die den Lebensraum der Bewohner gesünder, vor allem wohnlicher machen wird. Dabei wurde viel die »gute alte Zeit« zitiert, ohne zu hinterfragen, was daran gut und was weniger gut gewesen sein soll. Es kann wohl nicht die Gemütlichkeit des Lebens auf engem Raum gewesen sein, denn das Leben in einer mitteralterlichen Stadt war alles andere als geruhsam. Da die überwiegende Zahl der Bürger nicht lesen und schreiben konnte, war man auf akustische Signale angewiesen: den Glockenschlag, den Ruf des Nachtwächters und der Türmer. Bekanntmachungen wurden ausgerufen, ausgetrommelt und hoher Besuch mit Trompetenschall angekündigt. Vom Rathausturm mahnte die Steuerglocke die Säumigen zur Pflicht. Karren holperten über das rauhe Pflaster, und der Hammerschlag der Handwerker knallte durch die engen Gassen von sechs Uhr in der Frühe bis zum späten Feierabend. Man lese bei Lessings Minna von Barnhelm, 2. Aufzug, 1. Auftritt nach, wie es noch im 18. Jahrhundert zugegangen ist.

»Franziska: Wer kann in den verzweifelt großen Städten schlafen ... die Karossen, die Nachtwächter, die Trommeln, die Katzen, die Korporals – das hört nicht auf zu rasseln, zu schreien, zu wirbeln, zu miauen und fluchen. Gerade als ob die Nacht zu nichts weniger wäre als zur Ruhe.«

Eines war sicherlich zu loben, weil es sich in seiner Unversehrtheit durch Jahrhunderte gehalten und sich den veränderten Verhältnissen angepaßt hat: das Grün.

Legen wir zugrunde, daß der Ulmer ein praktisch denkender sparsamer Schwabe war, der bei allem, was er anpflanzte, auch auf den Nutzen bedacht war und sich zuerst fragte »was trechts?« (was bringt es ein?). Der Vergleich mit den alten Speiseordnungen bringt eine stets sich gleichbleibende Grundsubstanz an Früchten, Gemüsen, Gewürzen und Salatpflanzen. Es kann also davon ausgegangen werden, daß dies alles im Kleinverkauf gehandelt, selbst angebaut oder für die Ausfuhr bestimmt war. Holzschnitte und Kupferstiche mit Stadtansichten zeigten Bäume mit breiten Kronen, fein abgezirkelte Gärten mit Beeten und Bäumen. Was darauf wuchs, das verät und uns keines dieser Bilder.

Die mittelalterliche Stadt war im Oval ihrer Ummauerung geborgen. Verließ man sie durch eines der Tore, so fand man sich in einem Gürtel grüner Gärten, der die Stadt auf allen Seiten, auch auf dem anderen Donauufer, umgab. In dieser Gartenzone durften keine festen Bauten, sondern nur hölzerne Gartenhäuser errichtet werden. Sie waren im Kriegsfall leicht zu beseitigen. Dieser grüner Saum – modern ausgedrückt: der grüne Schleier – vor den mächtigen Mauern blieb durch Jahrhunderte unverändert und ging allmählich in Felder und Wiesen über. Der Geschichtsschreiber und Dominikanermönch Felix Fabri gerät bei der Schilderung dieser Wiesenzone seiner Stadt geradezu ins Schwärmen. Er schreibt, daß es keine Stadt in Alemanien, aber auch nicht in Italien oder Frankreich gebe, die einen so köstlichen mit der Stadt zusammenhängenden Rosengarten habe wie Ulm, das eine »große mit weißen Blumen besäte Wiese hat, von denen viele Tausend arme und reiche Menschen leben und sich nähren (anno 1489). Also auch hier die Schönheit und dort der Nutzen, denn diese weiße Blumenwiese war die Leinwandbleiche.

. . . es gab keine Stadt mit einem so köstlichen Rosengarten vor den Mauern — wie Ulm . . .

Der Welschnußbaum spielte hier im Mittelalter eine große Rolle. Es gab »Hunderte und Hunderte prächtiger Nußbäume« in Ulm und seiner Umgebung, aus deren Früchten auch Öl gewonnen wurde. Die Rezepte früherer Zeit nennen nur »Baumöl«, das sowohl das teure Olivenöl aus der Provence, Italien und Spanien war als auch Walnußöl oder ein Gemisch aus beiden Ölen, welches zum Braten und Backen Verwendung fand. Es wurde von den Merzlern im Kleinverkauf angeboten oder auf Flößen donauabwärts ausgeführt. Immer wieder stößt man auf eingemachte grüne Nüsse, die um Johanni abgenommen und mit Honig oder Zucker umständlich konserviert wurden. Rezepte sind bei der Löfflerin und der Kindervatterin festgehalten.

Zu den Walnußbäumen gesellten sich die Obstbäume, vor allem Birnen und Zwetschgen, die im gedörrten Zustand als Hutzeln gehandelt und in ganzen Floßladungen donauabwärts geführt wurden. Diese getrockneten Birnen und Zwetschgen, gedörrten Apfelschnitze und Kirschen waren für den einfachen Haushalt das einzige Süßmittel – außer Honig, und fanden Verwendung als Hutzelbrot oder Beigabe zu vielen Arten von Mehlspeisen. Aus diesen Dörrfrüchten bestanden die Fastensuppen, weil sie keinerlei Fettzugabe erforderten. Eine solche »Kriasasupp« (Kirschsuppe) ist uns vom letzten Koch des Reichsstifts Marchtal überliefert. Die Kirschsuppen unserer Ulmer Köchinnen haben Fettzugaben. Auf diese Weise gibt es, wie auch bei einigen weiteren Speisen, eine katholische und eine evangelische Variante, ähnlich den luthrischen Würsten und dem luthrischen Voressen.

Das Kernobst hat auch eine reiche Baumblüte, und diese galt als gute Bienentracht. So spielte die Bienenzucht im Mittelalter eine bedeutende Rolle in dieser Stadt, denn Honig als Süßmittel, lange vor der Entdeckung Amerikas und des viel teureren Rohrzuckers, war auch ein Konservierungsmittel für Früchte. Durch die Imkerei war der große Wachsverbrauch für Kirche und Haushalt sichergestellt, der erst durch die Reformation eine starke Einbuße erlitten hat. Hier muß noch eines für Ulm typischen Baumes gedacht werden, der den grünen Saum der Festungsbauten zusammen mit der Kiefer bildete: die Akazie. Sie blüht als letzte im Juni, hat also die Maifröste in gebührendem Abstand und ist eine vorzügliche Bienenweide.

Auch im Stadtzentrum gab es Grünflächen. Da waren die stillen gepflegten Klostergärten der Deutschherren, der Augustinerchorherrn von Sankt Michael zu den Wengen, der Dominikaner am Grünen Hof, der Franziskaner auf dem Platz, der dann Bauplatz für das Münster wurde, und schließlich der Fräulein des Sammlungsstiftes. Die großen Pfleghöfe der Klöster besaßen Gärten, von denen ein kleiner Rest am Kaisheimer Hof (Postamt 2) Zeugnis gibt.

In der Renaissance entstand eine neue Gartenkultur. Von der lauten Straße abgekehrt, legten die Familien des Patriziats, der Kramerzunft, ihre geometrisch gezogenen Beete mit Brunnen und Gartenloggia an (»Drei Kannen« als letztes

. . . die Renaissance-Gärten in Ulm . . .

114

Ulm Univers:

Dulcius ut nihil est, ita, nil formosius unquam

Virtute est, melius nil et amabilius.

Gleich wie auff Erd, zu ieder frist,
Nichts schöners, noch was bessers ist

Dann Tugent, auch nichts Freundlichers:
Also ist gwiß nichts Lieblichers.

**Blick vom Michelsberg auf die Stadt
Ulm, Kupferstich von 1626.**

Beispiel). Zum Ende des 19. Jahrhunderts verschwanden sie weitgehend. An ihre Stelle traten Werkstätten, Schuppen, und damit war die Noblesse dieses innerstädtischen Grüns zu Ende. Der Ausbau der Bundesfestung schob alte Gartenanlagen beiseite, und die Erweiterung der Wohngebiete setzte neue Akzente auch im Grünbereich. Wie schön sind die Linden der Heimstraße, der Rotdorn der Schülinstraße, die wenigen großen Birnbäume am Safranberg als Straßengrün und Erinnerung an die Baumalleen.

Aus der Stadtgeschichte von 1815 lesen wir »es gibt Baumschulen mit den edelsten Obstsorten in der Stadt, vorzüglich die Baumschulen beim Zeughaus, wie vor den Toren. Sie vermehren sich noch mit jedem Jahre, weil alle Straßen und Wege, alle leeren Plätze und Gärten, hie und da schon auch Wiesen mit Bäumen besetzt werden und jeder sich aus Erfahrung überzeugte, wie einträglich der Obstbau auch für die kleinste Ökonomie sei. Denn was sonst für gedörrtes Obst und Cider Auswärtigen bezahlt wurde, wird von vielen jetzt schon erspart, indem ein paar gute Jahre und glücklich gelungene Versuche sie reizte, sich selbst ein gutes Getränk (man macht jetzt auch hier köstlichen Johannis- und Stachelbeerwein, Apfel- und Birnmost) zu bereiten. Doch schon 1598 und 1616 wurden hier Apfel- und Birnmost stark getrunken.« Die Anzeigen im Ulmischen Intelligenzblatt vom 29. Juni 1832 unterstreichen dies: »Am Samstag, den 30. vorm. 11 Uhr werden in dem Rathschreiberzimmer die in den Promenaden um die Stadt heuer erwachsenen Süß- und Sauerkirschen an den Meistbietenden verkauft. Bauinspektion.«

13. Julius 1832 »Am künftigen Dienstag, den 17. ds. M. werden die Weichseln und Kirschen in der Schützenallee versteigert. Man ladet die Liebhaber zu dieser Verhandlung auf Nachm. 2 Uhr in das Schießhaus ein. Neu-Ulm, Gemeindevorsteher.«

Die Beispiele ließen sich beliebig erweitern.

Es gab auch Häusergrün mit der Hausrebe. Es ist wohl abwegig zu glauben, daß diese wesentlich dazu beigetragen hat, einem wohlbestellten Weinkeller die Krone aufzusetzen. Durch den Weinanbau im Mittelalter bedingt, mußte auch die Hausrebe mit amtlicher Genehmigungspflicht rechnen. Der Passus 20 der Städtischen Bauordnung »eines Ehrsamen Raths der Statt Ulm« vom Jahr 1773, der auf älteren Baugesetzen von 1399, 1427, 1612 basiert und bis zum Ende der Reichsstadtzeit Gültigkeit hatte, besagt »Von Weinreben. Wann nun Burger wie etwan beschicht, begehren wurden ihnen zuvergonnen, an ihren Häusern einen Weinstock aufzuziehen, soll ihnen solches durch unsere Bau Geschworene nach Gelegenheit zugelassen werden. Jedoch sollen sie ein Verschreibung geben und selbige uff das Steuerhauß liefern, wann ein Ehrsamer Rath solches nicht mehr haben, daß sie dieselben wider hinweg thun wöllen.«

Es gibt noch einige Familien, die ihren alten Weinstock hoch in Ehren halten und ihn zum Hausinventar zählen.

Eine Erdbeer Suppe

Kochbuch der Susanna Stephanin, Ulm 1763

Durchglaube die Erdbeer und wasche sie schön, Zuckers nach genügen, gieße gemeinen oder so du willst sießen Wein daran, treib sie auch durch einen Seiger und laß sie nur einen Sud aufsieden, alsdann röste gewürfelt geschnittenes Brodt in Schmalz, richte die Erdbeer darauf. Wenn man will, kann man ein wenig Trihanet draufstreuen.

Eine Apfel Suppe

Kochbuch der Susanna Stephanin, Ulm 1763

Schäle sauerlichte Äpfel und zerschnittle selbige, gieße Wein und Wasser, jedoch das Wasser mehr daran, laß sie so lang sieden bis sie weich werden, zwinge sie durch einen Seiger, streue Zimt, Muscatblüh und Saffran daran. Laß es noch einen Sud thun, zerklopfe 2 Eyer, rühre selbe mit der Suppen an, und richte sie über würflich geschnittene und in Schmalz geröstet Brodt.

Essigzwetschgen

nachgekocht vom Rezept der Kindervatterin um 1800

40 Zwetschgen, die zeitig, aber noch blau sein müssen, mit Nelken bestecken. Macht einen Sud aus Zimet, einem halben Maß Essig und einem halben Pfund Zucker. Laßt diesen Sud sieden und schüttet ihn heiß über die Zwetschgen, die in einem irdenen Geschirr sein müssen. Wenn sie recht kalt sind, schüttet man die Brüh wieder herunter, siedet nochmals. Am dritten Tag nochmals samt den Zwetschgen aufkochen. Bindet das Geschirr zu und hebt sie so auf.

Paßt vorzüglich zu gesottenem Fleisch und allerlei kalten Gerichten.

Zwetschgenterrine

1 Kilo Zwetschgen
100 Gramm Zucker oder Fruchtzuckern oder Ahornsyrup
8 Blatt Gelatine
2 dl. Weinbrand
3 dl. Zwetschgenwasser
100 Gramm Walnüsse
Filet von 2 Orangen

Zubereitung:
Zwetschgen waschen, entsteinen, halbieren und mit dem Zucker oder Ahornsyrup in wenig Rotwein weichkochen (bedeckt). Zwetschgen abseihen, Saft auffangen und einkochen. Gelatine in kaltem Wasser einweichen, ausdrücken und in den warmen Zuckersaft einrühren. Zwetschgenwasser und Weinbrand dazugeben. Walnüsse und Orangenfilet auch dazugeben. Abgetropfte Zwetschgen vorsichtig mit dem Saft vermischen. Eine Terrine oder Kastenform mit Frischhaltefolie ausschlagen und einfüllen, im Kühlschrank auskühlen lassen.
Vor dem Servieren Schlagsahne mit Puderzucker halbsteif schlagen und Rum langsam unterrühren. Mit Rumsahne servieren.

Die Spargel

»Spargala, Wargala, Spätzla und Salat
Schwobaland, lustigs Land. Ulm du schöna Stadt«

Dieses Heimatlied hört auch heute jeder gern und summt es
mit. Am 1. Juli 1864 wurde es auf dem Nürnberger Liederfest
von der Gesellschaft »Wickler« in Ulm uraufgeführt und ist
seither sicher das bekannteste Lied, das die Ulmer Spezialitäten anpreist. Doch schon zehn Jahre zuvor erscheint auf einer
Tabaksbüchse ein Loblied

»Es ist doch der Welt bekannt,
daß Ulm an der Donau Strand
ein Münster hat im deutschen Reich,
dem wenige sind an Schönheit gleich.
Doch ist's nicht nur die alte Kunst,
es rühmt auch mancher mit Vergunst
den Ulmer Maser, Brod und Bier,
und speist den besten Spargel hier.
Drum lebe hoch die Ulmer Stadt,
weil sie so viel zu bieten hat.«

Dies klingt zwar nach späterer Zeit, als der höchste
Kirchturm im Jahre 1890 vollendet war. Neben diesem Lob-
spruch steht jedoch das unausgebaute Ulmer Münster, zu
dem im Vordergrund die Spezialitäten kommen: Spargel,
Bier in einer sogenannten Bierliesel in Stiefelform, Zuckerbrot und ein Ulmer Maserpfeifenkopf.

Der Beginn des Spargelanbaus in Ulm liegt noch im
Nebel der Geschichte. Zwar kennt und empfiehlt Spargel in
Essig und Öl der Ulmer Stadtarzt Dr. Johann Stockar seinem
hohen Patienten, Herzog Eberhard von Württemberg, in seinem Reglement von 1493–94, es ist jedoch nichts gesagt über
den Anbau. In Nürnberg wird der Spargel erstmals erwähnt
im Jahr 1557, also ist Ulm um eine Naslang voraus.

In der umfassenden Darstellung von Eugen Nübling über
das Ulmische Kaufhaus des Mittelalters wird davon gesprochen, daß Artischocken und Spargel »lebhaft« angebaut wur-

den. Der Verfasser ist der Ansicht, daß die regelmäßig im Mai stattfindenden Sitzungen des Schwäbischen Kreises so terminiert wurden, »weil die Spargelzeit den Herren hiezu besonders geeignet erschienen sei«.

Auch Herkules Haid erwähnt in seiner 1786 gedruckten Abhandlung Artischocken, vor allem jedoch die Spargel »von denen viele tausende weit und breit weggeführt werden.«

Griffiger werden dann die Angaben am 4. April 1800, als der Gärtner Christian Bantzenmacher ein Prachtstück von neun Lot Gewicht vorzeigte und malen ließ. Der günstige Boden für Spargel-Anbau und -Zucht befand sich nicht nur in Söflingen, sondern auch in den Offenhauser Gärten, dort wo heute der Neu-Ulmer Bahnhof steht. Im Jahre 1811 wurden 130 Zentner Spargel nach auswärts versandt. Eine große Rolle spielte dabei auch die Erzeugung von Spargelpflanzen und Gemüsesämereien, die nach Erfurt, der Zentrale des Samenhandels, ausgeführt wurden. Als dann bei einem Wettbewerb des Jahres 1875 im Münchner Hofküchengarten der Ulmer Spargel als der beste ausgezeichnet wurde, begannen die Ulmer Gärtner, ihren Spargel vorzutreiben, um sie schon im Januar als teures Frühgemüse auf den Markt zu bringen. Dazu wurden die Beete tiefgelegt, mit frischem Pferdemist bedeckt, eingetreten und nach oben mit einer Schicht von Streu abgedichtet. Dieser Pferdemist – auf schwäbisch Roßbollen – war durch die berittenen Truppenteile der großen Garnison reichlich vorhanden.

Gruppe der Fischerstecher aus dem Festzug zur Vollendung des Ulmer Münsters 1890, »Ulmer Zuckerbrot und Spargel«, von Maler Füßlen, Ulm.

Durch die Industrialisierung, den Ausbau der Festung und schließlich den Bau des Güterbahnhofes mußten die Gärtnereien immer weiter hinaus verlegt werden. Schließlich beschränkte sich das Spargelland nur noch auf Söflingen, wo immerhin um die Jahrhundertwende von einem Gärtner bis zu zehn Körbe mit je dreißig Pfund Spargel im Tag gestochen wurden. Drum haben es sich die Ulmer nicht nehmen lassen, auf Postkartengedichten auch dieses Edelgemüse zu nennen und beim Fischerstechen aus Anlaß der Turmvollendung ihres Münsters das Paar Ulmer Spargel gegen Ulmer Zuckerbrot antreten zu lassen.

... der Söflinger Rettichwurm ...

Der gute Brauch, zum Spargelessen nach Söflingen zu gehen, hat sich bis in die Sechzigerjahre gehalten, wobei es keine Rolle spielte, wenn heimlich mit auswärtigem Spargel nachgeholfen wurde, weil die Nachfrage eben größer war als das heimische Angebot.

Die Söflinger verstehen es, ihre Feste auf besondere Weise zu feiern. Beim Umzug des Kinderfestes fällt eine originelle Kinder-Gruppe auf 15—20 Fahrrädern auf, die in einen riesigen etwa 35 Meter langen hellen Schlauch gesteckt wird: der Rettichwurm als Erinnerung an den einst blühenden Samen-Anbau und -Export. Der beste Rettich – behaupten die Kenner – sei jener, den ein Wurm annage.

Spargel soll womöglich auf einer Tuchserviette oder in Porzellan angerichtet werden, niemals auf Papier.

Beim Servieren von Spargel ist zu beachten: Kleines Besteck und Fingerbowle.

Die bevorzugte Art, Spargel zu servieren, ist mit zerlassener brauner Butter oder Sauce Hollandaise oder Mayonaise – mit den vielen Abänderungen und Zubereitungsarten.

**Frischer Spargel ist Trumpf
in der feinen Küche**

Spargeltoast
Toast leicht buttern, mit hausgebeiztem Graved Lachs und Spargelspitzen belegen, mit Käse und Butterflöckchen bestreuen und überbacken.

Polnische Art
Abgetropften Stangenspargel auf vorgewärmter Platte anrichten, mit gehacktem Eigelb und Kräutern bestreuen, soweit dann mit gebräunter Butter und Brösel übergießen.

Italienische Art
Angerichteten Spargel mit geriebenem Parmesan bestreuen und zerlassene Butter extra reichen.

120

Spanische Art

Abgetropften Spargel auf leicht mit Butter bepinselter Platte anrichten, verlorenes Ei hinzulegen. Mit Krebs- oder Hummerbutter beträufeln.

Gebackener Spargel

Spargel in Sektteig gebacken

Vorgekochten Spargel in üblichem Bierteig in der Friteuse backen, aber anstatt Bier Sekt verwenden. Abgetropft auf einer Manschette anrichten.

Gebackener Mandelspargel

Vorgekochten Spargel würzen, in geschlagenes Ei tauchen und mit geraspelten Mandeln umhüllen. Leicht andrücken und in heißem Fettbad backen.

Spargel mit Champignon-Püree

Man wäscht 200 Gramm Champignons in Essigwasser, damit sie weiß bleiben. Dann gibt man 20 Gramm Butter in einen Topf, gibt die in Scheiben geschnittenen Champignons dazu, etwas Salz, Prise Zucker und dünstet die Champignons zwei Minuten. Dann stäubt man einen Kaffeelöffel Mehl darüber und gibt einen Eßlöffel Sahne oder Dosenmilch dazu. Dies mit dem Mixer pürieren und die gekochten Spargel darauf anrichten. Nach Geschmack mit Weißwein verfeinern und mit Kräutersträußchen und Tomatenachteln garnieren.

Mayonnaise zu Spargel oder Artischoken

Viele essen Spargel und Artischoken gerne mit Mayonaise, deren Herstellung jedoch ein Problem für manche bedeutet.

Hier ist folgendes zu beachten:
Die Soße ist nicht scheidungsfreudig, wenn folgendes beachtet wird: Das Eigelb und das Öl müssen die gleiche Zimmertemperatur haben. Das bedeutet: Eier frühzeitig aus dem Kühlschrank nehmen, das Öl erst tropfenweise und dann im Faden unter Rühren einlaufen lassen. Nur so viel Öl auf einmal beigeben, wie vom Eigelb aufgenommen wird. Die Soße wird geschmeidig, wenn man am Schluß einen Eßlöffel heißes Wasser darunterrührt.

Zubereitung:
1 Eigelb
1 Prise Salz
¼ Teelöffel Senf
1 Teelöffel Essig oder Zitronensaft
1–2 dl Sonnenblumenöl
Streuwürze und Pfeffer nach Belieben

Sollte die Mayonnaise trotzdem »scheiden«, kann sie wie folgt gerettet werden: In einer separaten Schüssel mit einem frischen Eigelb und Öl nochmals von vorne anfangen, bis die Soße dicklich ist, und nun die mißratene Mayonnaise unter Rühren langsam beifügen. Zum Strecken und Leichter-machen dient steif geschlagenes Eiweiß, Rahm- oder Speisequark, Joghurt oder saurer Halbrahm.

Spargel Mornay

Vorgekochten Spargel schichtweise in gebutterte feuerfeste Form legen und Sauce Mornay zwischengießen. Aber bitte so, daß die Spitzen unberührt bleiben. Mit Käsesauce begießen, mit Brösel und Käse bestreuen, mit kleinen Butterflöckchen versehen und überbacken.

Spargelgemüse auf Alt-Ulmer-Art

Spargel in Stücke schneiden, mit einer Spargel-Sahne-Sauce (siehe Rezept) unterziehen – etwas geschlagene Sahne, Sauce Hollandaise darübergeben – im Salamander glaciert. Dazu Eierhaber und Ulmer Knöpfle.

Die Salate

Da haben wir den Salat!

Das Essigfaß gehörte noch um die Jahrhundertwende in jeden Haushalt, wo der Essig selber angesetzt wurde. Nach der Einführung der Kartoffel, brachte dann der Kartoffelsalat den Durchbruch bis in die oberste Etage der schwäbischen Leibspeisen. Dr. Dr. Alfred Weitnauer aus Kempten, der sprachgewandte und hintergründig humorvolle erste beamtete Heimatpfleger der Regierung von Schwaben, definierte ihn folgendermaßen: »Kultur beginnt bei uns da, wo man den Kartoffelsalat warm anmacht«. Er fehlt auf keinem Salatteller unsrer Wirtschaften. In Ulm und um Ulm herum wird er, wie Kopfsalat, gerne auch mit ausgelassenen Speckwürfeln anstelle des Öls serviert.

Die Auswahl war im ländlichen Haushalt nicht sehr groß. Man aß, was grad im Garten wuchs: Kresse, Schnitt- oder Kopfsalat, Endivie, und sehr gerne »Gugummra« (Gurken) als Salat mit Rettich gemischt. Das war ein beliebtes Vesper im Sommer. Rettich- und Roter-Rüben-Salat zum Siedfleisch kamen auf die Hochzeitstafeln.

Wer würde heute gerne Blattsalat mit Schmalz und Essig anmachen, wie es im Küchenzettel vom Juli 1592 »für ein Raissig Gesindt« vermerkt wird als Nachtessen? In Speiseordnungen für diesen Personenkreis ist sonst sehr selten ein Salat angeführt. Salat spielt auch in den Kochbüchern der beiden Ulmerinnen keine große Rolle, es sei denn, es handelt sich um eine Delikatesse wie Limoniensalat der Kindervatterin, der wohl zu den Süßspeisen zu zählen wäre.

Wie ein Märchen erscheint beinahe, was noch vor knapp zehn Jahren zum Frühlingsspaziergang gehörte: Salatsammeln. Die festen Mausöhrle, Rapunzel, Vogerl- oder Ackersalat genannt, wuchsen auf den Äckern, man brauchte sie nur herauszustechen. In frisch aufgeworfenen Maulwurfshäufen waren die Löwenzahnblätter besonders zart und bleich, auch weniger scharf. Der unbegradigte Bach lieferte die rassige dunkle Brunnenkresse, die so schön auf der Zunge brannte wie Senf ohne Wurst. Man getraute sich noch, Sauerampferblätter zum Salat zu nehmen. Die Lust ist vergangen, die Gründe sind bekannt.

Schreit 's Fritzle:
»Jetzt hot der Vater mit em Salat e Fröschle gessa« . . . »Ond warom hoscht du nix gsait, wenn du em Salat des Fröschle gsea hoscht?« »I han doch nix saga derfa, weil der Frosch dauernd mit de Auga zwinkert hot!«

122

Allgemeines über Salate in der neuen schwäbischen Küche

Salat hat drei große Tugenden: Nahrung, Medizin, und wenn man es versteht, ihn zuzubereiten, ist er eine Gaumenfreude. Das Geheimnis eines guten Salats liegt mit an der Sauce. Selbst Essig, Öl und Kräuter sind nicht nur Gewürze und Zutaten. Genau hier gibt es Nuancen, die den Saucen »den Pfiff« geben. Gewöhnen Sie sich an, frischen Salat vor der Hauptmahlzeit zu essen, denn dann hat man den größten Hunger hinter sich und kann sich nun dem Appetit zuwenden. Alle rohen Salate sollten kurz vor dem Essen angemacht werden, alle gekochten sollte man längere Zeit durchziehen lassen.

In der antiken Küche nahm er einen vernünftigen ersten Platz ein. Salat wurde zu Beginn des Essens aufgestellt und blieb während der ganzen Mahlzeit in Reichweite.

Wenn man dem Koch Apicius aus der Zeit des Kaisers Augustus nacheifern möchte, dem sei diese wohl älteste Salatsauce empfohlen. Sie bestand aus Ingwer, grüner Raute, Datteln, Pfefferkörnern, Honig, Kümmelsamen, eingekochtem Fleischsaft und Essig. Er empfahl, nach jeder Mahlzeit davon einen Schluck zu trinken. Wenn man heute einen 8—20 Jahre gelagerten Balsam-Essig probiert, ist dies verständlich.

Ertränken Sie den Salat nie in Essig, gönnen Sie ihm mehr Öl, mehr Kräuter. Wer Wert darauf legt, seinen Salat mit Essig und Öl anzumachen, der gebe die Blätter in eine große Schüssel, gieße das Öl darüber, mische ihn intensiv, aber zart, und gebe erst dann tropfenweise Essig, dann Salz und Kräuter dazu. Eine Scheibe Weißbrot, in Würfel geschnitten und in Knoblauchöl geröstet, verleiht dem Salat eine besondere Note.

Zwiebel und Knoblauch verlieren ihren Schrecken, wenn man sie preßt oder reibt und den Saft mit Salatöl vermischt.

Anstelle von Salz können Sie Streuwürze aus Sellerie, Zwiebel, Knoblauch und Glutamat, angereichert mit Hefeextrakten, verwenden. Bevorzugen Sie naturbelassene Pflanzenöle, etwa Walnußöl, aber nicht zuviel, weil sonst der Salat bitter wird. Gut verdaulich sind vor allem kaltgepreßte Öle, die es als Olivenöl, Distelöl, Sesam- oder Kürbiskernöl gibt. Das Öl darf nicht erhitzt werden, weil dabei wertvolle Stoffe zerstört werden: die Vitamine A, E und F. Mischen Sie nicht weniger als drei und nicht mehr als fünf verschiedene Kräuter.

Versuchen Sie einmal, Essig selbst herzustellen: Wenn man Wein oder Most Weißbrot zugibt, bildet sich die sogenannte Essigmutter, eine gallertartige Masse. Diese muß einige Wochen bei Raumtemperatur stehenbleiben. Dann wird die Essigmutter abgegossen, in ein Gefäß gegeben und mit Wein oder Most aufgefüllt. Nach vier bis fünf Wochen ist der Essig fertig.

Ausgangsprodukt für den Essig ist stets Wein, Most, Malzwein oder Alkohol. Die Gärung übernehmen die Bakterien.

Lorbeeressig ist besonders zum Beizen von Wild und Rindfleisch geeignet,

Pimpinelle-Essig für Quark und Kräutersoßen.

Zitronenmelissen-Essig eignet sich für Kräutersoßen, Kalb oder Lamm.

Thymianessig paßt hervorragend zu Wurst-, Fleisch- und Linsensalat.

Waldbeeressig könnte dem Kopfsalat, Eichblattsalat oder Eisbergsalat beigefügt werden

Rosmarinessig schließlich ist gut bei Wild oder Kalb.

Knoblauchessig

5 große Knoblauchzehen schälen und mit einem Viertelliter aufgekochtem Essig übergießen.

Rosmarinessig

gewinnt man, indem man zwei Zweiglein Rosmarin in einen Liter Rotweinessig gibt.

Holunderessig

Holunderblüten werden in einem Glas mit Weißweinessig aufgefüllt. Das Ganze muß 14 Tage stehen bleiben, bevor es abgeseiht wird. Paßt gut zu Blattsalaten, Spinat, Löwenzahn oder Sauerampfer.

Kräuteressig

Basilikum, Estragon, Rosmarin, Thymian, Zitronenmelisse. Die Kräuterzweige in eine Flasche stecken und mit Weinessig übergießen. Gut verschließen und zwei Wochen im Sommer an der Sonne, im Winter in Heizungsnähe ziehen lassen.

Der Essig sollte mindestens 4,5 % Säure haben. Zum Gebrauch entweder die Kräuter herausnehmen oder nach Gebrauch etwas Essig nachgießen.

Himbeeressig

nachgekocht aus dem Kochbuch der Anna Magdalena Kindervatterin Ulm, um 1800

Man gibt frische Himbeeren in ein irdenes Geschirr und stellt sie in den Keller. Nach einiger Zeit preßt man die Himbeeren entweder durch ein Tuch oder durch eine Presse und stellt diese Flüssigkeit kalt, damit sich der Satz bilden kann. Nun schüttet man den Saft bis auf den Satz ab und vermengt ihn mit einem Wein- oder Mostessig. Auf ein Maß (1 Liter) Essig kommt ein Schoppen (½ Liter) Saft. Darauf füllt man den Himbeeressig in Flaschen und verkorkt sie.

Maiskörnersalat mit Schinken

200 Gramm Maiskörner
100 Gramm Käse
100 Gramm Schinken
1 Zwiebel, Petersilie
Zur Sauce:
Traubenkernöl und Rotweinessig
1 Ei
1 Löffel Senf
1 Schuß Worcestersauce
Salz, Pfeffer aus der Mühle
Käse in ½ Zentimeter dicke Würfel schneiden. Schinken in feine Streifen schneiden, Zwiebel und Petersilie fein hacken. Alle Zutaten mit der Salatsauce gut mischen, etwas ziehen lassen.

Kalbskopfsalat

800 Gramm weichgekochten Kalbskopf in feine Streifen oder Würfel schneiden und möglichst noch warm in Apfelessig, Öl, Salz und Pfeffer einlegen. Das Fleisch von abgezogenen Tomaten, Salat- und Essiggurken sowie das Weiße vom Ei in Streifen schneiden und dazugeben. Vor dem Anrichten mit feinen Zwiebelstreifen und Schnittlauch garnieren und lauwarm servieren.

Schwäbischer Kuttelsalat

800 Gramm gekochte Kutteln (Kaldaunen) in feine Streifen schneiden. Mit folgender Salatsauce anmachen:
½ Bund Petersilie
½ Bund Schnittlauch
2 Zweige Estragon
2 Zweige Kerbel
1½ Teelöffel Senf
½ Teelöffel Salz
Pfeffer aus der Mühle
3 Eßlöffel Essig
5 Eßlöffel Öl
alles gut verrühren, Kräuter fein hacken und daruntergeben.

Sauerkrautsalat

1 Pfund Sauerkraut
1 Fenchelknolle in Streifen geschnitten
1 grüne und 1 rote Paprika in Streifen geschnitten
1 grob geriebener Apfel
2 Tomaten gewürfelt

Alles zusammengeben, mit Zwiebeln, geriebenem Knoblauch, etwas Kümmel, Thymian, Saft einer Zitrone, 5 Eßlöffeln Öl und Paprika anmachen.

Linsensalat

Linsen in Salat- und Essigwasser etwa 30 Minuten kochen, abgießen und noch warm mit Salz, Pfeffer, Paprika, Senf, Essig und Öl anmachen. Zum Schluß eine gehackte Zwiebel, fein in Ringlein geschnittenen Lauch und eine gewürfelte Karotte mit Magerspeckwürfeln rösten, mit Wasser angießen und einige Minuten kochen lassen. Diese Sauce unter die Linsen mischen und mit viel Linsenkeimlingen bestreuen. Petersilie, Schnittlauch dazu, und fertig ist der Linsensalat.

Selleriesalat

Sellerie in feine Streifen schneiden oder hobeln und mit Zitronensaft marinieren. Ananas-Streifen und Apfel-Streifen mit Joghurtmayonnaise anmachen. Mit Paprika und Walnüssen bestreuen.

Kalorienarme Joghurtsauce

1 Teil Joghurt
1 Teil Kaffeerahm
1 Eßlöffel Zitronensaft
¼ Teelöffel Salz
Senf, Gewürze, Kräuter nach Belieben,
alles mixen oder schütteln.

Salatschüssel

Frischkräuterdressing für alle Blatt-, Feld-, Kresse- und Pflücksalate:

Man bereitet einen Salatsud aus Obst- oder Kräuteressig mit Kräutermeersalz, kaltgepreßtem Pflanzenöl nach Wahl, Tafelwasser und fein geschnittenen Zwiebeln zu. Das Ganze läßt man 10 Minuten ziehen und gibt nun die vorbereiteten gewiegten Kräuter von Kerbel, Schnittlauch, etwas Liebstöckel, Zitronenmelisse, Petersilie und eine halbe gepreßte Knoblauchzehe dazu. Gut verrühren und 5 Minuten ziehen lassen, danach die Salate in der Salatsauce vorsichtig wenden und in einer gekühlten Salatschüssel dekorativ anrichten.
Das Ganze kann man mit Gartenradieschen und einem Sträußchen Frischkräuter garnieren. Hierzu eignen sich auch Melonenschnitze, gekochtes Ei mit einem Joghurtdip, angemacht mit saurer Sahne.

Salatsauce

1 Teil Essig
1 Teil Joghurt
2 Teile Öl
¼ Teelöffel Meersalz

Senf, Kräuter, Öl und Knoblauch samt Zwiebel im Mixer oder Schüttelbecher zur Bindung aufrühren. Die vielen Sorten von Öl und Essig, die der Markt bietet, verleihen der Sauce eine besondere Note.

Die Tomaten

O du treulose Tomate!

Sie wurde Liebesapfel, Goldapfel oder Paradies-
apfel – drum in Österreich Paradeiser – genannt
und galt lange Zeit als giftig, durch ihre hochrote
pralle Fülle als verführerisch wie die Schlange im
Paradies, die den Apfel empfahl. Sie gelangte, wie
die Kartoffel, bald nach der Entdeckung Amerikas
zu uns und war zuerst eine Gartenblume. Tomaten
kommen weder im Kochbuch der Stephanin noch
bei der Kindervatterin vor, auch nicht bei der Löfflerin von 1824. Erst gegen Ende des 19. Jahrhunderts versucht eine in Donauwörth erscheinende
Zeitschrift für Frauen, sie anzupreisen: »ihre
Benutzung in der Küche ist eine mannigfaltige,
doch werden Tomaten bei uns noch viel zu wenig
gewürdigt. Sie besitzen eine vorbeugende Wirkung
gegen Krankheiten und sind zu empfehlen für
Fleischbrüh-Suppen und -Soßen. Zum Haltbarmachen wird ein dicker Brei davon gekocht, im Herd
oder Backofen getrocknet, in Streifen geschnitten
zu Soßen verwendet.«

Eine Küche ohne die Tomate ist heute kaum
mehr zu denken, denn wir können sie, rund ums
Jahr frisch aus fernen Ländern eingeflogen, einkaufen, als Tomatenmark in Tuben auf Vorrat
legen. Das Wort Tomatenketchup ist fast schon
eingeschwäbelt.

. . . treulose Tomate . . .

Von Zitronen,
Limonien,
Pomeranzen und Citryllen

Ein Liederdichter des 18. Jahrhunderts bittet seine Nachwelt, doch von seinem Hinscheiden kein Aufhebens zu machen. Er schreibt:

> »Es soll niemand mich beklagen,
> Einen langen Mantel tragen,
> Weder Flor noch Trauerkleid;
> Ich verlange keine Crone,
> Fackeln, Lichter und Zitrone
> Sind ein Tand der Eitelkeid.«

Die Zitrone als Standessymbol erscheint auf manchen Portraits des 17. und 18. Jahrhunderts. Die dargestellten höhergestellten Damen tragen in der einen Hand eine Nelke oder Rose, in der andern präsentieren sie eine Zitrone oder lassen diese auf ihrem Schreibtisch darstellen, wie bei der Organistin und Musiklehrerin des Ulmer Sammlungsstiftes, Barbara Kluntz, gemalt 1727. Zitrusfrüchte gab es bereits im 15. Jahrhundert. Der Ulmer Stadtarzt Dr. Stockar empfiehlt Limoni seinem Herzog von Württemberg »da sy den Magen lustig und begirlich machen, als zu den gebratenen Vischen oder anderem«. Er empfiehlt sie auch als Konfekt mit Zucker überzogen, gut für Magen und Herz, insbesondere »macht den mund wohlgeschmack«. Da sie eingeführt werden mußten, waren sie entsprechend teuer und deswegen den Reichen vorbehalten. Man schrieb diesen gelben Früchten eine antiseptische Wirkung zu, wie Dr. Stockar erwähnt, gegen Colera, Rote Ruhr und giftige Hitzen. Es gibt einige Vermutungen praktischer Art, so die Vorsorge gegen Ansteckung und Leichengeruch. In Beerdigungsabrechnungen des 18. und 19. Jahrhunderts tauchen öfters hundert Zitronen und mehr auf, die die Hinterbliebenen sehr teuer zu stehen kamen. Dieser Brauch des Zitronentragens bei Sängern, den nächsten Angehörigen oder auf den Altar und zuletzt dem Toten ins Grab beigegeben, hat sich mancherorts in den protestantischen Gemeinden der Alb gehalten bis ins beginnende zwanzigste Jahrhundert.

Zitrusfrüchte wurden früher vor allem durch Hausierer aus Italien vertrieben oder auf Märkten feilgeboten. In Ulm führten sie die Konditoren und warben in Anzeigen dafür. Die Kindervatterin schwelgt geradezu in Zitronenschelfen und -schnitzen, in Torten und Zitronenmüsern. Sie waren damals Mode wie heute Tomaten-Ketchup!

Seit dem Mittelalter waren die Klöster führend in der Entwicklung neuer Agrartechniken. Sie kelterten den besten Wein, brauten das beste Bier und entwickelten Methoden der Veredlung und Züchtung. So ist dem Erbauer der Wallfahrtskirche Birnau, dem Zisterzienserabt Anselm Schwab, die Einführung des winterharten Aprikosenbaumes zu verdanken. Sein Kontrahent im Reichsprälatenkollegium, Abt Mauritius Moriz von Rot, dessen Großvater aus dem Piemontesischen eingewandert war, glänzte mit einem neu angelegten und »köstlich« ausgeschmückten Konventsgarten. Er erbaute auch ein Haus für Zitrusfrüchte und »ziemlich auserlesene Pflanzen« sowie Häuser zur Ausreifung verschiedener Baum- und Strauchfrüchte. Die Treibhäuser wurden durch unterirdische Kanäle erwärmt. Man muß sich dabei erinnern, daß diese Maßnahmen in den Mißjahren von 1770/71 und der daraus erwachsenen Hungersnot geschahen. Solche und viele weitere Versuche waren durchaus geeignet, neue Produktformen zu schaffen und damit Verdienstmöglichkeiten für ein Kloster und seine Untertanen. Die oft gepriesene und aus dem Blickwinkel des Sozialkritikers angeprangerte Baulust der schwäbischen Prälaten hat sehr reale Nebenaspekte. Es ist viel zu wenig bekannt, daß diese Klöster auch Wirtschaftsunternehmen waren mit einem für damalige Begriffe modernen Management. Man sehe sich daraufhin die Klosterpläne an, in denen sich die innere Ordnung der Ordensgemeinschaft auch in der Gestaltung der Bauanlagen widerspiegelt. Von einer Mauer umgeben, war das Kloster von der Welt abgeschirmt und bedurfte der heiteren Atmosphäre seiner Gartenanlagen mit ihren Nutzbereichen. Auf diese Weise fanden die beschwingten Orangerien weltlicher Fürsten ihre bescheidene Nachahmung in den Klöstern.

128

Die Hagebutte

... Ein Hügel
Ist mir bekannt, wo wilder Thymus blüht,
Wo Ochsenzung' und wankende Violen,
Hoch überwölbt von weichem Geißblatt,
Von Muscusrosen und Hambutten wachsen;
Dort schläft Titania *)

*) aus William Shakespeares
Sommernachtstraum in der Übersetzung
von Chr. Martin Wieland

Hier haben wir die dichte Dornenhecke als Schutz für die Feenkönigin. Der Strauch der Wilden Rose umfing früher auch das Dorf und galt als der beste Schutz vor ungebetenen Gästen. Mensch und Vieh waren vor ihnen sicher. Darauf deutet auch das Märchen vom Dornröschen hin.

Man kann von den Früchten der Wildrose, den Hagebutten, alles verwenden: die zerkleinerte Schale ergibt eine Marmelade von hohem Vitamin-C-Gehalt; die haarigen Kernchen im Innern werden als Kernlestee abgekocht; die ganze Frucht kann gedörrt für den Winter aufbewahrt werden und ergab eine gute Fastensuppe, und schließlich tut der angesetzte Likör der Seele und dem Magen gut. Das fertige Mark wird von den »Gsälzweibern« aus dem Kreis Göppingen auf den Märkten angeboten. Hier hat das frühere Dorf Ganslosen, das später in Auendorf umbenannt wurde, geradezu Berühmtheit durch sein Hägenmark erlangt. Das Dorf war arm, die meisten Bewohner lebten von Heimarbeit. Im Jahr 1870 verriet ihnen eine Pfarrmagd die Herstellung von Hägenmark. Da griffen sie zu.

Mädchen und Frauen sammelten die Früchte, weichten sie ein, kratzten das Mark heraus und trieben dieses durch Siebe. Sie wurden dabei angefeuert »Kendla reibet, 's geit lauter Geld!« Da vergaßen die Mädla die juckenden und beißenden Samenhärchen, die ihnen in den Hals geraten waren. Im Frühherbst machten sie sich dann mit ihren Kübeln und Kernlesteesäckle auf den Weg in die umliegenden Städte Geislingen, Göppingen, Stuttgart und Ulm. Viele dieser Schutzhecken, in denen eine bunte Schar von Vögeln nisteten, verschwanden durch den Bau von Straßen oder die Flurbereinigung, so daß die Hagebutten heute eingeführt werden müssen. Sie kommen aus der Eifel, Rhön, dem Harz, dem Taubergrund, Rumänien, Ungarn, sogar aus der Türkei.

Schlehensaft von der Schwäbischen Alb
ein altes Rezept

Die sehr reifen Schlehen dürfen schon angefroren sein. Dann werden sie gewaschen und mit kochendem Wasser übergossen, so daß die Früchte knapp bedeckt sind. Über Nacht stehenlassen. Am nächsten Morgen wird das Wasser wieder aufgekocht, am zweiten Morgen nochmals. Am dritten Morgen wird der so gewonnene Saft kurz mit Zuckerzusatz nach Belieben aufgekocht. Je weniger Zucker desto besser ist das Aroma. Diesen Saft heiß in Flaschen abfüllen und mit Gummikappen verschließen.

Mit denselben Schlehen kann das Verfahren wiederholt werden, doch wird dieser Saft dann etwas dünner.

Hägenmarksoße

⅛ Liter Most aus Äpfeln oder Johannisbeeren
5 Eßlöffel Hägenmark
¼ Liter Wasser
1 Kaffeelöffel Stärkemehl
zum Süßen nach Geschmack Melasse, Apfelsirup, Ahornsirup, Fruchtzucker, als Gewürz Zitronenschale und Zimt.

Zubereitung:

Das Hägenmark wird mit Most und Wasser glatt angerührt und zum Kochen gebracht. Dann läßt man das angerührte Stärkemehl einlaufen und fünf Minuten auskochen.

(Hägenmark gibt es auf dem Ulmer Markt zu kaufen, im Herbst ungezuckert, später dann mit Zucker.) Zur Soße wird gezuckertes Mark genommen.

Hägenmark-Makronen (Hagenbuttenmark)

8 Eiweiß zu Schnee geschlagen
500 Gramm Puderzucker, davon eine halbe Tasse für Glasur zurückbehalten
3 Eßlöffel Hägenmark
500 Gramm ungeschälte geriebene Mandeln

Zubereitung:

Der Eischnee wird eine halbe Stunde mit dem Zucker gerührt. Dann fügt man das Hägenmark und die geriebenen Mandeln hinzu, formt runde oder ovale Makronen aus diesem Teig, macht eine kleine Vertiefung, in die man den zurückgestellten Guß füllt und bäckt sie bei mäßiger Hitze blaßgelb.

Hagebutten-Spaß

130

Die Zeitbeeren

Rote und schwarze Johannisbeeren werden gewöhnlich hier um Sommer-Johanni (24. Juni) reif, dem Namenstag Johannes des Täufers. Der bayerische Schwabe nennt sie deswegen »Santehansbeer«. Aus den sauren roten Beeren, den Träuble, wird der erste Beerenkuchen des Jahres gebacken, wird Zeitbeerwein und -saft gemacht. Die rassigen schwarzen Träuble ergeben einen köstlichen Likör. Die reichsstädtischen Ulmer wanderten schon immer gerne ins benachbarte Söflingen um Einkehr zu halten, und so war das Söflinger Zeitbeerfest ein willkommener Anlaß. Wie es zu diesem Festtermin kam, erfahren wir durch ein Lied, das aus den Revolutionskriegen stammt.

Anmerkung: Baunzen ist der Übername der Söflinger, und Bau(n)tzen sind in Schmalz gebackene Mehl- oder Kartoffelnudeln.

Das alte Söflinger Zeitbeerlied von 1805

Die Franzosen zogen gen Söflingen
über den Kuhberg her und Ermingen.
Auf der ganzen Königswies'
sah man nichts als G'wehr und Spieß
an die Hunderttausend.

Als vor Söflingen sie lagen
kam darein ein böses Klagen,
alles schrie drin Mordio,
weil der General Moreau
ließ mit sich nicht spaßen.

Er befahl dem Michel Enderle,
dem es damals ging ganz hinderle:
Bringet her das Allerbest,
was ihr habet in dem Nest,
sonst laß' ich euch hängen!

Spargeln bracht man, Kraut und Rettich,
auch Kohlrabengmüs' und Zellerich;
doch dem Moreau war's nicht recht,
und er schimpfte wie ein Specht
auf die armen Bau(n)tzen.

Als die Not nun stieg zum Gipfel,
faßte die Hoffnung man beim Zipfel.
Es dacht' einer bei den Hosen,
welche trugen die Franzosen,
an die roten Zeitbeer.

Zeitbeer brachte man darauf.
Moreau wollt's zuerst verübeln,
doch als er verspürt den Saft
und verspüret war die Kraft,
fand er's ganz capabel.

Er zog seinen langen Sabel,
öffnet seinen welschen Schnabel:
Laßt die Söflinger unbeschwert!
Kommandierte: Rechtsum kehrt,
hinterwärts von Söflingen!

Und zu Ehren des Mirakels
ist alljährlich ein Spektakel;
Das ist Söflinger Zeitbeerfest,
wo man's Geld in Kübeln meßt.
Freiheit und Victoria!

. . . Moreau ist schuld am
Zeitbeerfest . . .

131

Zeitbeermost

Von völlig reifen Zeitbeeren zupft man die Beeren ab, zerdrückt sie und preßt sie durch ein Tuch oder durch eine Früchtepresse. Zu einem Schoppen (½ Liter Saft) werden 2 Schoppen (1 Liter) Wasser und 1 Pfund Zucker zugegeben. Das Ganze wird nun in einen Glaskolben gefüllt, von Zeit zu Zeit geschüttelt, daß sich der Zucker vollkommen auflöst. Der Kolben muß ganz aufgefüllt sein und soll einen weiten Hals haben, damit beim Gären das Unreine abgenommen werden kann. Von dem zubereiteten Wein muß man eine Flasche zurückbehalten, damit der Kolben stets aufgefüllt werden kann. Er wird mit einem leichten Tuch bedeckt, damit nichts hineinfallen kann. Am kühlen Ort 6 bis 8 Wochen aufbewahrt bis der Most recht hell ist und keine Bläschen mehr wirft. So wird er in Flaschen gefüllt, zugepfropft und im Keller verwahrt.

Likör von der schwarzen Zeitbeere

500 Gramm schwarze Zeitbeeren
200 Gramm Himbeeren
1 Liter Weinbrand
1¼ Liter Wasser
250 Gramm Zucker (Fruchtzucker)
Nachdem die Beeren gewaschen sind, werden sie entstielt und leicht verdrückt. Nun gibt man die Himbeeren zu, mischt alles und gibt die gesamten Beeren in ein Einmachglas oder einen Steinguttopf. Man füllt nun mit Weinbrand auf und verschließt das Gefäß. Im Keller werden sie 1½ bis 2 Monate so aufbewahrt. Danach durch ein Tuch abgeseiht, die Beeren nur leicht ausgepreßt, damit der Saft nicht trüb wird. Nun wird Wasser und Zucker aufgekocht und abgekühlt mit dem Saft vermischt, auf Flaschen gefüllt und verschlossen.

Einfache schwarze Zeitbeerkonfitüre

700 Gramm Johannisbeeren
700 Gramm Gelierzucker
Diese beiden Zutaten werden im Mixer 10 Minuten zu einem Mus püriert. Über Nacht läßt man nun das Beerenmus stehen und füllt es am nächsten Morgen in saubere Gläser. Verschlossen im Kühlschrank aufbewahren.

Eine zeitgemäße Marmelade für den Linienbewußten und Diabetiker

300 Gramm Himbeeren (Johannisbeeren, Brombeeren, Heidelbeeren, Erdbeeren)
3 Eßlöffel Zitronensaft
5 Eßlöffel Wasser
4 Teelöffel Gelierpulver
3 bis 4 Teelöffel flüssigen Süßstoff
Die Beeren werden mit dem Zitronensaft, Wasser und dem flüssigen Süßstoff mit dem Gelierpulver gut vermischt, aufgekocht, und unter Rühren 3 bis 5 Minuten leise kochen lassen. Der Topf wird nun vom Herd genommen und die Marmelade abgeschäumt. In saubere Gläser einfüllen und verschließen.

Träubleskuchen vom alten Café Vetter-Gindele

Ein mittelgroßes Kuchenblech mit Butterteig belegen, darauf 2 bis 2½ Pfund frische Träuble (auch gefrorene, aber diese nicht auftauen) mit Zucker bestreuen und ½ Stunde stehen lassen. 3 ganze Eier und das Gelbe von 3 weiteren Eiern mit ½ Pfund Zucker rühren, dann ¼ Pfund geriebene Mandeln dazugeben, rühren, bis die Masse recht dick ist. Eine Handvoll Mutschelmehl darunter, über die Beeren schütten und rasch im Ofen bei Mittelhitze backen.

Ulmer Träubleskuchen

Guter Mürbteig wird auf vorbereitetem Blech ausgewellt.
Belag:
6 Eischnee sehr steif schlagen (Messerschnitt)
200 Gramm Puderzucker und
¼ Pfund gemahlene Haselnüsse daruntermischen
Gut 2 Pfund Johannisbeeren oder entsteinte Sauerkirschen daruntermischen und auf den Kuchen geben.
Von der Eischnee-Zuckermasse eine Tasse zurückbehalten und zum Schluß über den Kuchenbelag geben.
Bei 200 Grad backen.

Das Essen in Dorf und Stadt während der letzten zweihundert Jahre

»O liebe Leut, betet, daß es Rüba geit,
betet laut, geits au' Kraut«

Eine beachtliche Zahl von Redensarten, Sprichwörtern und Märchen bezieht sich auf Armut und Hunger, denn bei den Familien von Taglöhnern, Hirten Besenbindern, Nachtwächtern und Kleinhäuslern war Schmalhans der Küchenmeister. Wenn dann eine Minderung des Einkommens durch Krankheit, Invalidierung oder Tod des Ernährers hinzukam, bedeutete dies den Abstieg in ein armseliges Dasein. Mancher von ihnen mußte im einsamen Alter im Dorf herumessen, bei größeren Bauern saß er eine Woche hindurch am Tisch, bei den andern wechselte er täglich das Haus. Meist war in solchen Familien ein munteres Häuflein Kinder da, so daß die Eltern danach trachteten, daß eins ums andere »aus der Schüssel« kam, um mit zehn, elf Jahren als Gänsehirt oder Kindsmagd in den Dienst zu treten. Diese Dienstkinder gab es bis gegen Ende des vorigen Jahrhunderts. Der Ehinger Oberamtsarzt und Dichter Michel Buck hat ihnen mit seinem Mundartgedicht »Flachsliachet« (Flachsausraufen) ein Denkmal gesetzt:

»Nais (Agnes) und Nysi (Dionys) aus dem Hirtahaus fressen wie die Schecken, krieget doch dia arme Tropfa nia koi Mill im Hirtahaus, müsset d' Bäuch mit Brot verstopfa, und mit Wasser schwenka naus.« Kinderkrankheiten bestimmten in viel stärkerem Maße den Alltag als dies heute der Fall ist. Die Einsicht in alte Schulakten bestätigt dies: Im Jahr 1826 hatten von 56 Schülern der Gemeinde Warthausen bei Biberach/Riß 31 Fleckfieber und fehlten drei Wochen. 1858 Scharlachepidemie und zehn Wochen keine Schule. 1871 Halsbräune und Pocken, Schule geschlossen. Bei einem Armbruch fehlte der Schüler 49, nach Beinbruch 147 Tage, wobei Verkrüppelung nach Brüchen beinahe die Regel war. Erschütternd lesen sich die Anmerkungen »ist sehr arm, immer

133

krank«, »konnte wegen Armut die Sommerschule nicht besuchen«, das Kind war also im Dienst. Bei einer 13jährigen Siebmachertochter »im Sommer im Dienst, im Winter krank«. Gegen Mitte des vorigen Jahrhunderts war die Zahl der wandernden Handwerksburschen so angewachsen, daß die Gemeinden dem ratlos gegenüberstanden. So kam es zur großen Auswanderungswelle nach Amerika mit genauen Angaben, was an Naturalien für die Überfahrt mitzubringen war: 15 Pfund Rauchfleisch, 50 Pfund Schiffszwieback, 10 Pfund Reis, 6 Pfund Butter, 2 Pfund Salz, 160 Pfund Kartoffeln, 2 Liter Essig samt Kochgeschirr. Der Schiffseigner stellte Bett, Apotheke, Platz in der Schiffsküche, Süßwasser, Brennmaterial und Licht.

Zum persönlichen Schicksal traten die kollektiven Katastrophen der Mißernten, Hungersnöte, Seuchen und Kriegsfolgen. »Gnädiger Herr, geben Sie mir etwas zu verdienen, oder ich muß stehlen«, flehte ein Wiblinger Klosteruntertan seinen Prälaten Roman Fehr an, nachdem ihn die Teuerung nach den Mißernten von 1770/71 an den Rand der Existenz gebracht hatte.

Wer sich in Klosterchroniken umschaut und die Rechnungsaufstellungen des 18. Jahrhunderts nach bettelnden Personen durchblättert, dem wird die Kehrseite der Barockherrlichkeit drastisch vor Augen geführt. Da erscheinen arme Studenten, Kriegsinvaliden, Witwen, verarmte Adlige, bettelnde Nonnen, Abgebrannte ohne Haus und Hof sowie in nicht geringer Zahl »arabische« oder »morgenländische« Prinzen auf der Flucht. Kaum hatte sich ein Abt auf die »Badkur« in einen der respektablen Pfarrhöfe seines Herrschaftsgebiets begeben, um der Enge der Klostermauern, vielleicht auch seines aufmüpfigen Konvents für einige Wochen zu entgehen, da war dieses Pfarrhaus umstellt von Hilfesuchenden und Bettlern. Hermann Vogler, einer der bedeutenden Äbte von Rot, der 1749 verstarb, ließ den Bettlern, auch wenn sie mehrmals hintereinander kamen, zwölf Kreuzer reichen und bemerkte »wir würden keine Entschuldigung finden, wenn wir im Überfluß aller Güter bequem auf dem Wagen fahren und die Bettler, die ebenso wie wir nach dem Bilde Gottes geschaffen und vielleicht ihm angenehmer sind, hungrig mit leeren Händen weggeschickt würden«.

Seit dem frühen Mittelalter gab es Stiftungen von Bürgern aus allen Städten zum Trost und Hilfe für Arme und Verlassene. Dieses tätige Einstehen füreinander zieht sich durch

Jahrhunderte und ergänzt das soziale Netz. So gehörte es auch in Ulm und den Städten seiner Umgebung zum guten Ton in den Kaufmanns-, Beamten- und Pfarrfamilien, daß einmal in der Woche der Mittagstisch für die gichtgeplagte alte Waschfrau, das verhutzelte Flickrösle oder den zahnlosen Kutscher gedeckt war. Sie alle lebten von einer winzigen Rente und ihren Erinnerungen an die ehemalige Dienstherrschaft.

»Kraut füllt den Buben die Haut«,
hieß es vor hundert Jahren, und ein Geselle barmte zu seiner Frau Meisterin »alle Tag drei Kraut zersprengt mir die Haut«. Der Hafen Sauerkraut stellte eine volle Mahlzeit dar, und wenn eine Speckseite darin lag, wurde sie mehrmals mitgekocht »vier Kruten gibt sie Kraft«.

Die Gemeinde teilte ihren Bürgern ein Krautland am Rand des Dorfes zu, wo Weißkraut und Rüben, später auch Kartoffeln angebaut wurden. Eine alte Bauernregel riet am 17. März »heut ist Gertraud, die säet das Kraut«. Das Datum stand fest, der Büttel schellte die »Bekanntmachung« aus: »Morga mittag um eins ist gemeiner Krautsatz in der Krautbaindt«.

Am nächsten Tag wuselte es nur so vor Kindern und Weiberleuten, die sich mit Karren, Mist und Spaten in Marsch setzten. Der »Eschhai«, zuständig für die öffentliche Ordnung, sorgte im Kommandoton dafür, daß keine überackere, überspate oder überschore. Er wachte auch über die heranwachsenden Setzlinge, die gegen gelüstige Spatzen mit flatternden Papierschnitzeln und aufgefädelten Spiegelscherben gesichert waren.

Wenn dann im Herbst die Krautköpfe kugelrund auf den Wägen aufgeschichtet lagen, kamen die Krautschneider aus dem Montafon mit ihren Hobeln auf dem Buckel als Störleute ins Schwabenland. Buben und Mädle stürzten Hosenbeine und Röcke hoch, wuschen die Füße mit Wurzelbürste und Kernseife und stiegen juchzend in die grauen und brauntönernen Krautstanden. Es gab natürlich auch die schweren hölzernen Stampfer, aber Kraut mit bloßen Füßen zu stampfen, das war wie Teigkneten in der Mulde bis zum Ellenbogen, denn beides benötigte Hautkontakt.

Es heißt, daß Kaiser Karl der Große auf seinen Meierhöfen Schweinefleisch einsalzen und räuchern, daß er auch Kohl – caulis – und Lauch auf Vorrat halten ließ. Da haben wir Kraut und Speck! Wie hätten später denn die Leute vom Oberland ihre fetten Säue ohne Kraut bezwungen?

In der schwäbischen Küche gibt es wenig Speisen, die Sauerkraut als Beilage nicht vertragen. Dazu wiederum Michel Buck in seinem »Krautherbst«: »A Kraut zum Muas, a Kraut zum Speck, zu Knöpfla, Nudla isch a Schleck, und vonnazua a Medizi(n), denn d' Würm dia wearet von em hi.«

Auch Pater Sebastian Sailer läßt seinen Schwabenengel im »Fall Luzifer« das Loblied auf schwarzes Mus mit rohem Kraut aus der Stande anstimmen.

Krautsapperlot! Jetzt sind die Rüben dran. Da sehen wir im Geiste ein Bild vor uns mit dem Titel »Kraut und Rüben«, signiert im Jahr 1945 von der bedeutenden oberschwäbischen Malerin Maria Caspar-Filser. Mit leiser Ironie und kraftvollem Pinsel schuf sie dieses Bild von einem banalen Thema. Aber Kraut und Kohlraben waren am Ende des Zweiten Weltkrieges die Magenfüller erster Ordnung wie hundertfünfzig Jahre davor. »Noch habe ich nicht alle Gewächse des Ackerfeldes erzählt«, schreibt Herkules Haid in seiner Chronik von 1786. »Es wachsen darauf noch die Rüben, die Winterspeise der armen Leute und des Viehs. In Leipheim bauen sie auch die Bayerrüben für die Reichen im Lande, und in Pfuhl die Gerstenrüben, eine Speise auf des Bürgers Tische . . . für Menschen und Vieh ist die Saubohne, die Akkerbohne.«

Weib koch, 's ist elfe!
Nach einer halben Stunde ruft es aus der Küche »Karle schrei zum Essa«. Darauf die Frage »was gibt's heut?« Deckellupfer in der Küche sind nicht sehr beliebt. Falls es die übliche Hausmannskost gibt, kann schon darauf die ungeduldige Antwort kommen »Brotene Kellerstapfla und eingemachte Ameisenfüß«. Die Familie steht um den Tisch herum und betet, während die Suppe abdämpft. So war es früher, doch auch heute gibt es wieder Familien, die ihr Tischgebet sprechen, wenn am Sonntag alles versammelt ist.
Ein schönes Tischgebet stammt von Pater Aegidius Kolb, dem Stiftsarchivar von Ottobeuren

»Eiser Herr im Himmel doba,
Mir send do und wend di loba,
Groß bist du und hoch erhaba,
Schenkst eis reichle Deine Gaba,
Engel, Menscha, Tal ond Berg,
Preiset alle Deine Werk.«

Die Kochbücher vergangener Zeiten geben mit ihrer Vielfalt von Rezepten, die eine gutgefüllte Speisekammer voraussetzten, kein rechtes Bild von den Essensgewohnheiten eines großen Teils der Bevölkerung. Noch an der Schwelle des zwanzigsten Jahrhunderts lebte man anspruchslos und aß, was der eigene Boden hergab. Man spricht im Schwäbischen von »kaufen müssen«, und da drehte einer dreimal den Zehner um. Der Acker lieferte Mehl für Mus und Brot, im Garten wuchsen Kartoffeln, Gemüse, Salat, Beeren, Obst. Im Stall stand die Metzgkuh, bei Häuslesleuten die Milchziege oder Stallhasen im Verschlag. Auf den großen Höfen folgte ein Kälble dem andern, denn der Gemeindsfarren verlangte nach dem, wofür er gehalten wurde. Auf diese Weise war Kalbfleisch rasch zur Hand, wenn ein Fest anstand. Es war die lebende Gefriertruhe wie die Tauben auf dem Dach und die Hühner auf der Miste. Ein Hausschwein war die billigste Müllverwertung. Doch welche Mühe die Hausfrau bei einer zwölf- bis fünfzehnköpfigen Tischrunde hatte, um gut und gerne hundert Küchle im Schmalz herauszubacken, daran hat sich niemand gestoßen. »I han 's gern getan«, gestand rückerinnernd eine Altbäuerin.

Ein schwäbisches Gebetbuch von 1747 zählt das Essen »wider den Stand« und die Übertretung der Fastengebote zu den Sünden. Der Tag begann mit der schwarzen Brotsuppe und endete damit. Darauf folgte das schwarze Mus aus »Keara« (Dinkel, Vesen). »Das erst und letzt allweil ist Habermus, als die Allgöwer, Schwaben und Thurgöwer han, da machen sie zwerch Stopferbrey, Rörenbrey, dünnen Fladen und mancherley Geköcht von Habermus, ettlich als dick daß ein wohlbeschlagener Gaul darüber lieff und nit hineinfiel. Etlich essen Milch dazu, fürwar, wo sie nit so grob wären, näm ich es nit Wunder, das sie gleich zersprungen von der Speis« (Spiegel der Artzney, Straßburg 1546). Nach der Schlachtung gab es heiße Grieben, in der Fastenzeit geröstete Brotwürfel oder Zwiebeln darüber. Von dem originellen Landtagsabgeordneten und Müllermeister aus dem Lautertal Tiberius F. ist überliefert, daß er nach einem schiefhängenden Haussegen sofort wieder gesprächsbereit wurde, wenn ihm seine Emma ein mit Zwiebeln abgeschmälztes schwarzes Mus kochte.

Entsprechend der langen Arbeitszeiten früherer Jahrhunderte gab es fünf Mahlzeiten am Tag: Morgensuppe und

Mus, das Brotessen, Mittagessen, Vesper und Abendessen, so die Oberamtsbeschreibung von Blaubeuren, 1830.

Das Vespern hat heute nicht mehr die Bedeutung von einst mit Ripple, Knöchle, Schwartenmagen, Preßsack, Kräuterkäs und feinrädlig geschnittenem Rettich, dazu eine Halbe, ein Glas Most, ein Viertele Wein. Wilhelm Unseld (geb. 1846), Ulmer Hauspoet, schildert das Vesper so:

»Und no gohscht naus und nemmscht da Kruag,
und hollescht Moscht, und aber gnuag.
Und daß da Brotloib net vergischt!
So jetzet – gelobt sei Jesus Chrischt.«

Im Handwerkerhaushalt mußte die Meisterin für eine große Tischrunde von Gesellen und Lehrbuben aufkochen. Da gab es dann nach der Suppe Krautkrapfen, Ofenschlupfer, Ulmer Bruckhölzer mit Kraut, Dampfnudeln mit Bachele (Kruste) für die schleckigen Mädle, Ulmer Katzagschrei, Laubfrösche, Kirschenmichel, Pfitzauf, Vogelheu und Kunkelfüß, also viel Mehlspeisen.

Ulmer Katzengschrei . . .

Auch die Familien, die zu den »besseren Leuten« gehörten, lebten oft sehr bescheiden. Bei Regierungsrats, so erzählt eine achtzigjährige Ulmer Geschäftsfrau, die dort als Kinderfräulein in Stellung war, da gab es die Woche über morgens zum Malzkaffee nur trocken Brot. Am Freitag buk die Köchin einen großen Hefengugelhopf, der erst zum Sonntagskaffee angeschnitten werden durfte. Abends erhielten die Kinder ein Stück zum Kakao, und der Rest wurde für den Auflauf mit Äpfeln oder Zwetschgen am Donnerstag verwendet. Während des täglichen Abwasches mußte die Köchin den Brei für das Abendessen der Kinder ankochen und zum Garen in die mit Heu gefüllte Kochkiste stecken. Es wurde täglich abgewechselt mit Griesbrei, Reisbrei, Haferflockenbrei, Schwarzmus. Dafür spendete diese Familie monatlich dreißig Mark für die Mission. Die Großmutter, Generalin und Excellenz tituliert, brachte bei ihren regelmäßigen Besuchen nie Süßigkeiten mit, sondern einige Gläser gesundes Biomalz zum Brei. Hier stimmte der Satz »von den Reichen kann man sparen lernen«.

Festessen

Bei den Festen klang ein anderer Ton an, denn hier herrschte Überfluß und Fülle. Übermut und Ausschreitungen lagen dicht beieinander, so daß sich eine Reihe von Verboten und Verordnungen reglementierend dazwischenschob und den Ablauf überwachte. Sie ergehen sich weit und breit über die Zeit, in der solche Feste stattfinden durften oder verboten waren. Dies betraf vor allem die Hochzeiten. Es war zum Beispiel verboten, an Sonn- und Festtagen, an Buß- und Fasttagen zu heiraten, weil dadurch die Leute vom Kirchgang am folgenden Tag und von der Predigt abgehalten wurden. Auf diese Weise wurde nicht nur das öffentliche Leben, sondern der private Bereich mancherlei Beschränkungen unterworfen.

Die Hochzeitsverordnungen großer Städte sind sich im 16. und 17. Jahrhundert sehr ähnlich, und auch die Angehörigen der Oberschicht mußten sich danach ausrichten. Im Jahr 1420 waren Hochzeitsessen in Ulm auf drei Mahlzeiten, jede zu acht Schüsseln festgelegt. Als Junker Hans Ehinger von und zu Balzheim mit Juditha Baldingerin am 15. April 1634 sich vermählte, saßen auf der Geschlechterstube am ersten Tag 76 Personen am Tisch, am zweiten 68, und am dritten 66 Gäste zu drei Mahlzeiten, was pro Mahl und Person drei Gulden kostete. Leider ist die Speisenfolge nicht überliefert. An deren Stelle sei ein Hochzeitsmahl aus der zweiten Hälfte des 18. Jahrhunderts aufgelistet, welches der letzte Klosterkoch des ehemaligen Prämonstratenser Reichsstifts Marchtal in seinem Kochbuch vorstellt:

Französische Suppe mit Wurzeln, Knöpflein, Hühnern, gefüllten Kalbsbrüsten; Ochsen- oder Rindfleisch mit allerlei Beisätzen; Blauer Kohl mit halbgeräucherten Spansäuen; Gebratenes von Fasanen, Schnepfen, Rebhühnern; Pasteten mit wilden oder zahmen Enten; Forellen oder Aale; welsche Hahnen; Mandeltorte; blaugesottene Karpfen; Rehschlegel; eine Torte von Teig; Edelkrebse. Zur ganzen Mahlzeit standen auf dem Tisch Gurken, rote Rüben, Senf, Hering, Kapern und Zitronen.

Das Nachtessen war schwäbisch bürgerlich mit Ulmer Gerste, Blumenkohl mit Morcheln, ganzen Vögeln, Grundeln,

Gebratenem Wildpret und Salat, Schweinskopf, zuletzt Bisquittorte und eine Pyramide von Konfekt.

Sebastian Sailers Gedicht »Baurahochzeit« aus derselben Zeit schildert sehr lebendig und derb ein Hochzeitsmahl:

»Suppa, Kraut und Kuttelfleck,
schöne grauße Stücker Speck,
Zwetschga, brotne Gäus (Gänse) und Dauba,
Schnitta, Schtrauba (Zuckerstrauben),
Bauraküchla, Oierbraud (Eierbrot),
Lenz (Lorenz) frißt sich schier halba daud (tot)!

Rüaba, Rindfloisch, Sulz und Reis,
geale (gelbe) Brotwü(r)scht, süaßa Schpeis
thuat ma läschte viel auftraga . . . «

Die Folgen stellen sich bald ein, weil er »wia Roiger (Reiher) schpeit«, vornehmer ausgedrückt »Bröckala lacht«.

Den Erhebungen durch die Ärzte des Landgerichts Grönenbach/Unterallgäu über Sitte und Brauch ums Jahr 1861 verdanken wir drei Hochzeitsessen, die sich durch die Religionszugehörigkeit eines Brautpaares verschieden darstellen: Auf der niedersten Kostenebene von 1 Gulden 36 Kreuzern bewegt sich das Lutherische Hochzeitsessen:
Suppe, Voressen aus Gekröse, Kalbs- und Ochsenfüße mit Weinbeer, Rindfleisch mit Senf, eingemachtes Rindfleisch in Weinsoße, abgebräunte Bratwürste, Kalbsbraten mit Kartoffeln in Essig und Öl, im Sommer mit Salat und Eiern, Schweinsbraten ohne Gemüse, Backwerk.

Reformiertes Hochzeitsessen: kostet 2 Gulden. Suppe, Voressen aus Lungen mit Weinbeeren und Bisquit, Rindfleisch mit Kraut oder Würsten, Senf, Blut- und Leberwürste, saure Leber mit Buttertorten, geröstete Bratknödel, Semmelschnitten in Wein gekocht, Schweinsbraten mit Kraut und Rettich, Kalbsbraten mit Kartoffeln, Sulz, im Sommer Salat, Bisquittorte.

Katholisches Hochzeitsessen: ohne Preisangabe. Reissuppe mit gebackenen Knödeln und Hirnauflauf; Voressen mit Butterteig und Backwerk; Rindfleisch mit Senf, Rettich, Blaukraut, eingemachtes Kalbfleisch und Backwerk; geröstete Leber, als Beilage Bratwürste; Zunge in süßer brauner Soße mit Waffeln; Bisquit und Törtchen in Wein- oder Kirschensoße; Kalbsbraten mit Kartoffeln in Essig und Öl oder Salat; Bisquittorte mit Zwetschgen.

Das alles konnte ein durchschnittlicher Esser kaum allein bewältigen, drum forderte der Wirt die Gäste beim Begrüßungsrundgang auf »Esset und trinket und packet au ein«. Das Einwickelpapier für Bratwürste und Fleisch wurde dazugelegt. Wichtig für die Frauen war die »Weinspeise« als Nachtisch, wobei ein ordentliches Stück Torte oder Kuchen mit süßem Wein übergossen serviert wurde. Dies war auch der Nachtisch im Ulmer Winkel, ähnlich der hochzeitlichen Weinsuppe vor dem Kirchgang im Oberland. Als Getränke gab es Weiß- und Braunbier, Wein und Kirschengeist.

Bei den Verhandlungen über Mitgift und Einladungsliste spielte auch das Essen eine Rolle, das nicht zu üppig (aushausig), doch auch nicht zu nissig (sparsam) ausfallen durfte. Es war alles im voraus geplant und berechnet, so daß ein Brautvater mit leisem Unterton den Guten-Appetit-Wünschen noch anhängen durfte »esset und greifet auch zu, 's isch schon verschmerzt«.

Kirchweih

»Wenn's Kirbe isch, wenn's Kirbe isch,
no schuißt mei Vater en Bock,
ond wenn mei Mueter tanza tuet,
no wacklet 'ra der Rock.«

. . . ma kann doch nix verkomma lassa . . .

So heißt es im Anbinderlied von der Schwäbischen Alb, das abgewandelt auch einen Schafbock meint. Eine Kirchweih ohne gewaltige Kuchenberge zum Verschenken und eine große Gästeschar, mit der man den Nachbarn ausstechen wollte, war undenkbar.

Vor den großen kirchlichen Reformen vom Ende des 18. Jahrhunderts war dieses Fest nicht einheitlich. Die Ulmer Ratsprotokolle bestätigen dies: 17. März 1529 »die Kirchweih im März wurde mit üppigen Mählern begangen«, und im Jahr darauf »das tafflen zu der Kirchweihen soll abgestellt werden.« Der reformatorische Einfluß war da.

Pater Sebastian Sailer gab als Pfarrer von Dieterskirch ein Kirchweihessen für den Schultheißen, Heiligenpfleger, Wittumsbauern, Mesner und Himmeltragern mit Suppe, Voressen von Wurst oder Kutteln, Rindfleisch mit Knödeln, Gemüse mit grünem (frischem) Schweinefleisch, Einmach- oder Sauerfleisch, Braten mit Salat und als Dessert Butterteigtorte.

141

Es gab früher Gelegenheiten, wo gutes Essen von Amts wegen vorgeschrieben wurde. Wilhelm Hauff schildert in seinem »Lichtenstein« ein solches Mittagsmahl im Rathaus zu Ulm, an dem der hohe Adel teilnahm: »Rechts haben wir den geräucherten Schweinskopf mit der Citrone im Maul, links eine prachtvolle Forelle, die sich vor Vergnügen in den Schwanz beißt, und vor uns diesen Rehziemer so fett und zart, wie auf der ganzen Tafel keiner mehr zu finden ist. Der Rat hatte beschlossen, daß der Sitte gemäß ein Hausvater samt Hausfrau die Gäste ermuntern solle zum Zugreifen »so esset doch und trinket satt, was der Magistrat euch vorgesetzt hat«.

Die dichterische Freiheit von Hauff wird weit übertroffen von der Realität eines Festessens der Reichsstadt Überlingen am 22. April 1790, das aus Anlaß der Beilegung eines Streits mit der Reichsabtei Salem stattfand.

Es ist in der Art von Speisekarten aufgemacht und zeigt die Schaugerichte. Man erhält eine Ahnung von der Üppigkeit, wenn nur der erste Gang aufgeführt wird:

Eine Schau Torthen, Suppen von Pflanzel, Rindfleisch und Senf, Sauerkraut mit Fasanen, Kapaun und gelbe Rüben, Schwarzwildpret, Friganto gespickt, Kalbfleisch in Soß, Wildpretsvögel, Kalbsmilchen weiß, schwarze Tauben, gefilt Kalbfleisch, Schmalzbastetlin, Haschée Bastetlin, Schnepfen-Salny, Dauben weiß, große runde Basteten, große Forellen gespickt, Kalbskopf, Melonen, Monadredich.
Meisteressen in Ulm für Albrecht Ludwig Berblinger

Max Eyth, ein hinreißender Erzähler seiner großen Reisen, hatte sich, bevor er seinen Roman vom »Schneider von Ulm« begann, aufs genaueste über die Zunftbräuche unterrichtet und kannte manches durch die mündliche Überlieferung. Er schildert den jungen Schneidermeister Berblinger als liebenswürdigen, gewandten Wirt und Gastgeber seines Meisteressens, für das der Geldbeutel des Rates Schwarzmann von der Schifferzunft hergehalten hat. »Bald wogte ein Gefühl molliger Behaglichkeit durch die große niedere Stube, in der niemand mehr die Not der Zeit

Schneiderfleck

142

zu fühlen schien. Ein Gericht drängte das andere: geröstete Schnecken und gebackene Froschschenkel, Ochsenfleisch und Kalbsbraten, Forellen und Hechte, Schweinsohren und Kalbshaxen, Gänse mit Schneiderfleck, Blutwurst und Sauerkraut, Schweinsbraten mit geprägelten (geröstete) Spätzle, Torten und Kuchen ... eine erstaunliche Speisenfolge ohne papierene Voranzeige, die jede freudige Überraschung vernichtet und völlig unnötig war, da sich die Mehrzahl der Herren Meister jeder Anforderung an ihre Verdauungskraft gewachsen fühlte ... Bier begann in Strömen zu fließen, Fäßchen um Fäßchen rollte mit freundlichem Donnergetöse in den Saal. Der große Zunfthumpen, ein riesiger Fingerhut, machte mit Burgunder gefüllt ruhelos die Runde. Neckar und Donau kämpften in friedlichem aber immer lauteren Wettstreit um die Gunst der Herren Meister.«

Taufe-Essen

Grüne Flädlessuppe
Kalbssteak in der Morchelsauce
Gemüsenudeln
Helle Schokoladenmousse

Grüne Flädlessuppe

6 Eßlöffel Mehl
¼ Teelöffel Salz
1 Messerspitze Muskat
Pfeffer aus der Mühle mit dem Mehl vermischen
5 Eßlöffel Milch beigeben, glattrühren
2 Eier verklopft darunterrühren
etwas gehackte Petersilie oder Basilikum
3 Eßlöffel roher Spinat (oder gefroren), fein gehackt
zugeben, Teig zugedeckt ca. ½ Std. ruhen lassen, naturbelassenes Pflanzenöl in der Bratpfanne heiß werden lassen, aus dem Teig 3–4 dünne Omeletten backen, erkalten lassen, rollen und in feine Streifen schneiden
1 Liter Fleischbrühe
Die Flädle in die Teller verteilen, die heiße Fleischbrühe darüber anrichten

Kalbssteak in der Morchelsauce

4 Kalbssteaks à 150 g
1 kleine Zwiebel
1 dl Portwein oder Madeira
2 dl klare Bratensoße (evtl. Würfel)
2 dl Rahm
20 Gramm Butter zum Binden
30 Gramm getrocknete Morcheln (30 Min. einweichen und in grobe Streifen schneiden)

Die Kalbssteaks in Mehl wenden und würzen, in der Bratpfanne ca. 2 Min. auf jeder Seite braten und warm stellen.

Die Zwiebel fein hacken, im Bratfett mit den Morcheln gut dämpfen und mit dem Portwein ablöschen. Zitronensaft und 2 dl klare Bratensoße zugeben, den Rahm und die Butter untermischen und mit dem Schneebesen bis zur Bindung aufschlagen.

143

Gemüsenudeln

500 Gramm Nudeln
250 Gramm Gemüse, wie Kartoffeln, Broccoli,
Blumenkohl, Sommerzwiebeln, Lauch, Sellerie,
Tomatenachtel
1 Eßlöffel Butter
0,2 Liter Sahne
Salz, Pfeffer, Muskat

Nudeln in Salzwasser kernig weich kochen. Gemüse
putzen, waschen und klein schneiden. Wurzelgemüse
in Streifen hobeln, Broccoli und Blumenkohl in Röschen
zupfen, Lauch und Sellerie in Streifen schneiden,
Sommerzwiebeln klein schneiden. Das Gemüse einmal
aufkochen. Gemüse in einem Topf in Butter
anschwitzen, Sahne dazugeben und sämig einkochen.
Mit Salz, Pfeffer und Muskatnuß abschmecken. Nudeln
abseihen, nicht kalt machen und in der Gemüse-Sahne-
Mischung durchschwenken.

Rezept 1
400 Gramm Weizenmehl oder
200 Gramm Weizenmehl und
200 Gramm Vollkornmehl Type 1700
1 Eßlöffel Sojaflocken
1 Eßlöffel Weizenkeime
4 Eier
1—2 Eßlöffel Öl
Salz

Rezept 2
300 Gramm Vollkornmehl
1 Teelöffel Salz
3 Eier
1½ Eßlöffel Sonnenblumenöl oder Distel- oder Olivenöl
1½ Eßlöffel Wasser

Mehl und Salz in einer Schüssel mischen. Eier, Öl und
Wasser gut verrühren, alles zu einem feuchten Teig
vermengen und 10 Min. kneten, bis der Teig
geschmeidig ist. Ca. 1 Stunde mit einem feuchten Tuch
zugedeckt stehen lassen.

Teig in 4 Portionen teilen, jeder Teil zu einem Viereck
formen, auf wenig Mehl gleichmäßig und dünn (bis der
Teig durchscheinend ist) auswellen. Den ausgewellten
Teig auf ein Tuch legen und mit dem restlichen Teig
gleich verfahren.

Zum Schneiden der Nudeln die ausgewellten, etwas
angetrockneten Teigstücke locker aufrollen. Je nach
gewünschter Dicke der Nudeln die Teigrolle in 3—8 mm
dicke Scheiben schneiden, diese auseinander legen. Für
gezackte Nudeln werden aus den Teigstücken mit
einem Teigrädchen ca. 1 cm breite Streifen
geschnitten.

Frisch zubereitete Nudeln im siedenden Salzwasser ca.
5 Min. al dente kochen. Werden die Nudeln nicht
gleich verwendet, so müssen sie auf ein Tuch ausgelegt
und getrocknet werden.

Helle Schokoladenmousse

100 Gramm dunkle Schokolade
100 g Milchschokolade werden zerbröckelt mit
2 Eßlöffel Benediktiner oder Cognac und
1 Eßlöffel starken Kaffee
in eine Schüssel gegeben, im heißen Wasserbad
schmelzen und glattrühren.

Nun gibt man 2 eingeweichte Blatt Gelatine zu und läßt
diese Masse etwas auskühlen.
2 Eigelb werden nun untergerührt und
2½ dl Rahm steifgeschlagen und untergehoben.
4 Eiweiß, 1 Prise Salz steif schlagen, unter die Masse
mischen. In eine Schüssel füllen und 5—6 Std. kühl
stellen.

Die Mousse mit 2 Löffeln abstechen, auf Teller
anrichten und mit dem flüssigen Rahm servieren. Für
die Garnitur 4 Tropfen Früchtesirup auf den Rahm
geben und mit einem Holzspießchen als Garnitur in den
Rahm ziehen.
Sie können auch die Mousse in Glasschalen einfüllen.

Der Käse

»**K**äs ist morgens Gold, mittags Silber und abends Blei« so rät gesundheitsbewußt das Sprichwort, doch wir sind inzwischen davon abgekommen. Eine wohlbestückte Käseplatte mit Obst und Nüssen wird bei Einladungen als Hauptgericht freudig begrüßt. Die Auswahl in den Käsetheken läßt keine Wünsche offen, ganz Europa ist vertreten, so daß der Ausruf einer alten Älblerin, vor der Riesenauswahl von Käsesorten im Warenhaus verständlich wird »des darf doch et waur sei, ällz Käs!« (das darf doch nicht wahr sein, alles Käse). Dabei tauchte aus der Erinnerung die karge Kriegs- und Nachkriegszeit auf, als Lebensmittel rationiert und grammweise auf Marken angeboten wurden. Unsere frühere Zugehfrau erschien zu einem Schwätzle, erzählte umständlich vom Tod ihres Mannes und endete mit dem Seufzer »und jetzt kriegt man 65,5 Gramm Käs mehr, und er hot doch da Käs so gern möga«.

Vierzig Jahre sind ins Land gegangen. Gerichte mit Käse überstreut, überbacken und durchmischt erscheinen regelmäßig auf dem Tisch. Das war früher nur dort üblich, wo die Käserei einen Haupterwerb der Bevölkerung bildete.

Seit dem Mittelalter war Molke als Restprodukt bei der Käseherstellung ein Bauerngetränk, und die Höhergestellten rümpften die Nase über den »stinkenden Hafenkäs« der Bauern. Wenige Sorten gepflegteren Käses waren nach den alten Speiseordnungen den Hochfesten, sowie besonderen Gelegenheiten vorbehalten.

In den Kochbuchauflagen um 1830/40 der Löfflerin und der Augsburger Weilerin gibt es keine Käsegerichte, nur Quarkkuchen. Das erste Kochbuch nach Vorschrift Seiner Hochwürden Herrn Prälaten Sebastian Kneipp von 1897 bringt bei den kalten Plättchen auch Kneippbrot mit Liptauer- und Emmentalerkäse und bei den warmen Speisen Rindszunge mit Parmesan und Bröseln überbacken. Der Topfenkuchen aus Naturmehl mit sechs Eiern und viel dickem Rahm auf Hefeteig protzt geradezu mit Kalorien aus heutiger Sicht. Bis weit in unser Jahrhundert hinein galt der Emmentaler als teure Schleckerei. Als »süßer Käs« wurde er zum Beispiel im Ulmer Winkel beim »Leichenschmaus« in Würfel

Ulmische Magd beim Butterstampfen, gefaßte Tonfigur von Septimus Rommel, Ulm, um 1800.

145

geschnitten zu Brot und Bier serviert, galt also als etwas Besonderes wie andernorts die Bratwürste bei diesem Anlaß. Es war Sitte, bevor man sich zu Tisch setzte, stehend ein langes Gebet zu sprechen, das mit dem »Herr gib ihm (ihr) die ewige Ruh« endete. Da lag plötzlich ein Häuflein Käsbröckel auf dem Boden, denn eine eifrige Beterin hatte inzwischen ein Stückle Käse nach dem anderen vom Teller stibitzt und in ihre Rocktasche gesteckt. Sie wollte den Daheimgebliebenen etwas Gutes mitbringen, so wie der Bauer als Marktkram seiner Bäuerin, der Bursch seinem Schatz ein Stück »süßen Käs« mitbrachten. Aber die Tasche hatte ein Loch. Auf diesen Käse waren auch die Handwerker auf der Stör erpicht »des leids bei ons dohoim etta« meinten sie anerkennend dazu. Sie hatten halt ihren Backsteinkäs, den sie daheim oft selbst herstellten, so wie die Wiesensteiger Maurer, die sich im Sommer auf den auswärtigen Baustellen meist nur von Brot und Backsteinkäs ernährten. Es gab damals keine Autos, um täglich von der Wohnung zum Arbeitsplatz zu fahren und von dort Essen mitzubringen.

... da lag plötzlich ein Häuflein Käs auf dem Boden ...

Käse wurde von den Merzlern gehandelt. Er war auch beim Konditor in Ulm zu finden laut Anzeigen im Ulmer Intelligenzblatt von 1823 »... nebst echten Limburger ist auch ordinärer Backsteinkäse, das Pfund zu 16 fr. zu haben bei Conditor Rheineck dem Kornhaus gegenüber«. Backsteinkäs oder »Buchs« war in Ulm ein alter Handelsartikel, der in speziellen Fässern nach Österreich, Frankreich, Italien und in die nordischen Länder exportiert wurde. Schweizer- und Emmentalerkäse kamen in hölzerne Käslägeln- oder Käsbunzen zur Ausfuhr die Iller herab auf Flößen. Sie wurden in Ulm auf größere Wasserfahrzeuge umgeschlagen. Hier geben die Zoll-Listen gute Anhaltspunkte. In der zweiten Hälfte des 18. Jahrhunderts teilten sich die Käsehändler in zwei Gruppen: eine schweizerische mit dem Ausgangspunkt »Claris«-Glarus, und die etwa gleichgroße der Allgäuer aus den Flößerdörfern Lautrach, Marstetten-Aitrach. Dort tauchten immer dieselben Namen von Käsehändlern auf, die zugleich auch Flößer waren, wie die Schnetzer aus Legau, oder die als Fuhrmann auf dem Wasser neben andern Waren, zum Beispiel Kirschengeist vom Bodensee oder Chriesiewasser aus der Schweiz, auch Käse transportierten. Einige Beispiele von zehn zu zehn Jahren: 1752 wurden aus Claris und dem Allgäu 141 Zentner Käse nach Lauingen und Dillingen geflößt.

1762 kamen 106 Zentner aus Claris, 100 Zentner aus den Allgäuorten Legau, Lautrach, Grönenbach.

1772 war ein Hungerjahr mit Teuerung, die Listen sind mangelhaft. 1782 und 1792 sind Rückgänge zu verzeichnen, es waren insgesamt aus Claris und Aitrach 94 Zentner.

Allgäuer- und Schweizerkäse kam selten bis nach Wien als Einzelfracht. Es ist anzunehmen, daß Käsebunzen als Beiladung donauabwärts transportiert und unter Waren allgemein geführt wurden. Hier war vor allem das Handelshaus der Kindervatter für den Transport nach Österreich führend.

Die intensive Milchwirtschaft im Allgäu ist kaum 130 Jahre alt, seitdem die Stallfütterung aufkam und Viehrassen mit mehr Milchleistung gezüchtet wurden. Das war der Anfang der Molkereien auf den Dörfern bis hinauf auf die Sennereien.

Auch die Erzeugung von Butter fand, wie beim Käse, zuvor im eigenen Haushalt statt. Die abgesahnte Milch, die wochenlang gesammelt wurde, säuerte, bis sie durch Stampfen im Holzfaß zu Butter wurde. Sie wurde meist ausgelassen und als Butterschmalz zum Kochen verwendet.

Das Butterbrot als Nebenmahlzeit oder Frühstück war im 16. Jahrhundert in den Niederlanden verbreitet und nahm seinen Weg dann über Norddeutschland nach dem Süden erst sehr spät. Zum Brotessen gehörte keine Butter. Entsprechend wurde auch zum Vesper im Gasthof nie Butter gereicht. Ausnahme war nur der mit Butter und Schnittlauch angemachte Kräuterkäs.

»Luckeleskäs«, also Käse aus geronnener Milch, wurde im Sommer gerne unter die frische Milch gerührt. Mit diesem Quark zog die Bäuerin ihre wonniggelben Küken auf, die mit luck, luck, luck angelockt wurden und deswegen Luckele geheißen wurden. Der »Dreikäsehoch« ist ein Kleiner. Von einem eingebildeten Schwätzer wird gewitzelt »der moint er ist der Käs, derweil stinkt er blos«, oder »der schwätzt da hella Käs raus«. Da haben wir die Gegensätze!

Dreikäsehoch

147

Topfenknödel

Für 7—12 Portionen wird benötigt:
½ Pfund Quark (10% Fett)
50 Gramm Butter
3 Eier
100 Gramm Grieß
Salz, Schale einer halben Zitrone, Vanillinzucker

Zubereitung:
Quark durch ein Sieb streichen, mit dem Mixer lauwarme Butter, Eier, Vanillezucker, Salz, Zitronenschale einrühren (nicht zu lange rühren!). Nun wird der Grieß mit dem Kochlöffel untergerührt und zwei Stunden im Kühlschrank kaltgestellt. Aus der Masse wird nun mit dem Eßlöffel Knödel für Knödel ausgestochen, die man in der Hand noch rund dreht. In siedenden Salzwasser zehn Minuten ziehen lassen (zudecken). Inzwischen wird in einem Topf oder Bratpfanne die Butter erhitzt, Brösel und Vanillezucker zugegeben, kurz durchgeröstet und die abgetropften Knödel darin gewälzt. Dazu paßt eine Fruchtsoße oder Vanillesoße.

Butterbrösel:
200 Gramm Butter
200 Gramm Semmelbrösel
40 Gramm Zucker, Vanillezucker

Geriebener Teig (Wähenteig)

500 Gramm Mehl in eine Schüssel geben
200 Gramm Margarine oder Butter stückweise dem Mehl beifügen, verreiben
0,2 Liter Wasser
1 Eßlöffel Essig
2 Teelöffel Salz dazugeben, zu einem Teig kneten.
15 Minuten kühlstellen.
Verwendung für Kuchen und Krapfen
Aufbewahren im Kühlschrank in Alufolien oder feuchtes Tüchlein.
Haltbarkeit: 3—4 Tage

Allgäuer Käsewähe

300 Gramm geriebener Teig
100 Gramm Allgäuer Emmentaler
100 Gramm Allgäuer Bergkäse (evtl. Greyerzer)
50 Gramm feingehackte Zwiebeln
3 zerklopfte Eier
0,2 Liter Joghurt
Salz, Muskat
50 Gramm Mehl
0,3 Liter Milch
0,1 Liter Rahm
Ein Wähenblech mit dem 3—4 mm dick ausgewallten Teig auslegen. Den Teig stupfen. Das Mehl mit der Milch und dem Rahm anrühren und unter Rühren aufkochen. Die gehackten Zwiebeln beifügen und ca. 3 Minuten mitkochen. Die zerklopften Eier, den Joghurt, den geriebenen Käse und die Gewürze mit der ausgekühlten Milch vermischen. Die Füllung auf den Teigboden gießen und die Wähe im heißen Ofen 30—40 Minuten backen. Heiß servieren.

Käsküchle aus Allgäuer Bergkäse

100 Gramm Blätter- oder Kuchenteig
2 mm dick auswallen, ausstechen, in eingefettete Förmchen legen, einstechen, kühlstellen
Für die Füllung:
80 Gramm geriebener Allgäuer Bergkäse
2 Teelöffel Mehl
mischen, in die Förmchen verteilen.
Für den Guß:
1 Ei
0,1 dl Halbrahm oder Rahm
Muskat, Pfeffer
Streuwürze
gut verrühren, darüber verteilen
Etwa 15 Minuten bei sehr guter Hitze (250 Grad) auf der untersten Rille backen.
Zur geschmacklichen Vollendung können noch Zwiebel und Schinken, in Würfel geschnitten und angedünstet, zugegeben werden.

148

Essen und Speisenzubereitung vom Mittelalter bis zur Barockzeit

»Die Fräulein können wohl kochen, sie haben schöne Pfannen«. So sangen die fahrenden Sänger zur Begleitung von Drehleier, Landsknechtstrommel und Dudelsack ihre Freß- und Sauflieder.

Bei Festen war die karge eintönige Kost des Alltags vergessen. Es wurde gepraßt und im Überfluß geschwelgt. Bilder von Banketten des Mittelalters zeigen kaum Bestecke, im besten Fall stilettartige Messer. Man trank Brühe aus groben Näpfen und tunkte sie mit Brot aus, wie auch die »Selsen« (Soßen) zum Fleischgericht. In vielen Inventaren erscheinen diese Messer als Reisebestecke der Vornehmen. Der Handwerker auf der Stör wanderte noch mit dem Blechlöffel. Es gab anfangs wenig Eßgeschirr, nur der Gastgeber aß vom Teller, während die Gäste ihre Speisen auf Brotfladen ablegten. Wichtig war bei einer großen Tafel das Tranchieren der Braten, damit möglichst gleichwertige Stücke entstanden. Der Fürschneider oder Tafelschneider unterstand dem Truchsessen, und gut tranchieren zu können, war so wichtig wie Tanzen, Reiten und Fechten, weshalb es damals ein ganzes Arsenal von Tranchierbestecken gab. Der Gast langte mit den vorher gewaschenen Fingern in die große Bratenschüssel, legte seinen Gansschlegel auf den Brotfladen, später auf den Teller, und begann, ihn mit dem Messer zu bearbeiten. Dabei war es verpönt, den Knochen mit dem Munde abzufieseln, wie dies heute im trauten Familienkreis gerne geübt wird. Er mußte mit dem Messer abgeschabt werden, dann erhielten ihn die Hunde. Auch das zu Mus gekochte Gemüse wurde mit Brot aufgeschaufelt und tüchtig mit Wein hinuntergespült, denn es war, wie die Soßen, scharf

Eier am Spieß . . .

gepfeffert und gewürzt. Obwohl in Italien schon im 16. Jahrhundert mit Messer und Gabel gegessen wurde, verbreitete sich diese Sitte erst um 1650 über Frankreich nach Deutschland und wurde Mode an den Fürstenhöfen und in Klöstern. »Geschmückte Räume verlangen nach geschmückten Sitten«, formulierte ein Reichsprälat von Ochsenhausen. Damit erreichte die Tischkultur mit edlen Weinpokalen, Tafelaufsätzen, Prunkplatten, Ziervasen, Leuchtern, Servicen und Bestecksätzen ihren Höhepunkt.

Festmahl mit Tanz. »Durch Adam Weib und Rebensaft kombt mancher in groß Uhngemach«. Aquarell-Miniatur aus dem Stammbuch des Ulmer Patriziers Marcus Schermar, 1620 begonnen.

Doch kehren wir ins Mittelalter zurück. Hier bei den Festen fügt sich gut der Satz aus einem Haushaltlehrbuch des Jahres 1598 ein »man pfleget sonst zu sagen lendlich sittlich, ein jeglich Land hat seine Arten«. Das Buch befindet sich in einer Ulmer Patrizierbibliothek und weist Gebrauchsspuren auf.

Der offene Herd wurde bereits vorgestellt. Es hat sich in allerneuester Zeit bei Ausgrabungen im Schwäbischen herausgestellt, daß der Herd im frühen Mittelalter in der Stube stand. Das war der einzige geheizte Raum im alten Bauern- und Handwerkerhaus, wo sich die große Familie mit Knecht

. . . »dunket das Fett aus« . . .

und Magd, mit Lehrling und Gesellen aufhielt. Unser Haushaltsbuch von 1598 schildert es sehr drastisch »da verbrennt und verderbet man viel Bratpfannen. Das Gesinde frisset und dunket in Abwesen der Frawen das fette aus und wird bisweilen der Bräter mit großer Gefahr seiner Gesundheit schier so gar als der Braten . . . An etlichen Örtern braten die Hunde, so dazu gewent sind, daß sie im Rade lauffen und also den Spiß mit dem Braten umbbewegen. An etlichen Örtern hat man sonderlich Bratzeug mit Gewichten und Rädern, da bis weilen das Zeug wol so viel kostet als die Braten, die man innerhalb eines gantzen Jahr damit braten möchte. An etlichen Örtern hat man Bratröhren in den Ofen, darin man die Braten in einer Pfannen sezet und vorne ein Plech vorscheubet, das ist wol eine feine art sonderlich im Winter, aber es gibt in der Stuben ein starcken Geruch oder Stanck, den nicht jeder in seinem Kopfe vertragen kann. An etlich Örtern heitzen die Becker am Sonntage früe den Backofen, darein setzen sie die Braten in einer Pfannen, welche von den Nachbarn heuffig hingebracht werden. Da kan man seinen Braten mit zween oder drey Pfennigen gebraten bekommen ohne alle weitere Scheden und Unkosten.«

Der Brauch, Pasteten, Braten und Backwaren zum Bäkker zu bringen, hat sich bis zum zweiten Weltkrieg, auf dem Lande noch darüber hinaus, gehalten. Der elsäßische und badische »Bäckaofa«, der schwäbische Leberkäs, sind die herausragenden Beispiele dafür. Das Spießedrehen, zu dem Hunde abgerichtet, vielmehr verurteilt wurden, hatte an den Höfen den Beruf des Spießtreibers, der bei allen Hofreisen mitgenommen wurde, zur Folge. Es gab dafür mechanische Instrumente.

151

Der Verfasser dieses Lehrbuchs der Ökonomie als Wissenschaft vom ganzen Haus, der mecklenburgische Pfarrer Johann Coler (1566–1639), wendet sich an die »Hauswirte, Ackerleut, Apothecker, Kaufleute, Wandersleute, Weinherren, Gärtner und den gemeinen Handwerkerleuten und all diejenigen, so mit Wirtschaften oder Gastung umhergehen«. Es ist eine Art Hausväterliteratur mit einem Kalender, der die besten Pflanzzeiten vermerkt. Colers drittes Buch handelt vom Kochen für Reiche und Arme. Er gibt darin praktische Hinweise für »Männer die des kochens unkundig oder unlustig sind, damit sie ein Gerichtlein Zugemüß im Notfall zurichten können«. Coler hatte Medizin und Jura studiert und wechselte danach zur Theologie über. Unter seinen Rezepten befinden sich »ein Hecht auf polnisch zu sieden«, Würste aus gehackten Fischen, Mus von Kirschen, Quitten, Morellen, Pfefferkuchen, Erbsen, Erdbeer, Hanf und Mohn sowie ein Biermus. Endlich können wir bei ihm ein Wiedersehen feiern mit den urschwäbischen Strauben. Er nennt sie »Höfliche Streubel«, also ein Schmalzgebäck, das an Höfen serviert wurde.

Diese frühen Haushalt- und Kochbücher haben oft zu Verfassern Ärzte, Arztwitwen, Apotheker oder deren Witwen sowie Pfarrer oder Pfarrfrauen. Gerade diese Pfarrfamilien waren im Schwäbischen oft Wegbereiter für neu einzuführende Speisen – siehe Kartoffeln. Ein sehr bekanntes Kochbuch dieser Zeit stammt von Anna Weckerin, »weyland Herrn D. Johann Jacob Weckers des berühmten Medici seligen nachgelassenen Wittib«, 1597 gedruckt. Sie kommt aus Amberg.

Rund fünfzig Jahre vor Gutenbergs Geburt, also vor sechshundertvierzig Jahren, dürfte das erste in Deutschland nachgewiesene Kochbuch niedergeschrieben sein »dis buch sagt von guter spise«. Der Autor ist unbekannt. Es wurde dann 1844 nachgedruckt und enthält manche Kochanweisungen, die auf die Auswirkung der Kreuzzüge hinweisen.

Einhundert Jahre später erschien »die Kuchenmaisterey« eines ungenannten Autoren, die seit ihrem Erscheinen im Jahr 1485 immer wieder neu aufgelegt wurde. Dieses Buch beschränkte sich auf Speisen für hohe Herrschaften. Nun folgten in raschen Abständen mehrere Kochbücher, die teilweise mit Arzneirezepten durchmischt werden, wie dies auch später so gehandhabt wurde. Das »Tegernseer Kochbüchlein«

Hinweise für Männer, die des Kochens unkundig sind

aus dem 15. Jahrhundert, das nur die Küchenzettel für zweihundert Fastentage der Benediktiner enthielt. Aus Augsburg kam das »Kochbuch der Sabina Welserin, 1553«; »Die Kuchenmeisterey von 1516« aus Straßburg; aus Frankfurt von Dr. Ryff ein »Kochbuch für die Kranken«, und schließlich das am häufigsten zitierte »Kochbuch des Kurfürstlich Mainzischen Mundkochs Marx Rumpolt von 1584«.

In diese Reihe sind nun zwei Kochbücher aus dem schwäbisch-alemannischen Raum sowie das Speisereglement für den Herzog Eberhard von Württemberg des Ulmer Stadtarztes Dr. Johann Stockar einzuordnen. Das erstere »Büchlein von guter spise«, eine Handschrift vom Anfang des 15. Jahrhunderts, stammt aus einem alemannischen Kloster der heute bayerischen Bodenseegegend. Seine mundartlich gefärbte Sprache legt eine deutliche Spur ins Oberschwäbische hinein. Die Beispiele zeigen es: Anke = Butter. Kriessen = Kirschen. Reckolter = Wacholder. Marochen = Mauracher oder Morcheln. Scherben = Teigschüssel. Groppen oder Grundeln, gebackene Strubeten = Straubetze. Knobloch = Knoblauch. Wir finden dort allerlei Pasteten, die in der früheren Küchenmeisterei eine Rolle spielen. Der Aufbruch des Wildprets wurde auf verschiedene Weise zubereitet »Ain Fürhess« – das ist Hasenpfeffer. Dieser Name gilt auch für Hirsch und Reh-Aufbruch. Er ist leicht zu erklären nach dem damals herrschenden Gesetz. Das Vorderstück mit Kopf, Hals, Brust, Vorderläufen und Innereien erhielten die Jäger. Das bessere Fleisch gehörte der Herrschaft. Die dazu gereichten »Selsen« bestanden aus Wein, Essig, Honig, Pfeffer, Pariskörnern, geriebenem Brot oder zerstoßenen Lebzelten. Waren sie gesulzt, hießen sie Galray (von Gallert). Dazu aß man Mus aus Hirn, Käse, Birnen, getrockneten Bohnen oder Erbsen, aus Holunderblüten oder Borretschblumen. Wir finden bereits gebackenen Kalbskopf, auch ein »Frauenessen« aus Kuheuter mit Ingwer und Safran gewürzt, und viel Schmalzgebäck: Krummkrapfen, Fastenkrapfen, Krapfen mit grünen Welschnüssen oder Feigen gefüllt. »Krossai(g)er« entstanden, indem man frische Eier in Wasser hartsott oder in heißer Asche in der Schale briet. dann wurden sie geschält, mit Teig umhüllt, an den Spieß gesteckt und über der Flamme gegart. Sie waren bei den Landsknechten sehr beliebt, weil Eier, Salz und Mehl leicht zu organisieren waren und das ganze rascher ging als Brot zu backen. Auch der dicke Brei von Hülsenfrüchten konnte zerstückelt an den Spieß gesteckt und gebraten werden.

Die Landsknechte mußten sich auf dem Marsch selbst verpflegen. Im Gefecht waren dafür die Truppenteile zuständig. Ähnliche hartgekochte Eier, die in mehreren Teigschichten übereinander im Fett gebacken werden und deshalb groß wie eine Männerfaust werden, gibt es heute noch um Leutkirch und Isny als beliebtes sommerliches Freitagessen zu grünem Salat.

»Ain guot Sempf« wird mit Zimmetblüte und Honig, das Holdermuos aus Milch, Eiern, geriebenen Bretzelen und Simelen gemacht. Merke: dieses Kochbuch wurde im Bayerischen geschrieben, also ist dort die Semmel, was im Württembergischen der Wecken ist!

Als Abschluß aus diesem Klosterkochbuch die Rinderzunge in brauner Soße:

Wiltu ain guot essen machen von ainer rinderzungen
Aus dem Anfang des 15. Jahrhunderts »ein Alemannisches Büchlein von guter Speise«

Wiltu ain guot essen machen von ainer rinderzungen, so nim ain guot rinderzung und schnid sie uff hinden ab und nim und sied sye recht wol und wen sie recht wol gesoten ist, so nim sie heruss und lass sie erkalten und schel sie den recht suber und wol und nim sie denn und schnid sie denn zu klainen stücklin und leg sie uff ain rost und lass sie ertrucknen daruff und luog das du habest anken in ainer pfanen und röst zibelen darin, rech wol und tuo den win und essich darin und würcz es den mit guoter specerig und leg den die gebraten schniten in ain blaten und güss das gewürcz darüber und gib es dar.

»Der Has im Pfeffer« aus dem Buch Granatapfel, Holzschnitt von Hans Baldung Grien signiert, Straßburg 1511, aus der Schadschen Patrizierbibliothek in Ulm.

154

Die älteste Speisenfolge in Ulm

Ein Fastenessen vom Jahr 1514

Vor uns liegt, in energischer Handschrift und ausladenden Anfangsbuchstaben, die Speisenfolge für das Gastmahl des Pfarrkirchenbau-Pflegamts, das Sebastian Renz »als ein Pfleger Unser Frauen« am Donnerstag nach dem ersten Fastensonntag Invocabit in seinem Haus gegeben hat. Es handelt sich also um ein Fastenessen aus dem Jahr 1514 für die Mitglieder dieses wichtigen reichsstädtischen Amtes, das vor allem während des Münsterbaues eine große Bedeutung erlangte. Es war besetzt mit fünf Ratsherrn aus Patriziat und Zünften und war zuständig für die Besetzung der sechzig Pfarrstellen der Herrschaft zusammen mit den ältesten Stadtgeistlichen. Die Auswahl der Kandidaten der Theologie sowie der Lehrerstellen am Gymnasium academicum oblag diesem Gremium. Es war zugleich die oberste Zensurbehörde.

Bei diesem Fastenessen am Vorabend der Reformation tritt besonders deutlich zutage die präzise Aufstellung des Teilnehmerkreises und der ausgesandten Speisen an deren Familien oder weitere Personen mit der Angabe, was vor und was nach diesem Gastmahl ausgeschickt wurde. Ebenso kann anhand der Speisenfolge und der Aufzählung der Zutaten mit Preisangaben die Art der Zubereitung im gegebenen Rahmen nachvollzogen werden. Ein bescheidener Rest dieses alten Brauchs, von Festmahlen eine begrenzte Kostprobe an einen vorbestimmten Personenkreis ins Haus zu schicken, hat sich bis heute bei Hochzeiten, Konfirmationen und Kommunionen besonders auf dem Land erhalten.

Nach der Aufstellung nahmen teil:

»Der H. Pfarrer mit seinen fünf Herren
H. Martin Idelhauser, der Prediger *)
item mein H. Bürgermeister
item Unser lieben Frauen Pfleger all drei
item der Stadtschreiber
H. Jacoben und unser H. Frauen Schreiber und Sebastian Perch der Hauspfleger.
Tischdiener sind Bartholomäus Schoppelin und Heinrich Zeller.«

155

»Hernach folgend das Essen oder Mahl:

ein Voressen mit Roggen und Vischen in ainer schwarzen Brüen
ein Batton Suppen mit Weinbeeren
gesotten Visch und auf ein Teller 14 Stuck
Sulz Visch und grün und auf ein Teller 8 Stuck
Brat Visch und Reismus auf einen Tisch 2 Bratvisch

Mandelmilch, Öpfel und Nus . . .«

Hier erscheint bereits das Wort »Voressen« in einer dunklen Brühe, darauf eine damals beliebte Fastensuppe aus Brotschnitten, die mit Wasser angebrüht und süßer Milch verdünnt wurden. Weinbeeren durften als »Vastmues« (Fastengemüse) auf keiner besseren Tafel des Mittelalters fehlen. Sie kamen aus Smyrna (Zibeben), Sultaniarosinen und die kleinen Rosinen oder Korinthen bildeten das Hauptausfuhrerzeugnis Griechenlands.

Den Hauptgang bilden Fische, die auf verschiedene Weise zubereitet sind. Es handelt sich vorwiegend um Karpfen und Hechte. Zum gebratenen Fisch wird Reisbrei gereicht, als Nachtisch gibt es die beliebte Mandelmilch, Äpfel und Nüsse.

Die Getränke: »ite mehr 2 Maß ¼ mal Malvasier, das Maß zu 6 Schilling, 2 Maß ¼ Veltliner, das Maß zu 10 Denare, sowie aus dem Steuerhaus 14 Maß Elsäßer.«

Bei der Auflistung der ausgesandten Speisen, für die sich ein gesulzter Fisch besonders eignet, erhalten folgende Personen vor dem Essen zugesandt:
der Pfarrer, der Bürgermeister, jeder der Pfarrkirchenbau-Pfleger oder Herren, der Propst zu den Wengen »von wegen seines Kochs«, die Nonnen oder Schwestern (wohl die Franziskanerinnen der Sammlung), der Hauspfleger, Stadtschreiber und die Gesellen sowie Meister Bernhard und Leonhard Altin, jeder eine bestimmte Anzahl von Schüsseln mit Sulzfisch.

Nach dem Essen wird überwiegend gesottener Fisch ausgesandt, je nach Rang bestimmter Persönlichkeiten auch Voressen oder Sulzfisch. Hier handelt es sich um Bedienstete. Insgesamt sind über den Tisch und nach auswärts 41 Stück gesottener und 58 Stück Sulzfisch benötigt worden.

Der Verbrauch an Zutaten und Gewürzen:

Lot Safran, ein Vierling Imber (Ingwer), 4 Lot Roerlin, 4 Lot Bauskeren, 2 Lot Nägelin, 5 ½ venedisch Mandel, 4 Pfund gestoßenen Zucker (wobei Zucker viel teurer ist als Mandeln), ferner 4 Lot Hausenblattern als Gelierungsmittel, 2 Pfund Rosinen und 1 ½ große Weinbeeren, ein Quantlin Muskatblüte und 2 Pfund Reis. Es sind auch um zwei Schilling Heringe aufgezählt, die zu »grün Visch« zählen, sowie Schmalz, Weißbrot, Grünkraut, Äpfel und Nuß. Auch die Fischträger erhielten ihren Lohn.

*) Anmerkung: Der Name Martin Idelhauser (oder Jedelhauser), Kaplan der Neithartschen Kapelle im Münster, Magister der sieben Freien Künste, erscheint im Zusammenhang mit dem Ulmer Stadtarzt Dr. Wolfgang Rychard in der Anfangszeit der Reformation.

Mandelmilch
Rezept um 1400

Wiltu machen ein mandelmuß so nym mandelen und stoiß sy wol und mache eine dicke mylch davon.

Diese Mandelmilch zieht sich durch die ersten Rezeptsammlungen. Sie wurde als Medizin getrunken und mit Rosenwasser gewürzt.

Schwarz Pfeffer von visch
Anfang 15. Jahrhundert, alemannisch

Ouch mach an Karpffen, an brachsne, an schligen oder ander fisch ainen schwarzen pfeffer, der dick ist als an ainem wildprätt. Ouch mach ainen schwarzen pfeffer mit honig an ganz visch, groppen, grundlen und an wellerlai du wilt, suss anderlay pfeffer an fisch und durchgezogen ärwissen von pfefferbrott, von mell und von zübelen, von pfeffer und dürre pfeffer, mach als din gewonhait ist.

Braten hecht
Anfang 15. Jahrhundert, alemannisch

Niem hecht oder ander gross visch und tou die hut davon also row und züch dy gar ouch davon und hack das gebrätt klain und bewürcz es und truck es in ain ingraben form, wie du wilt, es sy visch alder rebhüner vogel oder ander ding glich und süd es darin; darnach tuo es us der form und braut sy an spissen oder sus. darnach schnid von den vischen bratten lenglecht als speck und erspick es damit in der wis, mach ainem rechten bratten daruss, wan das du ain brosem wiss brottes darunder tuost und tuo es zesamend mit zwain nassen messern in der form als ain brott und erwels in ainer pfannen und braut es an ainem spislin als vorgeschrieben ist.

157

Das Speisereglement eines Ulmer Stadtarztes aus dem 15. Jahrhundert

In Ulm erinnern die Namen von Straßen in der Nähe der Klinik Safranberg und am Eselsberg an Ärzte des 15. und 16. Jahrhunderts. Die Scultetus-Gesellschaft, die sich neben ihren anderen Aufgaben der Forschung und Medizingeschichte widmet, trägt den Namen des ersten akademisch gebildeten und promovierten Chirurgen Johannes Scultetus. Diese vom Rat der Stadt berufenen Ärzte genossen hohes Ansehen weit über die Grenzen des Reichsstadtgebiets hinaus. Ihr Vertrag erlaubte ihnen, im bestimmten Umfang auch Patienten von außerhalb anzunehmen.

Auch Dr. med. Johann Stockar, der im Jahr 1483 als Stadtarzt nach Ulm berufen und, wie die Universitätsmatrikel aus Ingolstadt vermerkt, »de Naw«, also in Langenau geboren wurde, besaß das Vertrauen höchster Würdenträger, unter anderem des Bischofs von Augsburg, des Herzogs von Bayern. Er war Leibarzt des Grafen und späteren Herzogs Eberhard von Württemberg, besser bekannt als Eberhard im Bart. Für ihn schrieb er 1494/95 ein Speisereglement, das 1538 in Augsburg gedruckt wurde. Dieses Reglement wurde in der Badeordnung des berühmte Gesundbades Oberthalfingen vom Jahr 1709 in ganzen Passagen zitiert. Es eignet sich in hervorragendem Maße dazu, die Ernährungsgewohnheiten und Zubereitungsweisen der Speisen im ausgehenden Mittelalter zu beleuchten. Diese sind zwar auf eine hochgestellte Persönlichkeit zugeschnitten und im Zusammenhang mit deren Erkrankung diagnostisch bedingt, doch wo der Arzt verbietet oder abrät, bringt er auch das alltägliche Essen der Handwerker und Bauern zur Sprache. Das mag seinen Grund einmal darin haben, daß ein Landesfürst auf Reisen abgesichert sein mußte, falls er gezwungen war, unter einem primitiven Dach Schutz, Speise und Obdach zu suchen. Auf der andern Seite hing es wohl auch mit dem engen Einvernehmen von Fürst und Volk zusammen, das aus Kerners Gedicht

tern/treibt den harm / vnd rainiget die Niern vnd blatern von aller vnseübrigkait des sandes vn stainlin rc. vnd wunderbarlich erkläret er das gesicht.

Von dem Saluayen wein.

Saluayen wein wirt gelobt / ben die ain wayck vnd blütig zanflaysch haben / vnd für das zenwee / vnd das zart wacken vnd bewegung / waū man offt den mund mit spület / vnd jn in dem mund helt / vnd gemainklich so dienet zū allen geädrigen glidern / sterckt die schwachen glider / die schwach vñ lam seind / von kalter zäher feüchtigkait / als im paralasis / sterckt / rainiget vnd wermet magen vnd müter / vnd das haupt / vñ dienet sehr fast zū den lamē glidern / dienet auch für den schwären siech tagen / vnnd man findet nit das er zū der Leber die ne / waū er mag sy wol hitzi gen.

Nun volget hernach das Register.

Aus dem Speisereglement des Stadtarztes Dr. Stockar, 1538 gedruckt, teilweise in Spitzkolumne.

spricht »Preisend mit viel schönen Reden ... daß er sein Haupt kann kühnlich legen jedem Untertan in Schoß«.

Diese Ernährungsanleitung ist zugleich eine Bestandsaufnahme der Produkte, die damals einem erwählten Kreis vorbehalten waren. Stockar bringt auch Rezepte von einzelnen Gerichten und ist damit auch Lehrer der Kochkunst. Als solcher steht er als Arzt in der Geschichte der Gastronomie nicht vereinzelt da.

Zu Beginn empfiehlt er seinem Patienten »mit einer guten ordnung zu zeyten zu rasten und nicht stätiges Ertzney zu nehmen«. Er rät zu viel frischer Luft besonders im Winter, »wo in dämpfiger Stube viele Hunde liegen und stinken«. Er glaubt als Mensch seiner Zeit fest an Einflüsse aus dem Weltall »Cometen und viel schiessende Stern«, die böse Vorzeichen für Krankheit, Krieg und Tod darstellten. Wir befinden uns in der Zeit der Pestepidemien und anderer Seuchen. Während seiner Amtszeit wurde das Seelhaus beim Zundeltor als Isolierstation erbaut.

Beim Kapitel Essen und Trinken gibt er den allgemeinen Rat, nichts zu genießen, solange nicht alles verdaut sei, auch niemals zu viel auf einmal, lieber öfters zwischendurch etwas zu essen. Er warnt vor Vergiftungen bei ungeeignetem Geschirr.

Der verwöhnte Geschmack eines Fürsten tritt bei den Fleischspeisen zutage: Keine Tiere, die »im Gefängnis aufgezogen« wurden, nur ganz junge Kälber, Kitze, einjährige Schweine, die sich im Wald von Eicheln ernährten, gewürzt mit Ingwer. »Hennen, Caponen, die nit eingesperrt seind, sondern die iren freyen gang haben in ainem weyten hof oder garten, sind vorzuziehen.« Beim Wassergeflügel empfiehlt er solche mit langen Hälsen, ausgenommen die Pfauen.

Vom Genuß des Eingeweides rät er ab, dies mache »den Magen speyerlich«. Er zieht auch eingesalzene Meeresfische den frischen vor, obwohl sie den Nieren schadeten. Schleien und Aale hätten die Natur der Nattern, drum solle man die Aale im starken Wein »darinnen ersterben lassen«. Krebse als Speise der Reichen und Armen werden mit dicker oder der beliebten Mandelmilch angerichtet.

Fette Milch jedoch ist verpönt, denn Milchrahm verstopfe die Adern, mache viel Wind und schade dem Zahnfleisch. Am besten sei Milch von Bergziegen mit Zucker oder Honig gesüßt und auf nüchternen Magen getrunken, und hernach einige Stunden gefastet. Gestandene Milch mit Zucker bestreut, oder

Zundeltor

geronnene, die mit einem glühenden Stahl »abgelöscht« wurde, empfiehlt er für den Sommer. Bei Käse meinte er, daß dieser »nach andern speysen den magen beschleußt und hilft in dewen« (verdauen).

Er hat auch ein gestörtes Verhältnis zur Butter, die nur »speyßweis«, also zum Kochen zu verwenden sei. Doch wer darauf nicht verzichten wolle, der solle Butter mit Zucker und Mandelkern wohl besteckt als Vorspeise verzehren. Der Gesundheit dienend sei das Kochen mit Öl, vor allem Baumöl (Oliven- oder Walnußöl). Er warnt aber vor verbranntem Öl.

Soßen spielten in der mittelalterlichen Küche eine große Rolle. So gibt er Rezeptanleitungen für Sommer- und Wintersoßen. Kräuter und Salate solle man temperieren (mischen) wie man wolle mit Kressich, Peterling, Piment, jungen Nesseln, Wegwarten, Hopfensprossen, und »man sol auch gewonlich alle kreutter vor andern speyß gebrauchen«. Knoblauch als der »Bauern Tyriaca« sei schädlich für die Augen, gut gegen Natterngift und Tollwut. Seine Bosheit werde ihm genommen wenn er mit grünen Kräutern gekocht, mit Salz, Essig und Öl angemacht werde. Es folgen noch Salate von Rettich, Merrettich (Krön), Rüben, Spargeln, sowie als Gemüse Pfifferlinge und Morcheln.

Brot »zymlich gehöfelt und gesalzen« aus Weizen, Kern, Roggen, Gersten oder Haber solle niemals ofenfrisch, sondern zwei Tage alt gegessen werden. Noch empfehlenswerter sei das Brot aus Semmelmehl. Da sind wir bereits beim bekannten Ulmer Mutschel- oder Geigenmehl!

Gebackenes aus der Pfanne liege zu schwer im Magen, sei für Bauern und solche die hart arbeiten, gut. Gebäck mit Honig als »Letzelte« (Lebzelten) sei dem Gesunden nicht schädlich, doch nie in Fett herauszubacken. Aus anderer Quelle stammt das Lebkuchenrezept Stockars für Kaiser Maximilian.

Es folgt eine Reihe von Breien und »Zumüs« aus Reis, Ärbis, Bohnen, Fasolen, Linsen, Kichern. Da sie alle Blähungen verursachen, ziemen diese den hart Arbeitenden. An den Fürstenhöfen, die Stockar aus eigener Anschauung kannte, bereite man Zumüs folgendermaßen zu: Übernacht in Wasser einweichen, dann in Baumöl kochen und mit Safran, Ingwer, Nägelein und Wein würzen.

Zu den natürlichen Getränken zählt er Wasser und Wein, zu den »gemachten Trank« Bier, Met, Äpfeltrank, Weichseln- oder Kirschentrank. Der Wein, den man zur Erhaltung der

Wappen des Dr. med. Stockar

... Wein – net saumäßig – aber regelmäßig!

Gesundheit trinke, sollte »nit handig oder scharf sein, auch nit grob noch sieß, im Sommer weiß, im Winter rot«. Melancholiker sollten kräftigen gewärmten Wein trinken »er mache sie frölich und mehre die Geister des Herzen und Gemüts«, doch wer an Podagra leide, solle sich zurückhalten. Zur Löschung des Durstes sei Wasser besser als Wein, doch auf längere Sicht gesehen, sei Wein der Gesundheit zuträglicher als Wasser. »Weyter soll man wissen, das der Wein das Hirn klärt, miltert den Zorn, vertreibt die traurigkeit und schwermütigkeit, macht den menschen frölich, macht den man begirlich zu den frawen und treibt auß dem leib vil überflüssigkeit und unrainigkeit ... Wer in aber gebraucht überflüssig und unordentlich bis zu der trunckenhait, so schwecht er die vernunft und leschet sy auß und machet den menschen vihisch und naigt und bringt in zu zorn, und also beleibt der leib eben als ain schiff auf dem weyten meer on ain schifmann.« Es sol auch die füllin und trunckenheit nit so grob sein, das sy dem hirn schedlich sey, also das sy unvernünftig mach den menschen, denn solche trunckenheit brechte mehr schaden dann nutz, das der schlaff und ruh nit widerbringen möcht. Es sol die trunckenhait also sein, das sy den menschen schläffrig mach und vertreybe alle sorgfältigkeit. Aber gantz truncken werden, das sy den menschen unvernünfftig macht ist gantz schandtlich und schedlich der natur und sytten. Die bekannten Folgen bekämpft er mit warmen Honigwasser, kaltem Essigwasser, und zur Vorbeugung empfiehlt er:

Nichts Süßes dazu essen, besser gekochten Kohl mit fettem Fleisch, eingemachte Oliven, Ackerminze, Kohlsamen, Anis, Fenchel, Quittenlatwerge und bittere Mandeln.

Im Jahre 1509 erbaute sich Stockar sein Haus Donaustraße 8/Ecke Schelergasse, das inzwischen mehrere Umbauten hinter sich brachte. Über dessen gotischem Ostportal, das erst im Jahre 1910 einem Schaufenster weichen mußte, befand sich eine Steintafel mit dem Wappen von ihm und seiner Frau Barbara geb. Helpart. Diese befindet sich heute über der kleinen Tür zum Chor der ehemaligen Dreifaltigkeitskirche und einstigen Kirche des Dominikanerklosters, der Stockar durch eine Altarstiftung verbunden war. Das Epitaph Stockars mit seinem Wappen-Aar (Adler) auf einem Stock, Stockar, wurde im Innenraum dieses Chors, heute zum Haus der Begegnung gehörend, eingemauert. Auch sein Portrait hat sich erhalten:

161

Er trägt einen weiten dunkelgrünen Talar mit Pelzverbrämung und eine helle weichfallende Mütze. Sein Blick ist prüfend, doch nicht dem Betrachter zugewandt. Der weiße in zwei Spitzen auslaufende Kinnbart gibt ihm Vornehmheit und Würde.

Kennzeichnend für seine Glaubenshaltung ist der Spruch auf der Haustafel »non nobis domine, non nobis sed nomini tuo da gloriam«. Nicht uns, Herr, nicht uns, sondern Deinem Namen gib Ehre.

Die Verfasserin hat eine ausführliche Würdigung dieses Stadtarztes der Medizinisch-Naturwissenschaftlichen Universität Ulm zum zwanzigjährigen Bestehen gewidmet.

Portrait des Stadtarztes Dr. med. Stockar, gestorben 1513.

Von den Sommer- und Winter-Selsen zu Fleisch und Fischen

nach dem Rezept des Ulmer Stadtarztes Dr. Johann Stockar für Herzog Eberhard von Württemberg

Alle hitzigen Ding seynd schädlich zu Sommerszeyten. Darumb so soll Euer Fürstl. Gnaden zu den zeyten meyden all Selsen die von Knobloch, Zwibel und Senff gemacht seind. Als ob man den Senff mit Rosenwasser und empfern wasser einbayßte und darnach mit Essich temperierte. Aber zu Winterszeyten so zymen sich baß sollice hitzige Ding. Man soll zu Sommerszeyten machen die Selsen von Agrest, von den Spitzlachen ab den Weinreben, von Empfern, Kressich, von Pomerantzengesafft, Granatwein, Limonisafft mit Rosenessich oder Weinberessich temperiert, mit Zucker darunter, als dann die Köch wol machen künten und durchtreiben. Man mag es durchtreiben mit einem bäten brot, Mandelkeren und mit ain wenig Rosenwasser, darunter wirt es fast lieblich. Will man gern, so mag man darunter stossen ein wenig Peterling, Maseron, Bimenten, Saluayen, Rosmarin nach Gefallen.

Zu Winterszeyten diene zu Salsen Senff, Krön, Knobloch, Zwibel, Pfeffer, Cymentröm, Negelin, Saluayen, Bimente, Kinlach, Maseron, Rosmarin, Peterling. Weinessig der nit stark ist. Es soll auch Euer Fürstl. Gnaden wissen, das zu dem Flaisch und gebratens sich baß zymet und besser seind die grünen Selsen, und zu den Vischen die mit species gemacht seind. Hienach folget die Species zu Vischen.

Nimm Cymentröm, Ymber 1 lot, Negelin, Muscatennuß, Muscatenplü, langen Pfeffer, Pariskörner, Galgat, Cardamömlin, Cubelin, jegliches ain Quintlin, Saffran vorgenezt in ainem Prenten Wein, dernach wider gederrt bey einem ofen, 11 lot Zucker bey dem besten zwei Pfund. Das alles werd klein gepulvert und darnach soll man den Saffran mischen und lang reiben mit dem Zucker und Species bis es wol untereinander temperiert wird.

(Erklärung: Empfer ist Sauerampfer. Biment — Piment. Saluay — Salbei. Pariskörner — Cardamon, scharfes Gewürz. Galgat — scharfes Gewürz. Temperieren — im gehörigen Verhältnis mischen. Selsen, eine Art dicke Soße, war zu Fleisch am Spieß und Fisch im Mittelalter sehr beliebt. Sie wurden mit Brot aufgetunkt.)

Die Gastungen im Pfarrhof zu Ehingen im Jahr 1589

Es trifft sich gut, daß zwischen dem Speisenplan für das »Raissig Gesindt« aus Justingen und den Gastungen im Pfarrhof zu Ehingen nur drei Jahre liegen. Dadurch sind Vergleichsmöglichkeiten geschaffen. Aus einem Streit zwischen der Universität Freiburg als Inhaberin der Pfarrstelle von St. Blasius in Ehingen und dem Rat der Stadt als Vertreter der niederen Kirchendiener, der sich über ein Jahrhundert hinzog, sind Archivalien überliefert. Sie geben Aufschluß über Feiertage und Brauchtum bei Festen, über das Aussenden von Speisen sowie über Gästelisten und Speisenfolgen.

Ehingen gehörte seit 1512 zum österreichischen Kreis. Erzherzog Albrecht VI. hatte im Jahr 1482 die Pfarrkirche St. Blasius der von ihm gegründeten Universität Freiburg geschenkt, die sich diese Pfarrei inkorporierte. Die Seelsorge wurde durch Pfarrvikare wahrgenommen. Der Vikar war also der Gastgeber. Wir haben vor uns ein kulturgeschichtlich aufschlußreiches Material.

An insgesamt 75 Tagen im Jahr fanden feierliche Gottesdienste statt und wurde Sonntagsruhe geboten. Zu den 52 Sonntagen, eingeschlossen die Vierfestsonntage, kamen 23 Apostel- und Heiligentage dazu. An 48 dieser kirchlichen Feiertage fanden Gastungen statt, so daß im Pfarrhof während des Jahres 1589 vierhundertfünfundzwanzig Gäste bewirtet wurden. Diese Zahl ging ums Jahr 1600 auf 340 zurück, und mit dieser Zahl nahm auch die Reichlichkeit der Bewirtung ab, vor allem beim Wein. Darum ging der Streit, denn Speis und Trank waren ein Teil der Besoldung städtischer und kirchlicher Diener und stand diesen vertraglich zu.

So erscheinen die fünf Kirchendiener oder Kirchgäste mit Frühmesser, Schulmeister, Organist, Mesner und Provisor am häufigsten auf der Liste.

Gäste aus dem Klerus waren an besonderen Tagen geladen: Alle Pfarrer, der Kaplan von Heufelden und der Pfleger vom Münchhof (wohl Marchtaler Hof), ein Prämonstratenser-Chorherr aus dem Stift Marchtal.

Gäste aus der Stadt: Bürgermeister und Räte, der Ammann als Kaiserlicher Oberbeamter, alle Edelleute, die sich in der Stadt aufhielten, Stadtschreiber, fünf Stadtknechte, Bläser, Torwärter, Müller, Fischer, Metzger, Bäcker, Schneider, Scherer.

Über diesen Kreis hinaus durften auch die übrigen Gläubigen wenigstens symbolisch am Tische der Kirche teilnehmen; an Weihnachten bei Gebäck, an Fasnacht gab es für sie im Pfarrhof Küchle und Wein, an Ostern gebratenes Lamm, Digenfleisch (Rauchfleisch), Osterfladen und Ostereier. Dies alles wurde vorher geweiht.

Mehl, Eier und die übrigen Zutaten für das Kultgebäck wurden zum Bäcker gebracht und dort Bläx (Plätze, also flache viereckige Kuchen), Geigen von Eiern mit Äpfeln, Fladen und Brot daraus gebacken. Es überrascht, daß sich auch Judenmetzen darunter befanden, und zwar an Weihnachten und Fronleichnam. Die Judengemeinde Ehingen war älter als die Laupheimer. Diese Judenmetzen (Matzen, Mazzot) waren Fladen größer wie die ausgezogenen Küchle.

Wir wollen uns nun an das Kirchenjahr halten, das mit dem Advent beginnt, der unter den Fastengeboten stand. Auf Weihnachten begann die große Backerei mit sechs Blätz (flache Kuchen, Platz), sechs Judenmetzen hundertzehn Geigen mit Äpfeln gefüllt. Das sind die Apfelkrapfen, die es bei einzelnen Bäckern heute noch gibt. Am Weihnachtstag waren die Kirchendiener mit den Stadtbediensteten zu Tisch, am Stefanstag alle Geistlichen zu einem »gut Mahl von Fleisch und Fisch, danach Käs, zu jedem Käs zwei Geigen. In die Zech nach dem Essen gab der Pfarrer Käs, Judenmetzen, Blätz und Geigen«.

Winterjohanni 27. Dezember war ein großes Fest mit umfangreicher Gästeliste. Gleich nach der Frühmesse wurde der geweihte Johanniswein an die Kirchenbesucher ausgeschenkt, und dabei das Hausgesinde nicht vergessen, das wegen der vielen Gäste Hochbetrieb hatte. Sechs Tische waren für Honoratioren, Edelleute, Pfarrer und Kirchendiener gedeckt. Es gab Voressen von Kalbsgekröse oder Zungen, Kragen und Magen von Hühnern, gesottene Hennen, davon auf den obern Tisch zwei Hennen. Danach Fisch, dann Kraut und Fleisch, Braten und Sulz »darein man gewenlich drey Hennen braucht«. Zum Nachtisch Weinmus und Gebachenes, Käse, dazu Geigen. Zum ersten Gang schenkte der Pfarrvikar den Wein aus, danach der Rat der Stadt. In die Zeche kamen auf jeden Tisch Käse, vier Geigen, eine halbe Judenmetze und ein halber Blätz. Selbst an diesem hochheiligen Namenstag der vielen schwäbischen Hansen durfte Kraut nicht fehlen.

An Neujahr setzten sich nur die Kirchendiener zur Tafel, dafür erhielten das Hausgesinde und andere Bedienstete die Neujahrsverehrung in Geld. Dem Abt des Klosters Zwiefalten und dem Propst vom Mochental sandte der Pfarrvikar je ein Lägelin Malvasier, wofür sie sich mit Wildpret revanchierten.

An Dreikönig kamen Kirchendiener und Schüler, denen Suppe und Wein aufgetragen wurde. Bald danach klapperten die Rätschen und schäpperten die Schellen: die Herrenfasnacht (Pfaffenfasnacht) brach an. Am Sonntag Esto Mihi, dem letzten Sonntag vor Beginn der Fastenzeit, ging es hoch her im Pfarrhof, in Klöstern. »Man braucht gewonlich ein mütli mäl zu den Küchlin und uff disen tag hat man zu gast alle Priester, Schulmeister, Provisor und gibt ihnen ein gut mal von Fleisch, Sulz, Gebratenes und Küchle. Kranken Priestern schickt man Braten und Wein, in die Zech Käs und Küchle; Wein und Brot bezahlen die Priester.« Am späten Mittag erschienen auch die Schüler zu Suppe, Fleisch, Kraut, Sulz, Küchle und »ziemlich (geziemend) Wein«.

Am Fasnachtsdienstag wurden abends Tische in der unteren und oberen Stube gedeckt »was ehrbare Leut sind« bat man hinauf, das Volk blieb unten und labte sich mit Küchle und Getränk, während oben nach Gutdünken serviert wurde.

Die größte Zahl von Gästen war geladen an Winterjohanni, Ostern und Fronleichnam, während an den Apostel- und Heiligentagen nur die Kirchendiener bewirtet wurden.

Auf Ostern gab es viel Arbeit: 5000 Eier, 80 bis 90 Pfund Rauchfleisch, zehn bis elf Lämmer, 50 Stücke Braten und 110

»Ostergeigen«

große Osterfladen wurden geweiht zum Verteilen in der Kirche, auf den Dörfern und in die Häuser von Bürgermeister und Räten bis zu Torwärtern und Stadtknechten, Bläsern und Handwerkern, die im Dienste des Pfarrhofes standen.

Das Pfingstfest wurde wie ein gewöhnlicher Sonntag begangen, dafür Fronleichnam wieder gefestet. Nach der glanzvollen Prozession durch die Stadt, bei der die Räte als Himmeltrager und Eskorte des Allerheiligsten ihren Ehrendienst versahen, war der Tisch für den kaiserlichen Beamten, den Adel, die Stadthonoratioren und Kirchendiener gedeckt, wo es ein gutes Fleischmahl, Judenmetzen, Blätze, Geigen, und in die Zeche Käse, Wein und Brot gab. Käse blieb immer den Höhergestellten vorbehalten, und das nur an Feiertagen.

Mit Allerseelen, wo wieder alle Priester zu Fleisch, Braten, Bachens, Brot, Käse und Wein sich zusammenfanden, endete das Kirchenjahr.

Der jahrzehntelange Streit zwischen dem Rat der Stadt als Vertreter der Kirchendiener und Stadtbediensteten und der Universität Freiburg ging vor allem darum, daß manche Pfarrvikare ihrer Pflicht nicht ausreichend nachgekommen waren. Einer habe aus dem Johannissegen ein aqua vinata gepantscht. Die Reduzierung und Abwürdigung der vielen Feiertage im letzten Drittel des 18. Jahrhunderts führte auch zur Einschränkung der vertraglich zugesicherten Essen als Naturalvergütung.

»der Pfarr' schenkt Wein aus«

. . . einer habe aus dem Johanniswein ein aqua vinata gemacht . . .

166

Küchenzettel für Knecht, Magd, Taglöhner und den Vogt

aus dem Jahr 1592

Im Mittelalter waren die Mahlzeiten anders eingeteilt. An vielen Orten wurde schon um zehn Uhr zu Mittag gegessen und um sechs Uhr zu Abend. Spätestens um acht lag alles im Bett, und der Handwerksbursche auf der Walz wärmte schnarchend seinen Rücken auf der warmen Ofenbank. Bauer und Bäuerin, Knecht und Magd, Großeltern und Kinder waren steinrackersmüde von einem langen Arbeitstag, dem der nächste beim ersten Hahnenschrei folgte. Dementsprechend gab es damals vier Mahlzeiten, dick, magenstopfend und wenig Abwechslung bietend.

Doch hören wir zuvor den Gäuprediger Christoph Selhamer, dessen Bauernpredigten im Jahr 1701 in Augsburg im Druck erschienen:

»Die Bauernschaft ist ein Symbol des menschlichen Jammertales. Jhr lieben Bauen braucht keinen Baum umhauen, euch ein Kreuz drauß zu schnitzlen, ihr steckt ohne das umb und umb mit Kreuz beladen. Euer Kreuz ist euer harte Arbeit, womit ihr im Schweiße eures Angesichts das liebseelige Brodt für euch und für uns gewinnen sollt. Euer Kreuz steht in schlechter Kost, in der blinden Wasserschnallen, in ungeschmaltztem Kraut, in kohlschwarzen Knödlen, in häbernen, im kläuenen Brodt, im stinckenden Hafenkäs, in lauter Gänßwein.«

Da haben wir die Speiskarte des mittelalterlichen Flachsbauern, der meist ein leibeigener Zinsmann einer Herrschaft war. Der freie Kornbauer des 18. bis 20. Jahrhunderts hatte es schon besser.

Wir befinden uns jetzt in der Herrschaft Justingen im Tal der Schmiech im Jahre 1592. Mit seinen Flecken Hütten, Ingstetten und Gundershofen war diese eine der größten reichsfreien Herrschaften Schwabens und gelangte im Jahr

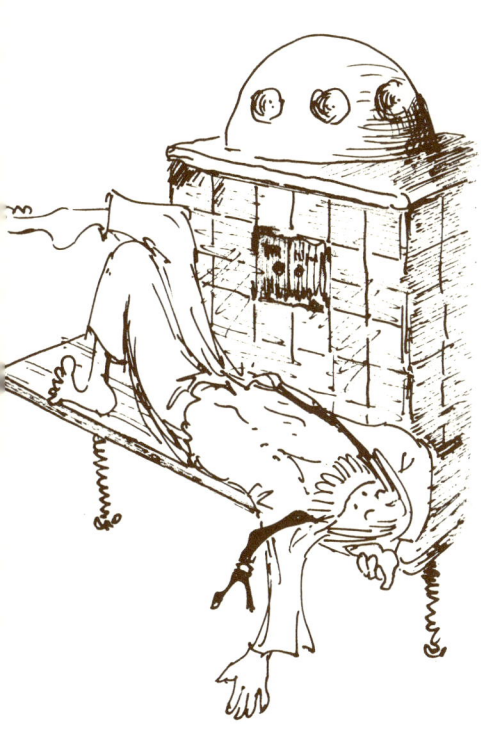

... der Handwerksbursche schnarchend auf der Ofenbank ...

1530 an Georg Ludwig von Freyberg zu Öpfingen, dessen
Söhne das Renaissanceschloß vollendeten. Ärmliche Häuser
von Taglöhnern, Hirten, Handwerkern, die im Dienste der
Schloßherrschaft stehen, klettern ein Stück hangwärts. Hier
also wohnte das »Raissig Gesindt wie auch das Bauergesindt«,
zu deren Lohn die Naturalvergütung mit dem Essen gehörte.
Es ist nur vom Werktagsessen die Rede, das aus vier Schüsseln bestand.

Vom Montag bis Samstag gab es die Morgensuppe, dann
am Mittag Fleisch mit Kraut, im Sommer Weißkraut oder
Rübenkraut, die übrige Zeit Sauerkraut. Am fleischlosen
Freitag stand zu Mittag ein weißes Mus auf dem Tisch.
Die Grötzelfrüchte Gerste, Keren, Haberkeren, Linsen,
Bohnen, Erbsen ergaben abwechselnd das Abendmus. Dazu
aß man frisches oder gekochtes dürres Obst, im Sommer auch
Salat »wenn vill im Garten vorhanden ist, mit Schmalz und
Essig angemacht«.
Dieser stets gleichbleibende Speisenplan wurde am Don-
nerstagabend aufgehellt in Knöpfle und Fleisch. Am Samstag-
abend lag »geschmalzet Brot, so lang man Schmalz ausseudt«
auf dem Tisch, dafür kein Fleisch. Man muß sich überhaupt
wundern, daß es jeden Tag einmal Fleisch gab. Es handelte
sich vorwiegend um geräuchtes Kuh- und Rindfleisch, seltener um Schweinespeck.

Während der harten Feldarbeit bei der Ernte wurde das
Essen hinausgebracht, und da erscheint bereits bei der Morgensuppe ein Becher Wein, der auch zu den übrigen Mahlzeiten gegeben wird. Es sind dieselben gewohnten Mittagessen
mit Ausnahme der »Bachenen Schnitten«, also Schmalzgebäck, wie es Jahrhunderte später immer noch den Ernte- und
Heuarbeitern aufs Feld gebracht wurde. Eine halbe Maß
Wein bildete den Abendtrunk bei der Ernte.

»Wann aber der Vogt Haber mähen läßt, so gibt man ihm
ins Feld ein weiß Mues und bacht ihm einen Ayerkuchen
darzu. Gibt ihm auch den Trunck morgens, mittags, abends
und nachz allein für seine Person. Wann er zu Acker gehet,
gibt man ihm auch also zu essen und zu trincken.« Da sind
die Standesunterschiede da!
»Wie man das Bawgesindt halt.« Zu den Bauleuten
gehörte der Landmann der sein eigenes Gut betrieb, der

... Die Korbflechter gingen ins
Illertal ...

Pächter, die bezahlten Arbeiter. Sie kamen oft von weit her als Erntehelfer. Die dürren Weberlein von der Albhochfläche zogens ins nahrhaftere Oberland, Korbflechter und Schuhmacher gingen ins Bayerische und ins Illertal. Für diese mußte auch am Sonntag gekocht werden, da sie ihre Familien nicht am Ort hatten wie die Untergebenen einer Herrschaft. Anstelle der Morgensuppe erhielten sie am Sonntag nur Brot, zu Mittag ein weißes Mus und Suppe, nachts Suppe, Fleisch und Mus aus Grötzelfrüchten. Das gab es die Woche über auch mittags, dazu Kraut. Mit dem täglichen schwarzen Mus waren sie schon zufrieden. Auch sie wußten, wann Donnerstag war — mit Suppe und Knöpfle, doch ohne Fleisch. Das bekam nur das »Raissig Gesindt«.

Man sieht, daß mehr Kraut und Mus aller Art verzehrt wurde als Brot, und der Donnerstag, der noch heute als »Knöpflestag« gilt, mag seinen Ursprung hier herleiten. Es gibt weniges, was nicht schon einmal dagewesen ist!

Außer Wein bei der Ernte ist nichts von Getränken überliefert. Es handelte sich zu dieser Zeit meist um »Gänsewein« und Rührmilch (Molken), wie auch Sebastian Münster in seiner Cosmographey schreibt »ihr Speis ist schwartz Rockenbrot, Haberbrey oder gekocht Erbsen und Linsen. Wasser und Molken ist fast ihr Trank.«

Nach dem Buch Ortus sanitatis von 1485, und ebenso bei Dr. Stockar, besserten die Bauern ihr Trinkwasser auf, indem sie Knoblauch zusetzten.

Dieses grobe Essen mit Mus, Kraut und Dörrobst findet sich bis zum Jahr 1648. Nur wenige Nonnen der Frauenzisterze Heggbach waren nach den Schrecken des Dreißigjährigen Krieges am Leben geblieben. Ihr Kloster war verarmt, die Nonnen auf Almosen angewiesen. Sie aßen zusammen mit den Dienstboten »Haabermüser, Erbsen, Krauth und Geschnitz«, wie das Gesinde von Justingen.

...durchs Illertal

Die Speisordnungen des Heiliggeist-Spitals zu Ulm

Vom Kübelesmahl bis zum Apfelkrapfen und Donnerstagswecken

Das Ulmer Hospital zum Heiligen Geist wird erstmals im Jahr 1240 in kaiserlichen Schutzbriefen erwähnt und als Gründung der Bürgerschaft bezeichnet. Es wurde während einhundertfünfzig Jahren von Mitgliedern des Ordens zum Heiligen Geist geleitet und gehörte zu den ältesten Stadtspitälern, die sich der Kranken- und Altenpflege, sowie der Armenfürsorge annahmen. Die Ordensbrüder trugen an der linken Seite ihres schwarzen Mönchshabits ein rotes Kreuz, das noch heute internationales Symbol ist, oder, wie in Ulm, ein blaues Kreuz im roten Kreis. Diesem ersten Hospital, das vor der Stadtmauer stand und durch Feuer zerstört wurde, folgte der durch Sammlungen und Stiftungen ermöglichte Neubau innerhalb der Stadt in Donaunähe. Die Gebäulichkeiten grenzten an das Dominikanerkloster an und zogen sich bis zur Bauren- und Glasgasse hin. Entsprechend den Bedürfnissen, wurden dem Spital dann ein »Fallendes Häuslein« für Epileptiker, das »Unsinnige Häuslein« für Geisteskranke, ein Pfründhaus, wo sich alte Bürger einkaufen konnten, eine Wochenstube, sowie die »Dürftige Stube« als Wohn- und Schlafsaal beigegeben. Den Baukomplex ergänzten eine große Ökonomie mit Marstall, Fruchtkasten, Backhaus, Metzgerei, Schmiede, sowie den Wohnungen für den in städtischen Diensten stehenden Spitalmeister, Beamte und Bedienstete. Durch Leibgedinge, Spenden und Stiftungen aus der Bürgerschaft, vor allem durch Ankäufe aus der Hinterlassenschaft aufgelöster Klöster vor und während der Reformation, gelangte das Spital zu beachtlichem Vermögen.

Die Stiftungen an das Spital, an Waisen- und Seelhaus und weitere soziale Einrichtungen erfolgten zum Heil der eigenen Seele und der Seelen von Verstorbenen an ihren Namens- und anderen Gedenktagen »wofür zu Trost und Hülf und Förderung ihrer und ihres voranverstorbenen Eheherrn

Ordensbruder zum Heiligen Geist . . .

170

Donnerstags-Wecken

ewiger Seligkeit alle Jahr acht Tag vor St. Johannes des Hl. Täufers, Tag zu Sonnenwendin, des abends Vigili Röchen und placebo gesungen und des morgens ein Seelamt gehalten und 11 Seelmessen gesprochen werden sollen. Ebenso soll auf denselben Tag alljährlich hernach beschriebenes Mal und Armusen gegeben werden: nämlich einem jedem armen Menschen und Dürftigen, so im gedachten Spital ist, ein Suppen und ein Stuk Fleisch darin, also daß allewegen dreyen ein Pfund Fleisch gekauft, daraus 3 Stuk und nit mehr gemacht, und Jedem also ein Stuk Fleisch gegeben werden soll; desgleichen sollen die zwei Spitalpfleger und der Hofmeister denselben armen Menschen und Dürftigen Hämlingfleisch (Hammel) kaufen und in ein gelben Zwibel braten machen . . . jedem insonderheit eine halbe Maß Wein, wie ein solcher zu andern Spitalsmalen vorhanden ist und dazu Jedem derselben einen Wecken, der einen Heller kostet . . .« In den Jahrzeitstiftungen wurde also die Art der Zubereitung und die Portionen festgelegt.

Mit der Reformation gingen die Meßstiftungen ab. Sie wurden auch im Laufe der Zeit durch Mißverhältnisse des Stiftungsertrags geschmälert. In manchen Fällen erneuerten die Nachkommen der alten Stifterfamilien die Jahrzeiten, wie am Beispiel der patrizischen Familien Besserer-Roth-Schermar noch zweihundert Jahre später belegt ist. Sie sind stark durch das Brauchtum im Kirchenjahr geprägt mit seinen traditionellen Speisen: Straubetze am Ostertag; jungen Hammel im Juni; Sulzfisch in der Fastenzeit. Der Stifter legte fest, ob das Huhn gebraten oder in weißer Soße gekocht werden soll und welcher Wein dazu gereicht wird. Wie mögen sich die »Dürftigen«, die einst bessere Tage gesehen hatten, über solche altvertrauten Festbraten mit gutem Wein gefreut haben!

Die älteste Spitalordnung von 1463 wurde aufgrund von Umfragen bei den Spitälern von Überlingen, Memmingen und Biberach in den Jahren 1507 revidiert. Die Dürftigen, deren Zahl zu dieser Zeit mit 240 angegeben wird, erhielten an den gewöhnlichen Tagen dieses Jahres zwei warme Gerichte zum Morgenmahl (so wurde das Mittagessen genannt), zum Nachtmahl ein warmes Gericht.

Dienstags, donnerstags und sonntags gab es mittags Fleisch. Aus einer Stiftung kam jeden Donnerstag ein Hellerwecken (Hellerbrot). Daher stammt der Name »Do(n)stigswecka«, den es bis weit in die Zwanzigerjahre unseres Jahr-

171

hunderts an diesem Tag zu kaufen gab: ein Wasserwecken aus feinerem, dem Dinkelmehl, der zu einem Wulst auswuchs und deshalb auch Knauzenwecken hieß. Er ist heute wieder sehr beliebt. 42 gestiftete große Mahlzeiten und viele kleinere ergänzten die eintönige Spitalkost. Alle Tage erhielt der Dürftige das »Dürftiglaiblin«-Brot, welches er verkaufen oder verschenken durfte. Zum Trinken erhielt er jeden Dienstag eine Ulmer Maß Wein aus dem großen Spitalkeller. Kranke und Geistesgestörte erhielten dasselbe Essen, dazu ihr tägliches Viertelmaß »Stubenwein, damit sie getränkt, erfreut und getröstet werden«, wie eine Stiftung besagt.

Die armen Wöchnerinnen blieben für gewöhnlich vier Wochen dort und erhielten dieselbe Kost, dazu vier Pfund Schmalz, dreißig Eier zwei Metzen Weißmehl, Milch soviel Mutter und Kind benötigten und täglich ein halbes Maß Wein zur Stärkung. Diese Milch gab die »Milchmutter« aus, die auch die Oberaufsicht über die Stallmägde ausübte.

Das Spitalessen im Verlauf des Kirchenjahrs aus der Ordnung 1753:

Martini: Zwiebelbrates mit Schweinefleisch und Suppe, eine halbe Maß Martinswein.

Knöpflesnächte im Advent (letzte drei Donnerstage): 2 Krapfen, ein Flaischlein und ein Öpfelein. Dazu benötigte man 106 Braten und 700 Apfelkrapfen.

Weihnachten: Zweimal Fleisch, Trinken »nach Nothdurft«.

Bauernfasnacht: Kraut und Bratwurst

Gompiger Donnerstag: Sulz und Donnerstagswecken

Montag nach der Herrenfasnacht: Sulz, gesticklete Erbis (gebratener Erbsenbrei), jedem ein Ei, Suppe, Fleisch, halbe Maß Wein

In der Fasten: Rotkraut anstelle von Sauerkraut

Palmsonntag: Pfeffer und Keren

Gründonnerstag »geben die Stadtrechner ein Mahl allen Dürftigen aus der Roth'schen Stiftung von 1372; bestehend aus: »Sulzfisch, Backfisch, Reis, eine Brezen, ein Wecken in Kibel«

Das ist also das bekannte »Kübelesmahl«! Dieses Kübele war notwendig, um den gesulzten Fisch appetitlich und portioniert auf den Tisch zu bringen. Es wurde dazu »guter Wein« gereicht. Hier erscheint die »Brezen« als Fastenbrezel, die es heute noch in Biberach gibt.

Karfreitag: Hering und Kraut auch für diejenigen, die beim Backen der Osterfladen mithalfen.

. . . man sandte Verehrungen aus . . .

172

Ostertag: Suppe, Fleisch, Wein, zur Nacht 2 Eier und pro Kopf ein Viertel vom Osterfladen sowie Straubetze.

Weißer Sonntag: ein Hering, Kraut, Weißbrot und Wein.

Pfingsten: »wenn man die Hühner bringt (Zehntgabe) gibt man jedem Dürftigen ein halbes gebratenes Huhn«.

H. Auffahrtstag (Christi Himmelfahrt), es gab aus einer Jahrzeitstiftung Straubetze.

In der Woche nach Pfingsten fand der große Hausputz mit drei Fegwerkern statt. Dabei wurde auch an das Ausputzen des Leibes gedacht, denn »im Mayen gibt man allen Dürftigen Knoblauch, ungefährlich eine Handvoll, den Knechten auch.«

Sommerjohanni: hier handelt es sich um die Jahrzeitstiftung der Besserer, Roth, Ehinger von 1347:

Wein, Brot, Suppenfleisch »einen guten Nierenbraten, eine gute gebratene Henne und eine gute Gans, oder, da es nicht um diese Zeit, anstatt der Gans eine gute Lambseiten und dann ein gutes Gebachenes neben Käs und Brot auf einen Tisch. Den Trunk trägt der Spitalmeister auf, und obwohl die Herren Geschlechter ihren eigenen Wein haben, soll es doch auch um ein Viertel oder zwei aus dem Spitalkeller nicht Mangel haben.«

Kirchweih: »hat man den Pfister, Keller- und Baumeister zu Gast und gibt ein braten Hennen und trinkt nach Nothdurft.« An der »ander Kirchweih auf Sonntag vor St. Gallentag gibt man ein Lungenmus und ein Hirsch, dazu jedem Dürftigen ein halbe Maß Wein«.

Ein großer Löffel zum Essen und eine kleine Gabel zum Schaffen.

Damit sind jene Pfründner und Dürftigen gemeint, die gerne in der Ernte, beim Krauthobeln, Heuen oder Holzhacken mithalfen. Sie erhielten Extrabrot und Trunk dafür. Bei der Schafschur im Juni, die sehr anstrengend war, gab es Fleischkrapfen, Digenfleisch, Wurst, Weißbrot und Branntwein genug.

Auch das Dienstbotenessen orientierte sich am Brauchtum und war dem der Dürftigen angeglichen, denn der Rat der Stadt, der im Laufe der Entwicklung des Hospitals immer größeren Einfluß gewonnen hatte, war stets auf Ausgleich bedacht.

So erhielten die Dienstboten am Schmalzigen Samstag zwei Pfannzelten, auf Fasnacht Sulz, jedem eine halbpfündige Bratwurst, Brot, Küchle, auch für die Weiber.

... einen großen Löffel zum Essen —
und eine kleine Gabel zum Schaffen ...

173

Nach altem Brauch sandte das Spital Verehrungen aus: Zu den Knöpflesnächten den zwei Ratsältesten je drei Krapfen, den drei Bürgermeistern je zwei Krapfen. An Weihnachten, wo frisch geschlachtet war, bestanden die Verehrungen aus Rosenwurst, Leber- und Hirnwurst, sechs Bratwürsten und einem gerippten Brätlein.

Durch die Eingliederung des Siechenhauses für Aussätzige, des Brechenhauses für Pestkranke, des Seelhauses für Blattern- und Syphiliskranke, kam das Armen- und Krankenwesen in die Hände der Stadt. Damit wurde auch der Speisenplan vereinheitlicht und nur noch von wenigen Jahrzeitstiftungen aufgehellt.

Es ist interessant, auch die Seelhauskost zu erwähnen, wo in einer speziellen Abteilung Männer und Frauen mit venerischen Krankheiten kostenlose Behandlung mit dem sogenannten »Holztrank« erhielten. Nach der Hausordnung von 1590 »giebt man einem Jeden, der in der Salb liegt, am Morgen nach 4 Uhr ein Brühlen oder von Eiern nach Gelegenheit, und nachgehend auf 7 Uhr am Morgen ein Süpplen oder gebrannt Mus, zu Mittag Suppen und Fleisch, ein Zugemüs und ein Viertel Weins aus dem Spital dazu; danach mittags um 3 Uhr ein Süpplen oder gebrannt Mus, und zur Nacht wieder wie zu Mittag und abermal ein Viertel Weins, und zu dem letzten um 8 Uhr als wie am Morgen.« Damit die Mägde bei Kraft und Stärke blieben, erhielten auch sie zweimal am Tage Fleisch und Wein. Doppelte Portionen Fleisch gab es an Sonn- und Feiertagen, und am Gründonnerstag das Kübelesmahl sowie für jedes Kind eine Kübelesbrezge und einen weißen Wecken.

Das Seelhaus wurde während der Zeit, als Ulm zu Bayern gehörte, aufgelöst und mit dem Spital vereinigt. Das Spital mit seiner edlen »Dürftigen Stube« aus der Gotik, eine dreischiffige Säulenhalle, diente bis zur Fertigstellung des Städtischen Krankenhauses am Safranberg in den Jahren 1910—12 als Krankensaal, der durch zehn Säulen in drei Gassen geteilt war: Eine Bronnengasse mit 13, die mittlere mit 24 und die Strohgasse mit 54 Betten für Alte und Sieche. Dort hielten sich auch tagsüber die Gesunden auf.

Bei der Zerstörung der Stadt von 1944 blieben wenige Mauerreste dieser Dürftigen Stube, die zuvor für Kammerkonzerte eine noble Kulisse bot, übrig. Geblieben ist die Erinnerung der Älteren an den »Spittelmarkt« am Dienstag nach Ostern im Hof dieses alten Spitals.

Wallenstein in Ulm

»Es kommt uns grad zu paß die stattliche Versammlung
hier zu speisen«
Friedrich Schiller, die Piccolomini

Am Weinhofberg befindet sich eine Gedenktafel, hier habe Albrecht Wallenstein, Herzog zu Friedland, Kaiserlicher Generalissimus im Dreißigjährigen Krieg im v. Schadschen Hause am 29. bis 30. Mai 1630 gewohnt. Für uns ist von Interesse, wie die Stadt dabei den hohen Aufwand für das Gefolge von 630 Personen und tausend Pferden bewältigt hat.

Truppendurchzüge und Einquartierungen setzten der Bevölkerung hart zu: 1610 bei Leipheim, 1620 bei Riedheim zehntausend Mann unter dem Markgrafen von Brandenburg, dann unter Tilly. Im März 1625 spitzte sich die Lage zu im Ulmer Land. Landsknechte unter Graf Pappenheim lagen in Langenau, plünderten und raubten, so daß der Rat für die Bevölkerung das Waffentragen auch während des Kirchgangs anordnete, zugleich 50 Fässer Wein und 70 Säcke Mehl und Hafer sandte, um die Plünderungen zu verhindern.

1628 kamen Cronbergische Reiter, sie plünderten in Nellingen, Altheim, Langenau trotz scharfer Disziplinarmaßnahmen. Alles Wertvolle, auch die Kirchenbücher, waren nach Anordnung des Rats nach Ulm zu bringen, denn die Reichsstadt galt als uneinnehmbar und bot während dieses Krieges Tausenden von Bewohnern ihres Gebietes Zuflucht und Schutz.

Im Januar des Jahres 1630 erschreckten unheilvolle Himmelserscheinungen die Bewohner der Alb: Wallenstein nahte. Der Schwäbische Kreis wurde im April nach Memmingen einberufen, um eine Liste der Proviantforderungen auch an die Vertreter der Reichsstadt Ulm zu überreichen. Widerspruch gab es nicht, und so zog der Generalissimus mit großem Hofstaat, von Karlsbad kommend, am 29. Mai 1630 in Ulm ein und blieb eine Nacht. Zu seiner Begleitung gehörten Offiziere wie die beiden Grafen Tertzky, die Grafen Harrach, Liechtenstein und Pappenheim sowie Kammerherren, Hofmeister, der Edelknaben-Hofmeister mit sechs Edelknaben,

deren Fechtmeister, Präzeptor und Tanzmeister. Hof-
kaplan, Feldprediger (Jesuiten), Arzt und Apotheker, die
ganze Hierarchie des Personals mit Kurieren, Musikan-
ten, Hoftrompetern, Postmeistern, Fourieren, Wagen-
meistern, Mundköchen mit dem Kuchelmeister Geraro
an der Spitze, der Leibwache und der Silberwäscherin.
Nur der Kaiserhof in Wien hatte bei seinen Hofreisen
eine ähnliche Suite.

Dem Rang entsprechend wurde im Sechserzug
gefahren, die Pferde in einheitlicher Farbe vor den
Karossen – »man habe keinem Kaiser allhier in Ulm so
viel Ehr bewiesen als diesem Fürsten« so der Chronist.

Am nächsten Morgen ging die Fahrt nach Memmingen, wo er bis 23. September 1630 verblieb und am 24.
September Ulm passierte. Man nahm keine Notiz mehr,
denn im Juli desselben Jahres hatten die Kurfürsten zu
Regensburg die Absetzung Wallensteins erzwungen.

... nach Memmingen

Liste der Naturalien für den Aufenthalt des Feldherrn
Generalissimus Albrecht von Wallenstein, Herzog von Meck-
lenburg und Friedland, sowie dessen Gefolge bei seinem
Aufenthalt in Ulm vom 29. bis 30. Mai 1630:

75 Pfund Rindfleisch, 100 Hämmel, 20 Kälber,
10 Schweine, 280 junge Hühner, 105 alte Hühner, 28 indianische Hennen, 84 Gänse, 42 Schock frische Eier, 140 Maß
Milch, 3½ Zentner Schmalz, 1 Zentner Butter, 2 Scheiben
Salz, 4200 Laib Weißbrot, 8000 Laib Brot, 14 Scheffel Weißmehl, 224 Eimer gut Bier, 14 Eimer Rheinwein, 7 Eimer
Rotwein, 7 Eimer Bier.

An Gewürzen: 3,5 Pfd. Safran gestoßen, 14 Pfund gest.
Pfeffer, 14 Pfd. gest. Ingwer, 3,5 Pfd. Nagelin, 7 Pfd. verstoße-
nen Zimt, 21 Pfd. ganzen Zimt, 7 Pfd. Muscatblumen, 1,5 Pfd.
ganze Muscatennuß, 140 Pfd. Reis, 70 Pfd. Mandeln, 21 Pfd.
Binellen, 35 Pfd. Weinbeerlen, 35 Pfd. große Rosinen, 42 Pfd.
Brunellen zu Dortten, 21 Pfd. Mandel in Schalen, 35 Pfd.
Citronat, 42 Pfd. Oliven, 28 Pfd. Cappern, 70 Pfd. Baumöl,
140 Pfd. weißen Zucker, 140 Pfd. weiße Wachslichter,
140 Pfd. Unschlitt-Lichter, 70 Pfd. Seife, 210 Stück frische
Citronen, 140 Stück versalzene Citronen, 140 Stück Pomeranzen, 140 Tafel-Pfefferkuchen, 35 Dutzend Nürnberger Lebzelten von Confector.

Allerley Confect: 14 Pfd. überzogene Mandeln, je 14 Pfd.
überzogene Nelken, Pomeranzen, Citronen, Kümmel, Ingwer,
Coriander, Zimt, Reis, Pistazien.

Reisende in Schwaben erzählen von Gasthöfen

Eine kulturgeschichtlich hochinteressante Quelle bilden die Reisetagebücher von Persönlichkeiten mit Bildungsniveau, denn hier werden oft Dinge beschrieben, die in den örtlichen Archivbeständen unerwähnt bleiben, da sie für Einheimische selbstverständlich waren. Drei Franzosen aus verschiedenen Jahrhunderten von 1580, 1729 und 1840 reisten und speisten im Schwäbischen, oder Bayrisch-Schwaben. Sie zogen Vergleiche mit ihrem Heimatland, das zu ihrer Zeit als kulturelles Vorbild galt. Michel de Montaigne, Schloßherr und Rat im Parlament, später Bürgermeister von Bordeaux, gehört als Dichter zur Weltliteratur. Er und die ihm nachfolgenden Reisetagebuchschreiber Montesquieu und de Nerval fanden dabei mehr zu loben als zu tadeln. Es handelt sich bei ihnen um Leute von Rang und Respekt, die entsprechend zuvorkommend behandelt wurden.

Montaignes Reiseroute führte ihn von Markdorf – Friedrichshafen – Lindau – Wangen – Isny – Kempten – Pfronten – Füssen nach Augsburg. Er bedauerte, daß er dort ebenso weit von der Donau entfernt war wie von der Stadt Ulm, die er links liegen lassen mußte. Er hat auf dieser Reise zum erstenmal Bekanntschaft gemacht mit den deutschen Federbetten und führt dies auf den Reichtum an Gänsen zurück. Was er jedoch vermißt, sind die Wärmepfannen zum Anwärmen der Betten am Abend und zum Anziehen der Kleider am Morgen.

Daß er keinen Koch mitgebracht hatte, um diesen zu unterrichten, wie man in diesem Lande kocht, damit er eines Tages daheim in Frankreich Proben schwäbischer Kochkunst vorführen könne, bedauerte Herr de Montaigne außerordentlich und fährt fort:

»Sie sind so reichlich und abwechslungsreich mit ihren zahlreichen Arten von Suppen, Saucen und Salaten. So setzten sie uns, im Gegensatz zum französischen Brauch, Specksuppen, andere mit gebackenen Äpfeln, die auf die Suppe in Scheiben geschnitten gelegt werden, sowie Krautsalate vor. Sie machen ferner dunkle Kraftbrühen ohne Brot, mit verschiedenen Lebensmitteln wie Reis. Alle löffeln gemeinsam aus einer Schüssel, denn es wird hier für niemanden extra serviert. Dies alles ist in den besseren Gasthäusern von derart vorzüglichem Geschmack, daß sich damit unsere Küchen des französischen Adels kaum vergleichen können. Es gibt in Frankreich nur wenige Gasthäuser, die so trefflich eingerichtet sind. Es besteht hierzulande ein großer Überfluß an guten Fischen, die man abwechselnd mit den Fleischgerichten aufträgt. Man verachtet die Forellen und ißt davon nur die Leber. Es gibt hier reichlich Wild wie Schnepfen und Hasen, die auf eine ganz andere aber mindestens ebenso gute Art zubereitet werden wie bei uns. Wir sahen niemals so zarte Fleischspeisen, wie man sie hier gewöhnlich serviert. Man gibt gebackene Pflaumen, Birnenschnitten und Äpfel zum Braten, und man reicht bald den Braten zuerst und die Suppe am Schluß, bald umgekehrt. Das hiesige Obst besteht nur aus Äpfeln und Birnen, von denen es vortreffliche Sorten gibt, und Nüssen. Dazu trägt man Käse auf. Zu den Fleischgerichten stellt man ein Gerät aus Silber oder Kupfer auf den Tisch mit vier Zellen, in denen sich verschiedene zerstampfte Gewürze befinden, dazu Kümmel oder ähnliche Körner, die pikant und scharf sind und die man auch in das Brot mischt. Das Brot ist meist mit Fenchel gebacken. Nach dem Mahl stellt man Gläser auf den Tisch, die man drei- oder viermal mit verschiedenen Getränken füllt, welche die Verdauung anregen.«

Wir erfahren außerdem, daß der Kohl durch Einsalzen für den Winter konserviert wurde, und wie im Gasthof zum »Bären« in Kempten serviert wurde: nämlich aus verschiedenen Sorten großer Silbertassen, die gewöhnlicherweise nur zum Schmuck dienten. Sie waren mit Wappen verschiedener Herren verziert, wie es bei guten Gasthöfen auch in Augsburg der Fall war. Obwohl viel glänzend geputztes Silbergeschirr vorhanden war, aß man von Holztellern, die fein poliert waren.

Augsburg, das damals als schönste Stadt galt, machte seinem Namen Ehre, indem es sich als sauberstes Gastquartier entpuppte. Es war Samstag; blanke Fensterscheiben, an einigen sogar Gardinen, nirgends Spinngewebe, und auf der Gasthoftreppe, die eben frisch geputzt worden war, lagen zur Schonung Tücher aus. Vierhundertjährige Tradition der schwäbischen Hausfrau! Aller Respekt! Die Stiege könnte ja bis Sonntagfrüh schon wieder »verdrecklet« sein.

Das Essen wurde hier auf glänzenden Zinntellern serviert, die jedoch geringer geachtet wurden als Holzteller. Krebse, lobenswert groß, wurden als erster Gang serviert. Als Gast auf der Hochzeit einer Augsburgerin mit einem venetianischen Faktor der Fugger schildert er auch die Tänze. Man unterbrach den Tanz jedesmal, wenn man an einem Ende des Zimmers ankam, aber niemals durfte rundum getanzt werden. Dazwischen gab es kleine und große Pasteten zu Weißwein. Es gebe, so unser Beobachter, vorzüglichstes Brot, und es würden zu jeder Mahlzeit Konfitüren aufgeschnitten oder in Schalen vorgesetzt.

Anno 1729 reiste ein Landsmann von Montaigne, Charles-Louis Baron de Montesquieu, Geschichtsschreiber und Parlamentspräsident von Bordeaux, durch Schwaben. Er ist weit kritischer: »Wenn ihr in einem Gasthaus oder in einer Poststation Wasser zum Trinken verlangt, bringt man euch schlammiges Wasser zum Waschen der Hände. Wenn ihr erklärt, daß es Wasser zum Trinken sein soll, so kommt plötzlich der Wirt, um euch zu sagen, daß euch das schlecht bekommen wird und daß es euch besser wäre, Wein oder Bier zu trinken. Wenn ihr aber auf eurem Wunsche beharrt, bringt man euch ein bißchen, als ob es nur dazu wäre, um eure Halsstarrigkeit zufrieden zu stellen. Wenn ihr wirklich davon trinkt, lacht das gesamte Dorf.«

Über München reisend, stieg er in einem Augsburger Gasthof ab. Da er sich krank fühlte, ließ er einen Arzt kommen, der ihm ein Brechmittel verabreichte und meint dazu: »Das kommt daher, daß die mit Bier und Schinken angefüllten Körper der Leute hierzulande es nötig haben, evakuiert zu werden. Im übrigen macht man keinerlei Vorschriften für die Lebensführung. Wein nach Belieben. Man erkundigt sich niemals, zu welcher Stunde der Patient zu essen pflegt, noch was er ißt. Man kann eben als Arzt bei den Deutschen kein Geschäft machen, wenn man ihnen das Essen verbietet.«

Nun zum dritten Tagebuchschreiber, Gerard de Nerval, Dichter und einer der besten französischen Kenner des deutschen Geisteslebens, dessen Faustübersetzung Goethes Beifall gefunden hatte. 1840 trifft er in Lindau ein, wo gerade Jahrmarkt ist und im Gasthof gefeiert wird. Die Mädchen mit ihren langen blonden Zöpfen finden seine Bewunderung, »die Männer singen und trinken, einige Gebirgler stimmen ihr klagendes Tirili an«. Damit meint er wohl Jodler. Im Hof blökten die Herden, und der Wirt fragte, ob er das Essen aufs Zimmer servieren solle. »Für wen halten Sie mich, verehr-

Liebespaare vor dem Gasthof »Zur Goldenen Gans« am Münsterplatz, im Hintergrund die Barfüßerkirche. Gouache eines unbekannten Künstlers, um 1780.

rungswürdiger Bayer? Ich setze mich nie woanders hin als an den Gästetisch. Und was für ein Tisch!

Er läuft rings um den ungeheuren Saal herum. Diese braven Laute rauchen beim Essen; die Frauen tanzen in den Pausen des Mahls Walzer und essen dabei. Ja mehr noch, da sind böhmische Gaukler, die, eine Menschenpyramide bildend, die Runde im Saal machen, derart, daß man jeden Augenblick fürchten muß, einen Hanswursten in seinem Suppenteller landen zu sehen. Hier herrschen Lärm, Schwung, ungezwungene Fröhlichkeit des Volkes. Die Mädchen sind hübsch, die Bauern gut gekleidet. Das ähnelt in nichts den elenden Orgien in unseren heimischen Schenken. Der Wein und das Starkbier liegen im Wettbewerb um die Ehre, so viel ausgelassene Fröhlichkeit anzufachen, und homerisch beladene Platten verschwinden in einem Augenblick ... Ich muß jetzt ein Fahrzeug nach Augsburg suchen, aber die Wahl ist nicht schwer: die Königliche Post und überall die Post; es gibt hier nirgends Privatkutschen. Keine Konkurrenz, die man zu fürchten hätte. Die Pferde schonen die Straßen, die Postillone schonen die Pferde, die Kutscher schonen die Wagen, denn alles gehört dem Staat. Niemand hat es eilig, anzukommen, aber irgendwann kommt man schließlich doch immer ans Ziel.«

... man unterbrach den Tanz jedesmal, wenn man an einem Ende des Zimmers ankam ...

Alle löffeln gemeinsam aus einer Schüssel.

Vom Wein und Bier, den Schenken und Herbergen

»Allweil guets Sach, all Sonntig a frischs Hemmed, und im Himmel a guats Wei(n)wirtschäftle. Prost!«

Dieser Trinkspruch paßt gut auf den großen Weinkonsum im Mittelalter. Der Beginn des Weinbaus lag zuerst bei den Klöstern am Bodensee, im Breisgau und dem Unterland. Es folgten die Augustiner-Chorherren von St. Michael zu den Wengen in Ulm und das Clarissinnenkloster Söflingen mit Rebgütern vom Michelsberg bis zum Ruhetal die einen, und Weingärten an den sonnigen Halden des Eselsberges (Söflinger Weinberge, Kelternweg) die andern. Auch an der Böfinger Halde und am Safranberg wuchsen Reben, und die Besitzer dieser Güter schlossen sich zu einer Weingärtnerbruderschaft zusammen, die später den Obst- und Gemüseanbau förderte. Der beste Wein, ein »gar nicht übler Rotwein«, gedieh in den Söflinger Weinbergen. Dagegen erfreute sich der »Michelsberger« als Sammelbegriff für alle einheimischen Anbaugebiete, eines Rufes, der gleich nach dem »Reutlinger« kam, »der kretzt und beißt wie wenn a Katz da Hals na'kreist« (kriecht). Er war Volksgetränk wie später der Most. Kenner bevorzugten Malvasier oder »Reinfal« sowie Weine vom Rhein, Main, dem Breisgau, dem Elsaß und aus Südtirol. Dies geht auch aus dem Fastenessen des Pfarrkirchenbau-Pflegamts von 1514 hervor. Der Michelsberger hatte gute Jahrgänge von 1279, 1432, 1484 und 1603. Es ist weiter von »Rappas« die Rede, einem Kräuterwein aus frischem Most, Alant, Salbei, Wermut, Senf und Honig, doch dieser war mehr Arznei- als Genußmittel. Dank der weitverbreiteten Bienenzucht fand der Honig seine Verwendung bei der Bereitung von Met als Haustrunk.

Da die Klöster ihre Niederlassungen mit den Klosterhöfen in der Stadt auch zum Zwecke des Verkaufs ihrer Erzeugnisse unterhielten, kamen sie mit dem Weinhandel in Konkurrenz und der Verwaltung entgingen die Steuern. Es gelang ihr schließlich, den großen Weinkeller der Bebenhausener Zisterzienser am südöstlichen Münsterplatz zu erwerben und den dortigen Weinhandel in städtische Hände zu bringen.

Die Mönche nannten ihre Weinkeller scherzhaft die »Bibliotheca subterrana«. Der Ulmer Weinhandel hatte sich seit dem 13. Jahrhundert zum bedeutendsten Markt des Südens entwickelt. Der Chronist Felix Fabri nimmt darauf Bezug, wenn er berichtet: »An den Samstagen ist Wochenmarkt, und so groß ist das geräuschvolle Treiben der Käufer und Verkäufer auf den Plätzen, als wenn Jahrmarkt wäre, besonders aber auf dem Platz des Weinmarktes, wo bisweilen dreihundert Karren und Wagen mit Wein beladen stehen. Ich glaube nicht, daß es einen ähnlichen Weinmarkt in Alemannien gibt, wo so viel Wein auf Wagen feilgehalten wird und so rasch weggeht. Denn schon vor Mittag ist alles verkauft und zwar nur gegen großes Geld.« Fabris Karren und Wägen deuten den Landweg an. Ein ungenannter Ulmer Schiffsmann führte Buch, und dadurch kommen wir zu Angaben aus dem Jahre 1487 und ff.: »so man alhie zu Ulm Wein kaufft und denselben auff der Donaw uff Yglstadt (Ingolstadt) oder Regenspurg hinunderfieren wil, was und wievil man an jedem ort zol oder maut von den flössen und zilen von Ulm aus bis gen Regenspurg geben mues«. Danach passierten 1487 insgesamt 86 Weinfahrzeuge, darunter sechs Zillen, das übrige Flöße, den Lauinger Zoll unter den Namen der alteingesessenen Schifferzunftangehörigen Wollfinder (Molfenter), Schwarzmann, Hailigbrunner (Hailbronner), Käßbohrer und Scheuffele.

Neben diesen stehen Händler aus Südtirol, dem Engadin und Veltlin, denn die geistlichen und weltlichen Grundherrschaften Schwabens und Bayerns betrieben ihre Weingüter in Partschins, Algund und weiteren Orten des Etschtales. Bei der Rückfracht wurden vielfach Spielkarten in Fässern sowie Hostien zugeladen, beides wichtige Ulmer Ausfuhrartikel. Die Spielkartenherstellung stand im engen Zusammenhang mit dem Ulmer Frühdruck. Man nimmt nicht ohne leise Ironie zur Kenntnis, wenn im selben Transportzug Spielkarten, die als des »Teufels Gebetbuch« verschrien und jahrhundertelang durch Verbote und Verordnungen gegen das verwerfliche Kartenspiel bekämpft, und die in Ulm hergestellten Hostien nach Bozen, Brixen, Trient und Venedig verschickt wurden.

Wegen der vielen Zölle kam nur Qualitätswein auf den Wasserweg. Mancher Angehörige der Ulmer Schifferzunft wurde vom Floßmann zum Unternehmer, wie Leonhard Scheuffele, geboren 1606, Schiffsmann, Weinhändler und Ratsherr, dem ein Pfalzgräflicher Wappenbrief verliehen wurde.

Durch die Verwüstungen außerhalb der Stadtummauerung während des Dreißigjährigen Krieges und die Dezimierung der Bevölkerung durch die Pest kam der Weinanbau in Ulm zum Erliegen. Das Gutachten »de mensura ulmensi« von 1627, verfaßt vom berühmten Johannes Kepler, bestätigt dies »weil die statt Ulm selber keinen weinwachs nit hat, geschicht die zufuhr zu dem großen hiesigen weinhandel aus der Pfalz, Würtemberg, Prisgöw,

Trinkgelage vom 16. Mai 1768.
Die Studenten des Gymnasium academicum in Ulm feiern Abschied, bevor sie auf die Universitäten ziehen. Aquarell aus dem Stammbuch von Joh. Leonhard Holl.

Bindertanz

Stecherpaar

Bodensee, Francken.« Es ist anzunehmen, daß auch durch die Reformation der Weinhandel beeinflußt wurde und die Klöster des Oberlandes gegenüber den »Luthrischen« zurückhaltender wurden. Im Jahr 1786 wurde zwar noch Wein von Händlern am Weinhof angeliefert und gelagert, doch ein Markt fand nicht mehr statt.

Weinanbau und Handel brachte auch das Küferhandwerk zur Blüte, und so knüpfen Fischerstechen mit dem vorangehenden Umzug der Stecherpaare und Menuett der Schifferjugend sowie der Bindertanz mit dem Reifenschwingen eines vollen Weinglases an diesen jahrhundertealten Weinhandel und -transport an.

Neben dem Ratskeller, aus dem der Rat seinen geehrten Gästen einen tiefen Schluck gewährte, genoß der Weinkeller des Heiliggeistspitals, der durch Stiftungen aus besten auswärtigen Lagen wohlbestückt war, einen guten Ruf, und hier stoßen wir auf eine weitere Spur des Ulmer Stadtarztes Dr. Stockar, auf dessen Drängen dieser Spitalkeller als Stiftung aus dem Kreis der Dominikaner, denen er nahestand, zurückzuführen war.

Außer den Zechen innerhalb der Wohnungen, den Fürstenhöfen und Adelssitzen, den Klöstern als Fürstenherbergen, gab es besondere Gesellschaftslokale und Trinkstuben für die Angehörigen der verschiedenen Stände. Die öffentlichen Schenken, Tavernen und Herbergen entstanden durch den Fernhandel und den Aufschwung der Märkte. Der Herbergswirt durfte Getränke ausschenken und Gäste beherbergen, wobei unterschieden wurde zwischen Fürstenherbergen mit genügendem und angemessenem Platz für ein großes Gefolge und Stallungen, und Herbergen, in denen Kaufleute, Reisende und Städteboten abstiegen. Ein Wirt der Fürstenherberge konnte nicht in den Rat gewählt werden, damit das Ratsgeheimnis gewahrt bleibe. Bei den übrigen Wirten war dies kein Hindernis. Wenn wir dem Dichter und einstigen Ratschreiber von Biberach, Christoph Martin Wieland, Gehör schenken, erfahren wir es aus seiner Geschichte der Abderiden »es war bey den Ratsherrn von Abdera eine alte hergebrachte Gewohnheit und Sitte, die vor Rath verhandelten Materia unmittelbar darauf bey Tische – es sey um des sie Gesellschaft hatten oder mit ihren Familien allein speyßten – zu rekapitulieren und zu einer reichen Quelle entweder von witzigen Einfällen oder spaßhaften Bemerkungen, oder von

183

patriotischen Stoßseufzern, Klagen, Wünschen, Träumen, Aussichten und dergleichen zu machen, zumal wenn etwa in dem abgelaßten Rathschlusse die Verschwiegenheit ausdrücklich empfohlen war.«

In den Weinschenken durfte niemand beherbergt werden. Es wurden nur Getränke verabreicht. Neben Wirten und Schenken gab es den Gastgeb, der nur Speisen, doch keine Getränke um des Gewinnes willen, verabreichen durfte.

Die vornehmste Herberge war die »Krone« unweit des Weinhofs, deren frühe Besitzer zu den Geschlechtern gehörten. Dort verkehrte der Adel, der sich mit Wappenschildern in den Gasträumen erkenntlich zeigte, wie dies auch in anderen Städten üblich war. Sie waren dort noch im 18. Jahrhundert vorhanden. Weitere Fürstenherbergen dieser Zeit waren der »Baumstark« beim Göcklertor, der »Hirsch«, das »Goldene Rad« und der »Greifen« in der Frauenstraße. Herbergen und Weinlokale waren die »Sonne« als Lokal der Schifferzunft, ferner »Lamm«, »Kreuz«, »Schwarzochsen«, »Schwarzadler«, »Salzscheibe«, »Turm«, »Grüner Baum«, »Hahnen«, »Traube«, »Rose«, »Weißes Roß«, »Hohe Schule«, »Drei kannen«, »Raben« sowie die Wirtschaften mit Bierausschank: »Griesbad«, »Herrenkeller«, »Untere Stube«, »Schwanen«, »Walfisch«, »Kronprinz«, »Glocke«, »Pflug«, »Engel«, »Bäumle«, »Mohren«, »Schießhaus«.

Anlaß zum Einschreiten bot die Polizeistunde, denn beim ersten Läuten der Weinglocke um zehn mußte der Wirt abbieten. Die von Max Eyth gerühmte Ulmer »Wirtshäuslichkeit« besaß halt Sitzleder, so daß in früheren Zeiten den Wirten härtere Strafen drohten als ihren Gästen:

Tausend Mauersteine zum Festungsbau; 10 Schillinge zahlte der Zecher. Die Polizeistunde galt nicht für Fremde, und bei vornehmen Gästen durfte auch der Ulmer über die Sperrstunde hinaus sitzen bleiben, worüber sich dann die Zünfte beklagten. Besonders Pfiffige umgingen es, wie aus dem Verbot vom Jahr 1761 hervorgeht, wo den Münsterwärtern untersagt war, auf dem Turm Zech- und Spielgesellschaften zu

Ulmer Spielkarten waren durch Jahrhunderte Exportartikel. Sie dienten auch zur Belehrung, wie diese Darstellung reichsstädtischer Trachten des 18. Jahrhunderts.

dulden. Dafür ist auch der Dichter Schubart Zeuge. Dieses Notdach auf dem Turmstumpf überdauerte vierhundert Jahre, und es war eine schöne Geste des Rats der Stadt, sich geziemend am Vorabend des beginnenden Turmausbaues dort oben mit einem Festmahl zu verabschieden:

»Das löblich Stadtkollegium
hält droben ein Konzilium
und gibt dem Dach, dem alten Haus
nach Ulmer Art den Abschiedsschmaus.

Des hot dean Tura mächtig gfreut,
daß ma seim Hut en Abschied geit,
älls gwacklet hot er rom und nom
gemerkt hat des au 's Consilium.«

Dieses Wächterstüble setzte Stadtrat Dr. Wacker in seinen Garten am Galgenberg.

»Wirtshaus-Hocker«

Ärger gab es auch durch die Nebenschenken vor den Toren und das Auslaufen der Ulmer ins benachbarte Söflingen, wo die Äbtissinnen zugunsten des gutnachbarlichen Verhältnisses oft beide Augen zudrückten und eine dem Ulmer Rat zu wissen gab »nach einem Spaziergang mehrerer Stunden wollen die Leute nach dem Aderlassen nicht nur trinken, sondern auch etwas essen. Das bekommen sie in Söflingen, da dies den Wirten in der Stadt zwischen den Hauptmahlzeiten verboten war«. Danach wurde klein beigegeben und auch den Ulmer Wirten Erlaubnis erteilt. Selbst das Karteln und Fluchen wurde bei Überhandnehmen geahndet und Fluchbüchsen aufgestellt, in die der Frevler pro Fluch drei Pfennige für die Armen einzuwerfen hatte.

Als Laster wurde auch das Tabaktrinken, wie das Rauchen im 18. Jahrhundert allgemein genannt wurde, bezeichnet. Schnupfen galt als der Gesundheit bekömmlicher. Dabei war man stolz auf die in ganz Europa verbreiteten »Ulmer Pfeifen«, die ein beachtlicher Exportartikel waren.

Wer im Museum den prächtigen Deckelhumpen, Zunftkrügen und Prunkkannen gegenübersteht, die von einheimischen Silberschmieden und Zinngießern geschaffen wurden, der darf also die guten Tropfen erahnen, die sie einst zum Inhalt hatten.

»Und 's Braunbier ist bitter und 's Weißbier ist süß, jetzt leg' i meim tausiga Schatz d' Händ unter d'Füß«

Der Bursch von der Alb hebt in diesem Tanzlied sein Mädel hoch und wir hören ihn vor Freude juchzen, nachdem er einige Halbe oder mehrere Maß getrunken hat. Bestätigung finden wir schon bei der Oberamtsbeschreibung Blaubeuren von 1830 »An Sonn- und Feiertagen sind alle Wirtshäuser gefüllt, und in den kleinsten Ortschaften sind eine oder mehrere Bierschenken. Das Oberamt ist eines der stärksten in der Malzsteuer«. Wir sehen hier im Geiste die Bierfuhrwerke mit vier massigen Kaltblütern davorgespannt durch die Dörfer ziehen. Sie bilden heute vor Eröffnung der Volksfeste eine seltene Attraktion, die, von Blasmusik begleitet, eifrig fotografiert wird.

Das Recht, Bier zu brauen, wurde unter den Karolingern vornehmlich an Klöster verliehen, und einige sind noch heute für ihr Bier bekannt. Wahrscheinlich dürften die ersten Brauer in Ulm bei den Augustiner-Chorherrn zu suchen sein, die für den Eigenbedarf brauten und dann auch Bier ausschenkten. Der Durchbruch des Bieres als Volksgetränk kam nach dem Dreißigjährigen Krieg, als der Weinanbau zum Erliegen gekommen war und anstelle der Reben Obstbäume gepflanzt wurden. Sie brachten den Most in die Keller der einzelnen Haushalte, denn Bier wurde vorwiegend in der Wirtschaft getrunken. Auf diese Weise besaßen auch die Wohnhäuser Kellerhälse, damit die Fässer leichter transportiert werden konnten. Sie gaben viel Anlaß zu Klagen, vor allem bei Dunkelheit.

Zu Beginn waren es fünf Braustätten: die »Krone«, »Goldochsen«, »Engel«, »Hecht« und »Herrenkeller«, wobei der »Hecht« so alt war die das »Neutor«, wo er reisende Kundschaft erwarten durfte. Es folgten »Pflug«, »Rotochsen«, »Hasen«, »Dreikönig«, »Hohentwiel« als Lokal der Illerflößer, »Storchen« und »Bock«. Im Jahr 1785 waren es bereits 17 Brauereien, von denen drei Brauereien in ihren Gärten ausschenkten, obwohl dies verboten war. Als sich die Wirte von »Hohentwiel«, »Dreikönig« und »Herrenkeller« weigerten,

Handwerkerstammtisch

ihre Gartenschenken zu räumen, wurden sie kurzerhand verhaftet und in den Turm gesteckt. Aufruhr, Protest der Stammgäste. Der Rat langte kräftig zu und setzte den Rädelsführer ein Vierteljahr, seine Kumpane 8–14 Tage in den Turm. Die Wirte wurden inzwischen freigelassen, aber der Turmwächter mußte wegen Begünstigung zwei Tage brummen. Bei den Protestlern befand sich der Hafner Molfenter, und weil er vor dem bürgermeisterlichen Amtslokal Pfeife geraucht hatte, kostete ihn diese Majestätsbeleidigung 24 Stunden Turm. Man kann daraus schließen, daß Bier im Gegensatz zu Wein kämpferischer macht, wenn der Pegel steigt.

Während der achtjährigen Zugehörigkeit zu Bayern erhielten zehn Nebenwirtschaften vor den Toren Ulms ihre Konzession, denn die Beliebtheit des Bieres war mit den bayerischen Behörden und deren Beschäftigten mitaufgezogen.

1810 Königlich Württembergische Oberamtsstadt. Wieder andere Behörden, andere Gebräuche. Das morgendliche Vesper, der Frühschoppen in der Wirtschaft, kam auf. Es gehört zu den altschwäbischen Grundrechten, soll einfach und von bester Qualität sein. Montags um zehn fand in verschiedenen Wirtschaften der Handwerkerstammtisch statt. Wer nicht erschien, von dem wurde gemunkelt »der muß es nötig haben (zu arbeiten)«. Ein Meister konnte es sich eben leisten, »blauzumachen«, und das aufgewärmte Essen vom Sonntag zog ihn gewiß nicht heimwärts, wenn er gut gevespert hatte.

Unter den Wirten gab es originelle Persönlichkeiten mit weitreichender Popularität und gewandte Damen unter den Wirtinnen, die großartig kochen konnten. Aus dem weiten Umland der Stadt sandten die Bürgerfamilien ihre Töchter zum Kochenlernen dorthin. Deren Heiratschancen stiegen bei Nennung der Hotels und Gasthöfe, wo sie praktischen Kochunterricht erhalten hatten. Beweisstücke fanden sich dann in ihren eigenen Kochbüchern.

Das freundlich gravitätische »Mahlzeit miteinander« beim Rundgang des Wirts oder der Frau Wirtin durch die speisende Gästeschar war ein Begrüßungsritual, das erwartet wurde wie der tadellose Anzug oder das modische Kleid der Wirtin. »So hats gschmeckt« und ein spendiertes Kirschwässerle bildete den Schluß der Zeremonie und den Auftakt zu

Gasthofs-Kellner,
gefaßte Tonfigur
von Septimus Rommel,
Ulm, um 1800.

weiteren Genüssen, »bei dem bleibet mr«. Damit wußte die Traudl oder Liesl ihre Bestellung ans Buffet.

Die Geschichte von der couragierten Schwanenwirtin wird alle vier, fünf Jahre beim Fischerstechen aufgewärmt, deshalb als bekannt vorausgesetzt. Sie bildet zusammen mit der Bäuerin die Damenriege unter den Stecherpaaren. Doch wer weiß noch etwas von der Wirtin zum »Dampfschiff«, die das Volumen eines solchen besaß und ihre Gewichtsangabe auf das Widmungsfoto für ihre Gäste schrieb: drei Zentner und zwanzig Pfund. Es war viel Platz da für Uhrkette, Halsnuster, Medaillons, und ihr Kapotthütle mit teuren Reiherfedern saß wie notgelandet über der mächtigen Postur. Der Wirt zu den »Drei Kannen« war weit im Land bekannt für seine Urwüchsigkeit, und so mußte sein Leichenkondukt, bevor er den Friedhof ansteuerte, erst durch die Bierkeller am Veitsbrunnenweg geführt werden. Er hatte sich am Grabe sein Lieblingslied gewünscht: »Frühmorgens, wenn die Hähne krähn«.

Gelernter Bierbrauer war auch der Wirt zur »Blauen Ente«, Johs. Bosch. Als der Saalbau gebaut, die in seiner Nähe befindliche Baurenmühle abgebrochen, und das Blaubett trockengelegt werden mußte, durchsuchte Bosch den Schutt. Diese Mühle besaß ein Schleifwerk und manches defekte Stück landete in der Blau. Bauarbeiter, die zum Vesper kamen, brachten dem Wirt weitere Fundstücke, und damit wurde er Sammler und Kenner, der seine alten Waffeleisen, Streitäxte, Schlüssel und Schlösser aus verschiedenen Jahrhunderten dort ausstellte. Nach seinem Tod kam die ganze Sammlung 1926 in München zur Versteigerung. Sie war dort eine Sensation. Vom gotischen Schwert bis zum Richtschwert mit der Jahreszahl 1540 war alles da, ging in die großen Museen, oder, wie die Schlösser und Schlüssel mit insgesamt 921 Stück, an einen Sammler aus England.

Zwischen den Jahren 1842–1857 brachte der Ausbau der Festung Beamte, Offiziere, Soldaten und Arbeiter in die Stadt. Kantinen entstanden im Festungsgelände. Um 1914 war die Garnison auf 9050 Militärpersonen bei 58 754 Gesamteinwohnern angewachsen. Es gab 330 Wirtschaften und Kaffees. Nach 1918 gingen viele Wirtschaften ein, weil auch die Garnison auf 1538 Personen zurückgefallen war. 1925 zählte man noch 203 Gasthöfe samt Kaffees. Durch die spätere Aufrüstung bis zum zweiten Weltkrieg war die Zahl der Wirtschaften wieder auf 360 hochgeschnellt, so daß der Ulmer fast

Die Wirtin »Zum Dampfschiff«

Wirtschaft zum Herrenkeller in Ulm. Gratulations-
besuch bei der Wirtsfamilie.
Figurengruppe von Septimus Rommel, Ulm, um 1800.

jeden Tag eine andere besuchen
konnte. Im Jahr 1987 gibt es bei
knapp 100 000 Einwohnern 429
konzessionierte und 42 nichtkon-
zessionierte (Kantinen, Jugendhäu-
ser usw.) gastronomische Betriebe,
deren Artenvielfalt noch im Anstei-
gen begriffen ist. Inzwischen sind
viele Landbrauereien von den
Großbrauereien übernommen worden, und das Bier wird nicht mehr,
wie vor fünfzig Jahren, auch auf
dem Bauernhof selbst gebraut. Der
gute Ruf des Ulmer Biers hielt
sich durch Jahrhunderte
und bleibt ungebrochen.

Speisekarte für das städtisch Ulmische Bad Überkingen (1643 bis 1678)

	1643	1678		1643	1678
Ein Voressen (Kutteln)	5 Kr.	3 Kr.	Eine Port. Hecht, Karpfen, Barben	7 Kr.	
Eine Suppe und Fleisch	8 Kr.		Ein Kuchen	8 Kr.	4−8 Kr.
Eingemachtes Fleisch	15 Kr.		Eine Torte		
Dass. mit Limonien	16 Kr.		(Apfel, Weinbeer, Pflaumen)	12 Kr.	
Eine Portion Krebs	10 Kr.	20−45 Kr.	Eine Mandeltorte	16 Kr.	
Eine gefüllte Taube	14 Kr.		Eine Port. Ulmer Rindfleisch	5 Kr.	5 Kr.
Eine ungefüllte Taube	10 Kr.		Eine Port. Geislinger Rindfleisch	4 Kr.	
Eine Kapaune oder Gans	60−62 Kr.		Eingemachtes Hammelfleisch		5 Kr.
Eine Port. Gebratenes	9 Kr.	6 Kr.	Ein Pfund Forellen		15 Kr.
Eine Port. Gemüse	6 Kr.	4 Kr.	Eine Kalbsbrust		
Eine Suppenhenne	30 Kr.	16−18 Kr.	gebraten oder gebacken		2 Kr.
Dass. mit Mandel und Meerrettig	36 Kr.	20 Kr.	Ein ganzer Kalbskopf		12 Kr.
Eine junge gebr. Henne	14 Kr.	10 Kr.	Ein ganzes Kalbsgekröse		8 Kr.
Dass. gefüllt und gebraten	18 Kr.	11 Kr.	Leber und Lunge für eine Person		3 Kr.
Eine Port. Forellen	6 Kr.	5 Kr.	Ein Viertel Grundeln		
Eine Port. Grundeln	12 Kr.		gesotten oder gebraten		20 Kr.

Kaffee und Cafeehäuser

»Wenn i herrisch wär, tät i nix wie Bohnenkaffee trinken«, sinnierte um die Jahrhundertwende eine Magd voller Sehnsucht nach diesem teuren Getränk ihrer Herrschaft. Der Kaffee setzte sich als bürgerliches Getränk im Schwäbischen ums Jahr 1800 durch. Die kleinen Leute folgten mit großer Verspätung nach. Dabei spielten die Surrogate, die um die Mitte des 19. Jahrhunderts aufkamen, eine bedeutende Rolle. Der »Muckafuck«, das »Gschluder« in Österreich, wurde das tägliche Getränk, und die feuerroten Glanzpapierpackungen für Zichorie wurden von den Mädchen als Wangenrouge benutzt. »Kathreiners Malzkaffee« mit dem Portrait des Wörishofener Prälaten Sebastian Kneipp bürgte für die Gesundheit. Kaffeeähnlich gerieten die Brühen aus gerösteter Gerste, Eicheln oder Rübenschnitzel, welche bei Besuch und an Festtagen durch einige Kaffeebohnen veredelt wurden. Entsprechend groß waren die Kaffeetassen unserer Großmütter, in die Weiß- oder Kranzbrot getaucht wurde. Andere brockten diese ein, drum hieß es »den Kaffee essen«. Bis dann abgespült und das Geschirr vom Mittagstisch aufgeräumt war, kam aus dem Wohnzimmer der Ruf »wann gibt's Kaffee?«. Es war die Zeit der Kaffeevisiten mit Strickzeug und Kuchenbergen, die auf die Taille drückten und die Schatten breiter werden ließen.

Die Geschichte der Kaffeeschenken reicht ins 15. Jahrhundert nach Südarabien. Später dienten sie den Mekkapilgern zur Labung. Um 1554 eröffneten in Konstantinopel zwei Wirte aus Aleppo und Damaskus Kaffeehäuser und vermieteten deren erstes Stockwerk an Durchreisende. So kam es zu den ersten Verboten, denn hier wurde, außer Venusdiensten, auch die Aufwiegelei geschürt. Sie waren nicht mehr wegzubringen, wie ein Züricher Wundarzt, der als Leibarzt eines kaiserlichen Gesandten um 1618 die Türkei bereiste, bestätigt »auch haben die Türgken noch andere Wirtzhäuser, darinnen die Wirt nit anders geben als schwartz wasser zu trinken und

... Kaffee kam in Mode ...

190

kochen ganze Kessel voll«. Der Orienthandel brachte in der zweiten Hälfte des 17. Jahrhunderts die ersten Kaffeehäuser nach Venedig. Sie waren rund um die Uhr geöffnet, damit sich Reisende und die Fuhrleute der 8—12spännigen schweren Frachtwagen nach ihrer beschwerlichen Fahrt über die Alpenpässe dort erfrischen konnten. So dürften die schwäbischen Kaufleute, die ihre Faktoren am Fondaco in Venedig besuchten, dort die Kaffeehäuser kennengelernt haben. In rascher Folge wurden »Coffee-Schenken« eröffnet: 1650 Oxford mit neuesten Zeitungen aufgelegt; 1692 bei Edward Lloyd, wo sich die Schiffseigner trafen; 1672 Marseille, und um dieselbe Zeit in den Niederlanden, Belgien und der Messestadt Leipzig.

Die Gründung des ersten Kaffeehauses im deutschsprachigen Land wurde seither mit dem im Türkenkrieg und der Befreiung Wiens vor der Osmanischen Gefahr verdienten polnischen Kaufmann Kolschitzky in Zusammenhang gebracht. Dieser habe sich einige Säcke Kaffee, die als Kamelfutter angesehen wurden, erbeten. Tatsächlich eröffnete er zwei Jahre danach, 1685, das erste Wiener Cafe-Haus »Zur blauen Flasche«. Es wurde der Nabel der kaffeeliebenden Welt, nach deren Vorbild eingerichtet in Brünn, Budapest, Meran, andern Großstädten und mondänen Kurorten.

Mit Spiegeln zwischen den draperieverhangenen Fenstern, den marmornen kleinen Tischen, an denen gespielt wurde, einigen Billards war es ein Ort des Alleinseins und auch des Zwiegesprächs, der als Werkstatt der Literatur Berühmtheit erlangte. »Caffe dans la Couronne à Ulm« steht unter dem Kupferstich von 1785, der den Saal des Gasthofs »zur Krone« mit zwei Billardtischen und runden Tischchen in den Fensternischen zeigt. Der Süßbäcker Johann Philipp Müller, der das Anwesen im Jahr 1770 erworben hatte, griff die Tradition des alten Wiener Cafée-Hauses auf, denn dort traf sich auch eine Lesegesellschaft regelmäßig zu literarischen Abenden.

Inzwischen hatten sich Literatur und Musik mit dem Modegetränk beschäftigt: Carlo Goldoni schrieb sein Lustspiel »la bottega del caffé«; Johann Sebastian Bach komponierte die köstliche Zeitsatire der »Kaffeekantate« – »Ei wie schmeckt der Coffee süße, Lieblicher als tausend Küsse, milder als Muskatenwein, Coffee, Coffee muß ich haben, und wenn jemand mich will laben, ach, so schenkt mir Coffee ein« läßt er sein Lieschen singen. Sie ist 1732 entstanden.

In den schwäbischen Klöstern waren Tee, Schokolade und Kaffee zu dieser Zeit seltene Genüsse. Bei den Feierlichkeiten zur Amtseinsetzung des Fürstabts von Kempten, Anselm von Reichlin-Meldegg, im Jahr 1728 wurde nach der Tafel in den Vorzimmern Kaffee gereicht, den der Hofapotheker zubereitet hatte. 1739 taucht im Prämonstratenser-Reichsstift Rot in den Abtsrechnungen Caffee und Schocolade zu 3.48 fl. auf. 1749 erscheinen »Rhabarbra und Caffee« zum Herbstaderlaß, was wiederum mit der Gesundheit zusammenhängt. Seine Gnaden hatten später Anlaß, gegen den übermäßigen Thee- und Caffegenuß seine Stimme zu erheben.

Da der Kronenwirt gelernter Süßbäcker war, ein Vorläufer der Konditoren, wird er seine Gäste auch mit Kuchen und Torten verwöhnt haben, wie der k. u. k. Hofzuckerbäcker Christian Demel in Wien am Kohlmarkt, dessen Süßigkeiten schon Legende sind.

In dem ersten Drittel des 19. Jahrhunderts wiederholen sich die Anzeigen der Cafetiers Rheineck, wo alle Sorten von Dampf-Chocolade aufgeführt werden mit Vanille, Isländisch Moos, Sago, Reis, Gerste und Eicheln. Attraktion war bei den beiden Rheinecks die Unterhaltungsmusik, die im Sommer auch im Garten stattfand. Hier spiegelte sich die Musikbegeisterung des Memminger Verwandten mit dem Gastgeb zum Weißen Ochsen, Christoph Rheineck, wieder, der als einer der beliebtesten Liederkomponisten seiner Zeit galt, ein wichtiger Kleinmeister in der Reihe der unmittelbaren Vorläufer eines Franz Schubert und Karl Löwe. Schubart zählte während seiner Ulmer Zeit zu seinen regelmäßigen Gästen. In Ulm hat auch diese Kaffeehauskultur Wurzeln geschlagen.

Die Kaffees dieser Stadt sind allesamt sächlich: Das Tröglen von 1811, seit 1744 Konditorei; das Gindele, welches seit der Mitte des vorigen Jahrhunderts im Familienbesitz war, und um dessen Gebäudeerhalt der heftigste Streit entbrannte; das Möhrenköpfle und wie sie alle heißen mögen. Mit ihnen soll auch die Sparte der Desserts abgedeckt sein.

Caffé dans la Couronne à Ulm

Rezept-Register

Gedruckte Quellen:

Abraham a Santa Clara »Hui und Pfui der Welt und andere Schriften« Auswahl Jürgen v. Hollander, Bruckmann Verlag KG München 1963

Algovia, Unterhaltungsblatt der Allgäuer Zeitung, 2. Jhg. 1881, Verlag Jos. Kösel'sche Buchhandlung

Bayer Dorothee »O gib mir Brot«, Schriftenreihe des Deutschen Brotmuseums e.V. Ulm, Folge 5, 1966

Barczyk Michael »Essen und Trinken im Barock«, Thorbecke Verlag Sigmaringen 1981

Barth Gustav »die Geschichte der Bäckerei mit besonderer Beziehung zu Württemberg«, Festschrift Stuttgart 1911 bei Decker und Hardt

Beck Gertrud »Mendleriana«, aus dem Leben des Dr. Alfred Mendler, Arzt und Maler in Ulm, verlegt bei Aegis, Dörrie, Jastram, Kerler, Ulm 1982

Beck Otto »die Reichsabtei Heggbach«, ein Beitrag zur Geschichte der Zisterzienserinnen, Thorbecke Verlag Sigmaringen 1980

Becher Johann Joachim »Parnassus medicinale«, 1663

Berchout J. »der Feinschmecker Tafelfreuden oder die Gastronomie«, Ebner'sche Verlagsbuchhandlung Ulm 1839

Bidenbach (Pseudonym für Michel Buck) »Suppe und Mus, Kraut und Rüben«, Sonntagsbeilage des Ulmer Tagblatts 1878 Nr. 43 und 1871 Nr. 1

Birlinger Anton »Aus Schwaben«, Bände 1 und 2, Neudruck der Ausgabe Wiesbaden 1874 Scientia Verlag Aalen 1969

Birlinger Anton »ein alemannisches Büchlein von guter Speise,« Sitzungsberichte der bairischen Akademie der Wissenschaften München II, 1865

Buck Michel »Erinnerungen aus meiner Kindheit«, Faksimiledruck nach der Ausgabe von 1922, Ulrich'sche Buchdruckerei und Verlag Riedlingen 1981

derselbe »Bagenga« Oberschwäbische Gedichte, 3. erw. Auflage Verlag Willy Metzger, Ertingen/Württ.

derselbe »Die Gastungen im Pfarrhofe zu Ehingen«. Württ. Vierteljahreshefte 1887

Bonlanden, »Praktisches Kochbuch, enthaltend 450 erprobte Rezepte für die bürgerliche Küche«, herausgegeben vom Institut Bonlanden, Druck und Verlag Carl Aug. Seyfried, München.

Coleri M. Johannes »Vor die Hauswirt, Ackerleut, Apotheker, Kaufleute, Wandersleute usw. und all denjenigen so mit Wirtschaften oder Gastung umhergehen«. 1598 gedruckt bei Paul Helwig, Wittenberg

Davidis Henriette »Praktisches Kochbuch für die gewöhnliche und feinere Küche«, Signum Verlag Gütersloh nach der 1. Ausgabe Sprockhövel 1844

Dachs Hans »Zur Geschichte des Weinhandels auf der Donau von Ulm bis Regensburg«, Verhandlungen des Hist. Vereins von Oberpfalz und Regensburg, 83. Bd. 1933, J. K. Mayr, Regensburg

Dieterich D. Cunrad Ulmischer Kirchen Superintendenten sonderbarer Predigten von unterschiedenen Materien, hiebevor zu Ulm im Münster gehalten, deren theils in Truck allbereit außgangen, theils aber jetzo von newen darinn verfertigt worden. Leipzig in verlegung Zacher, Schürers sel. Erben und Mathi Borzent, getruckt bey Abraham Lambergs sel. Erben Anno MDCXXXII

Dieterich M. »Beschreibung der Stadt Ulm«, Ulm 1925, J. Ebner'sche Buchhandlung

Engelhardt Ottmar »das alte Kuchelbuch der Abtei Neresheim« Schwäb. Heimat, herausgegeben v. Schwäb. Heimatbund, 24. Jahrgang, Heft 3, 1973

Endriß Gerhard, Freiburg »Speis und Trank in Ulm an der Donau« gedruckt 1939

Ernst Fritz »Eberhard im Bart«, Verlag K. Kohlhammer, Stuttgart 1933

Essich C. F. »Geschichte von Württemberg«, 1818 Biberach beim Verfasser

Franco D. Joanne »Nachricht von dem sehr berühmten und unweit Ulm gelegenen »Gesund Bad zu Oberthalfingen nächst dem Schloß und Burgstall«, gedruckt bei Christian Ulrich Wagner anno 1709

Fellger Friederike »Kochbuch, umgearbeitet von R. Zäch«, Stuttgart Zeller und Schmidt's Verlag um 1910

Fröhlich Rudolf »Fasnachtsbeschränkungen in Württemberg durch vier Jahrhunderte«, in Schwäbische Heimat

Fischer Hermann »Schwäbisches Wörterbuch«, Bde. 1 ff. Tübingen 1904, Verlag der Laupp'schen Buchhandlungen

Gänsslen Gerhard »die Ratsadvokaten und Ratskonsulenten der Reichsstadt Ulm«, Forschungen zur Geschichte der Stadt Ulm, Bd. 6, 1966, Stadtarchiv Ulm

Geiger Gottfried »die Reichsstadt Ulm vor der Reformation« Forschungen zur Geschichte der Stadt Ulm Bd. 11, Stadtarchiv Ulm 1971 Komm.-Verlag W. Kohlhammer

»Göppinger Kochbuch«, von Fastenspeisen und allerley Backwaren für ein junges Frauenzimmer«, Stuttgart 1798, Erhard'sche Buchd.

Greiner Prof. Dr. »Geschichte des Ulmer Spitals im Mittelalter« Verein für Kunst und Altertum in Ulm und Oberschwaben

Geiler von Kaysersberg »das Buch Granatapfel«, 1511 bei Knoblauch, Straßburg

Haid Johann Herkules »Ulm mit seinem Gebiete«, gedruckt bei Christian Ulrich Wagner dem älteren 1786, sowie derselbe »Geographie und Naturgeschichte von Ulm und seinem Gebiet«

Häberle Adolf »die berühmten Ulmer Maserpfeifenköpfe in ihrer kultur- und wirtschaftsgeschichtlichen Bedeutung«, Otto Wirth Verlag Amberg, 1950

derselbe »die Rommelfiguren im Museum der Stadt Ulm«, das Schwäbische Museum, Zeitschrift für Bayrisch Schwaben.

Haberschlacht Traugott »kleine Geschichte(n) von Baden-Württemberg« Konrad Theis Verlag Stuttgart 1985

Haßler K. D. »Bruder Felix Fabris Abhandlung von der Stadt Ulm nach der Ausgabe des literarischen Vereins in Stgt., verdeutscht von K. D. Haßler«, Ulm 1909, Buchdruckerei Heinr. Frey

Haggenmiller »die Wörishofer Küche«, Kochbuch im Sinne Kneipps, H. Hartmanns Buchhandlung Wörishofen 1897

Heckel August »von Tafernen, Herbergen, Wirtschaften und Bierbrauereien im einstigen Ulmer Land«, Württ. Jahrbuch für Volkskunde 1959 bis 1960, Verlag W. Kohlhammer, Stuttgart

derselbe »Geschichte der Stadt Langenau« Chr. Honold Buchdruckerei und Verlag Langenau 1964

Hertz Georg »So reich ist die Welt«, Leben eines Schwaben, L. Staackmann Verlag in Leipzig 1937

Hölzle Wilhelm »Volksleben im Ulmer Winkel« Forschungen aus dem oberen Schwaben Heft 9, Verband für Kreisbeschreibungen Neu-Ulm und Günzburger Hefte 6. Anton A. Konrad Verlag Weißenhorn

Hoos Hildegard »Zinn des Barock«, Museum für Kunsthandwerk Frankfurt/Main 1987

Hruza Karel »der Haistergau«, Veröffentlichungen des Stadtarchives Bad Waldsee Nr. 6, 1986

Jäger Carl »Ulms Verfassung, bürgerliches und commercielles Leben im Mittelalter«, F. C. Löflund, Stuttgart und Claß, Heilbronn 1831

Keil Gundolf »die Cirurgia Peters von Ulm«, Forschungen zur Geschichte der Stadt Ulm, herausgegeben vom Stadtarchiv Ulm, Bd. 2, 1961

Kerner Justinus – Ottilie Wildermuth »Briefwechsel 1853 bis 1862«, herausgegeben von Adelheid Wildermuth, J. F. Steinkopf Verlag, Stuttgart

Klesin Johanna Christina »Allerneuestes Schwäb. Kochbuch« bei Erhard und Löflund 1796.

Lang Martin »Kirbekucha«, Verlag Julius Hoffmann Stgt. 1913

Löfflerin F. L. »neues Kochbuch oder geprüfte Anweisung zur schmackhaften Zubereitung der Speisen, des Backwerks, des Confects" 1. Theil, 7. Aufl. Stgt. Joh. Friedr. Steinkopf 1824

Löffler-Bechtel »Kochbuch«, J. Ebner Verlag Ulm 1949

Martin Joh. Nepomuk „Wie man in der Grönenbacher Gegend vor 100 Jahren lebte – Bericht des Kgl. Landgerichtsarztes vom 26. April 1861. Das schöne Allgäu, 1940 Kempten

Stuttgart und Tübingen 1836, derselbe Beschreibung des Oberamts Blaubeuren, 1830

Metzger Wolfram »die Küche, Puppenwelt und Wirklichkeit«. Volkskundliche Ausstellung des Badischen Landesmuseums Karlsruhe in Schloß Bruchsal v. 14. 12. 1986 bis 31. 5. 1987

Möller Prof. »die Hausfrau in ihrem Schaffen und Wirken«, Druck und Verlag J. Ebner, in tiefster Ehrfurcht gewidmet Ihrer Majestät Königin Charlotte v. Württ.

Müller Franz »die Geschichte des Wirtsgewerbes in Ulm a. D.« Druck J. Ebner GmbH Ulm 1930

Nagel Kurt »aus der Württ. Metzgergeschichte« Schwäbische Heimat 33. Jhg. 1982

Nübling Eugen »die Reichsstadt Ulm am Ausgange des Mittelalters« 1378 bis 1556 I. Bd. Materialiensammlung, sowie Bd. II, Druck und Verlag Gebr. Nübling Ulm 1904 und 1907

derselbe »Ulms Kaufhaus im Mittelalter, ein Beitrag zur deutschen Städte- und Wirtschaftsgeschichte«, Ulm 1900 Verlag von Gebr. Nübling

derselbe »Ulms Weinhandel im Mittelalter«, Beitrag zur deutschen Städte- und Wirtschaftsgeschichte, Ulm 1893 Gebr. Nübling, Ulm

Owlglass »die biblischen und weltlichen Komödien des Hochwürdigen Herrn Sebastian Sailer, weiland Kapitulars im Kloster zu Obermarchtal«, Albert Langen, München 1913, und »Die Schöpfung des ersten Menschen, der Sündenfall und dessen Strafe«

Rau Ruth »das tägliche Brot, vom Korn zum Laib«, Herderverlag Freiburg, Basel, Wien 1984

Seitz Reinhard »Schiffahrt und Flößerei auf der schwäbischen oberen Donau in der 2. Hälfte des 18. Jhds. »Schwäbische Blätter für Heimatpflege und Volksbildung Heft 4, 12. Jhg. 1961

Seiz Anneliese »das Ulmer Blatter-Haus im Seelhaus im Gries, Ulm und Oberschwaben, Zeitschrift für Geschichte und Kunst Bd. 44, 1982

Selhamer Christoph »die Tuba Rustica, das ist neue Gei-Predigten« 1701 Augsburg

Schlandri Marie »Regensburger Kochbuch 1981 – die vollständige Fastenküche im Anhang« Regensburg 1909, Verlag Alfred Coppenrath

Schultes D. A. »Ulmer Bilderchronik« Bde. 2 (1931), 3 (1933), 4 (1937) Verlag Dr. Karl Höhn, Ulm

Schwarz »Hofzeremoniell vor 150 Jahren« aus dem Repositur der Hofbehörden Ceremoniell Fasz. 26 Generallandesarchiv, in Pyramide

Seuffert Gustav »Hellauf, Schwobaland, schwäb. Gedichte«, 2. Aufl. Ebner'sche Buchhandlung Ulm

Specker Hans Eugen »Ulm Stadtgeschichte«, Süddeutsche Verlagsgesellschaft Ulm 1977

Specker Hans Eugen und Hermann Tüchle »Kirchen und Klöster in Ulm« Süddeutsche Verlagsgesellschaft Ulm 1979

Specker Hans Eugen, Wolf-Dieter Hepach, Gebhard Weig, Kurt Diemer, Winfried Nuber, Gertrud Beck »Alb-Donau-Kreis, Historische Ansichten«, Süddeutsche Verlagsgesellschaft mbH Ulm 1985

Stille Eva »Puppenküchen 1800 bis 1980«, Verlag Hans Carl, Nürnberg 1985

Thieberger Friedrich »Pessach«, erschienen in Josef Thieberger »Jüdisches Fest, Jüdischer Brauch«, Nachdruck der im Jahr 1937 beschlagnahmten und vernichteten Erstauflage, Jüd. Verlag 1979

Vetter-Gindele Max und Albrecht Rieber »100 Jahre Konditorei Café Gindele in Ulm an der Donau« 1857 bis 1957

Vierhaus Rudolf »das Tagebuch der Baronin Spitzenberg« Vandenhoeck und Ruprecht in Göttingen 1960

Ulmer Intelligenzblätter aus den Jahren 1830 ff.

Wagner Joh. Jakob »System der Privatökonomie, das Ganze des Familienhaushalts für das gebildete Publikum dargestellt« Johann Jakob Wagner, Aarau, 1836 Verlag von H. R. Sauerländer

Weiß Eberhard »Französische Reisende in Bayerisch Schwaben« Schwäbische Blätter für Volksbildung und Heimatpflege, Druck und Verlag E. Kieser KG Augsburg

Weber Carl Julius »Deutschland oder Briefe eines in Deutschland reisenden Deutschen« 1. Bd. Hallberg'sche Verlagshandl. 1834

Weyermann Albrecht »Nachrichten von Gelehrten, Künstlern und anderen merkwürdigen Personen aus Ulm« bei Christian Ulrich Wagner gedruckt 1798

Wiswe Hans »Kulturgeschichte der Kochkunst«, Heinz Moos Verlag München 1970

Wilkens Leonie v. »Tageslauf im Puppenhaus«, Verlag Prestel München 1956

Wolbach Leonhard Christoph »Urkundliche Nachrichten von den Ulmischen Privat Stiftungen« Druck und Verlag Ernst Nübling Ulm 1847

Zeeden Ernst Walter »das Erscheinungsbild der frühneuzeitlichen Stadt, vornehmlich nach Reiseberichten und Autobiographien des 16. und 17. Jhd.« – Geschichte, Stadt und Kultur, Jan Thorbecke Verlag Sigmaringen

Zillhard Gerd »der Dreißigjährige Krieg in zeitgenössischer Darstellung, Hans Heberles Zeytregister 1618 bis 1672« – Geschichte der Stadt Ulm Bd. 13, Komm.-Verlag Kohlhammer

Handschriften und frühe Drucke, zum Teil ohne Verfassernamen

»Ain grundtlichs wahrhaftigs regiment, wie man sich mit aller speiss, getrank und früchten halten sol . . . an Hertzogen Eberhard von Wirtemberg durch den hocherfarnen Johann Stockar, Doktor der Arznei zu Ulm und ganz angenem kostfreyen Artzet geschrieben und nach seinem Tod gefunden,« gedruckt zu Augsburg durch Philipp Ulhart in Sant Katherinengassen, 1538

»Gründtliche Beschreibung der Krafft und Würckung des in der H. Reichs Stadt Ulm sich befindenden Grieß Bades oder Gesundbrunnens auf vieler leute Begehren heraußgegeben,« gedruckt bey Christian Ulrich Wagner Ulm 1709

Nachricht von dem sehr berühmten und unweit Ulm gelegenen Gesund Bad zu Ober Thalfingen nächst dem Schloß und Burgstall von D. Joanne Franco Ulm, gedruckt und zu finden bey Chr. Ulrich Wagner Ulm Anno 1709

Benedicti Stadelhofer Inventarium Benedicti Stadelhofer canonicij Rothensis und Praefecti in Steinbach ad Canoniam nostram devocati Ao 1758 die 2ome February

Hieronymo Richter, daß Exempten Reichs-Gotts-Hauß Roth, Ordens von Praemonstrat Canonico Capitulari und der Zeit Pfarrer zu Oberkirchberg »Unerschöpfflicher Gnaden-Bach, neuerlich entsprungen zu Maria Steinbach . . . « im Verlag Franz Antoni Ilgers, Augsburg 1738

Admodum R.D.P. Hieroimum Richter, daß exempten Reichs-Gotts-Hauß Roth, Ordens von Praemonstrat Priorem »Neue Quell deß alten unerschöpflichen Gnaden-Bach, entsprungen zu Maria Steinbach, gedruckt bey Maximilian Joseph Antoni Wachter, im Verlag Simon Thadäus Sondermayr, Augsburg 1740

Rechnungsaufstellungen der Äbte von Rot, 1739–1766 (HStA. Stuttgart)

»Eines ehrsamen Raths der Statt Ulm von neuem Reformierte und verbesserte Bau-Ordnung,« gedruckt zu ULM durch Christian Balthasar Kühnen im Jahr MDCLXXXIII

Koch Buch von Susanna Stephanin Anno 1763 a. l. December

Kochrezepte auf einzelnen Zetteln aus dem Familien- und Herrschaftsarchiv der Freiherrn von Ulm-Erbach, Schloß Erbach

Kochbuch aus d. Anf. d. 19. Jhd. wahrscheinl. aus dem Besitz der Jungfer Anna Magdalena Kindsvatterin beim Rad A. 147, dem Verein für Kunst- und Altertum gestiftet von Herrn Stadtrt Kfm. Friedrich Seeberger, Kronengasse 2

Lista von denen erforderlichen Provisionen auf der Station zu Günzburg für einen Tag – Fasttag – zum Empfang S. K. Hoheit der vermelter Frau Dauphinin (Haus-, Hof- und Staatsarchiv Wien)

Zur Ankunft Ihro Gnaden Herrn Generale für denselben Hofstatt-Verzeichnis was der Herr General Herzogen zu Friedlandt-Hofstatt eine Wochen erfordert wird. 1. April bis 31. Mai 1630 (Stadtarchiv Ulm)

Bildnachweis

.. so, des war's ...